2014年度教育部人文社会科学研究青年基金项目

"政党国家与德国基本法国家权力配置机制"项目编号：14YJC820008

江西省高校人文社会科学重点研究基地南昌大学立法研究中心基金资助

子午线 文丛

毕洪海 主编

德国政党国家

Der Parteienstaat in Deutschland

解释、发展与表现形式

Erklärungen, Entwicklungen, Erscheinungsbilder

［德］埃弗哈德·霍尔特曼 著

Everhard Holtmann

程 迈 译

中国政法大学出版社

2015·北京

德国政党国家：

解释、发展与表现形式

Der Parteienstaat in Deutschland：

Erklärungen，Entwicklungen，Erscheinungsbilder

by Everhard Holtmann

版权登记号：图字 01 – 2014 – 7679 号

中文版前言

$\backsim\!\!\!\sim\!\!\!\sim\!\!\!\sim\!\!\!\sim$

在现代大众民主政体中，为了在市民社会与政治制度的各种组织机构之间传递人民的意志，政党是不可或缺的传送带。在引入各种直接民主的制度后，例如，在国家、地区和地方层面上的各种人民动议和人民决定的制度实践形式，也基本上没有改变政党发挥的必不可少的中介功能。不过，在充分反映各种社会政策冲突且将各种社会变迁吸纳到自身的制度实践的过程中，政党制度只有保持充分的灵活性，才能使政党政治竞争的各种机制永葆青春、民主政党国家充满活力。

德国的政党制度恰恰是社会利益政治代表机制各种变与不变之处的一个例子。其中，各种历史背景曾经并且将继续不断地发挥它们对政党制度的影响力，并且最终表现为塑造出一条特殊的发展路径。德国政党制度的发展历程远没有划上句号，相反，它还处于不断变动的过程中，这一点尤其通过一些政党的起伏体现出来。即使是本书在 2012 年付梓之后，人们也可以清楚地看到这些现象。其中一个例子是海盗党的迅速崛起，该党一开始大力倡导"流动民主"的理念，即基于因特网的新的参与形式，但是现在该党已经以同样迅速的速度衰弱了。另一个例子则是德国新选项党，该党同时带有对欧元体制持不信任态度以及右翼民粹主义的色彩，2013 年，该党第一次进入了欧洲议会；2014 年，该党第一次进入了东德地区的三个州的州议会。德国"流动的"政党制度是否因此已经经历了一次具有根本意义的重组，对该问题的答案，人们还需要拭目以待。

我衷心地希望中国的读者们能够喜欢本书。

埃弗哈德·霍尔特曼
2014 年 10 月于哈勒

原著中部分重要名词对照表

Allerweltpartei   普世政党

Amtspatronage   公职恩赐制

Antiparteienaffekt   反政党的喧嚣

Budgethoheit   预算主权
" *Die Reichsverfassung von 1871 übertrug der*
gewälhten Volksvertretung immerhin schon das Ge-
*setzgebungsrecht und die **Budgethoheit**.* "

Bürgerinitiative   公民动议

Chancenausgleich   机会平衡金

Daseinsgestaltung   社会保障体系
"*Der Sozialstaat entflatete sich nach 1949 nicht als*
eine vom Parteienstaat getrennte Parallelordnung,
sondern er ging mit diesem insofern eine enge funktio-
nelle Partnerschaft ein, als diese beiden Sektoren der
*sozialen **Daseinsgestaltung** und der politischen In-*
terssenvermittlung nach einem ähnlichen Organisati-
onsmodell aufgebaut sind."

Daseinsvorsorge   基本生活保障

Der öffentlich-rechtliche Rundfunk   公法广播电台

Dogmatik   教义
"*Juritische **Dogmaitk** ist die 'Schatzkammer' aus*
Erfahrung gewachsener juristischer Problemlösungs-
muster. Dogmatik ist nicht wertfrei. Sie beruht auf

III

*den vorausgesetzten weltanschulichen Grundwerten
der jeweiligen Rechtsordnung."*
Bernd Buerthers, *Rechtstheorie*, 3. Aufl. , Verlag
C. H. Beck.

Erdrutschwahlen   土崩式选举
*"Umgekehrt kann eine Verschiebung der parteipoli-
tischen Kräfteverhältnisse, wie sie im Ergebnis von
Erdrutschwahlen eintritt, dazu führen, dass im
Parteienspektrum Grundsätze der politischen und so-
zialen Moral gegenüber dem System lauter als vorher
eingeformert werden."*

flächendeckender Mindestlohn   普遍最低工资

Flächenland   非城市州

Freistaat   共和国（如巴伐
利亚、萨克森、
图林根州的名称）

Gebietskörperschaft   地域公法人
*"Zwischen 1945 und 1949 existierten nur Länder
und Gemeinden in Deutschland als **Gebietskörper-
schaft**."*

Gemeinderat   市镇议会

Gemeinwesen   共同体
*"In **Gemeinwesen**, welche die räumliche Weite
eines großen Flächenstaates mit der Vielgestalt und
Dynamik einer Modernen, heute postindustriellen
Gesellschaft vereinen, kann das Volk sich nicht un-
mittelbar selbst regieren."*

Heimatpartei   乡土政党

Honoratiorenpartei   贤人政党

Integrationspartei   整合政党

Klerikalismus   教权主义

Massenintegrationspartei   大众整合政党

Massenpartei	大众政党
Mitgliederpartei	成员政党（与贤
"Die Selbstumwandlung der Honoratiorenparteien des	人政党相对）
Mitte-Rechts-Spektrums in **Mitgliederparteien** *be-*	
schleunigte sich. "	
Obrigkeitsstaat	集权国家
Parteienpolitiker	政党政客
Parteienprivileg	政党特权（地位）
"Die nachholdende verfassungsrechtliche Adelung durch	
das sogenannte **Parteienprivileg** *in Artikel 21 GG hat*	
diesen kulturellen Vorbehalt nicht ausräumt. "	
Parteienstaatlichkeit	政党的国家机关属性
"Parteipolitik und **Parteienstaatlichkeit** *sind durch*	
Formen von Versammlungsdemokratie nicht ersetzbar. "	
Parteienverdrossenheit	对政党的厌恶情绪
"Aus intellektuellen Kreisen heraus wird der landlä-	
ufigen **Parteienverdrossenheit** *gelegentlich mit be-*	
werkenswerte Schärfe sekundiert. "	
Parteifunktionär	政党干部
Parteiwesen	政党组织与活动
"Das **Parteiwesen** *fand in Deutschland historisch*	
erst relativ spät seine verfassungsrechtliche Anerken-	
nung. "	
Patenpartei	庇护政党
Plebiszit	公民直接民主
plebiszitär	公民直接民主主义的
Politische Klasse	政治阶层
Protestpartei	反体制政党
Referendumsdemokratie	全民决议民主
"Ein solcher Pfadwechsel würde einem Systemwech-	
sel in Richtung einer **Referendumsdemokraite** *Vors-*	
chubleisten. "	

Rundfunkrat   广播电台委员会

Sazungshoheit   组织主权

Sockelbetrag   基本补助金

Sozialpartnerschaft   社会合作治理

Spitzenkandidat   首席候选人

Staatspartei   国家政党

Staatswille   国家意志

Stammwähler   中坚选民
"So konnten sich etwa CDU/CSU und SPD jahrze-
hntelang verlässlich auf soziale Koalitionen mit
Stammwähler*schaften stützen. "*

Verbonzung   官僚化

Versammlungsdemokraite   群体民主
"Parteipolitik und Parteienstaatlichkeit sind durch
*Formen von **Versammlungsdemokratie** nicht ersetz-*
bar. "

Volksbegehren   人民动议

Volksentscheid   人民决定

Volksheerschaft   人民的领导权
"Für das breite Publikum bedeutet Volksherrschaft
auch kaum, dass das Volk wirklich die Macht in die
Hand nehmen sollte, sondern die Erfüllung der
Wünsche und Bedürfnisse des Volkes. "

Volksinitiative   人民倡议

Volkskammer   （东德）人民议院

Volkspartei   人民政党

Volkssouveränität   人民主权

Volkswille   人民意志

Wählergemeinschaft   选民团体

Weltanschauungsparteien   世界观政党

原著中部分重要政党的译名对照表

Alternative für Deutschland（AfD）   德国新选项党

Arbeit & soziale Gerechtigkeit-Die Wahl-alternative（WASG）   劳动与社会公正——另一选择

Arbeit für Bremen und Bremerhaven（AfB）   "为不来梅和不来梅港争取工作"运动

Bündnis 90/Grüne   90 联盟/绿党

Christlich Demokratische Union Deutschlands（CDU）   德国基督教民主联盟（基民盟）

Christlich-Soziale Union in Bayern（CSU）   巴伐利亚基督教社会联盟（基社盟）

Demokratische Bauernpartei Deutschlands（DBD）   德国农民民主党

Der Südschleswigsche Wählerverband（SSW）   南施勒苏益格选民协会

Deutsche Volksunion（DVU）   德意志人民联盟

Die Linke   左翼党

Die Republikaner（REP）   共和主义者

Freie Demokratische Partei（FDP）	德国自由民主党（自民党）
Liberal-Demokratische Partei Deutschlands（LDPD）	德国自由民主党（原民主德国）
Nationaldemokratische Partei Deutschlands（NPD）	德国民族民主党
National-Demokratische Partei Deutschlands（NDPD）	德国民族民主党（原民主德国）
Partei des Demokratischen Sozialismus（PDS）	民主社会主义党（民社党）
Partei Rechtsstaatlicher Offensive（P. R. O.）	法治国家中的进攻党
Piratenpartei	海盗党
Sozialdemokratische Partei Deutschlands（SPD）	德国社会民主党（社民党）
Sozialistische Einheitspartei Deutschlands（SED）	统一社会党
StattPartei	并非政党

目　录

导　言

政党国家已是过时的模型吗？
——过去与现在的危机迹象

作为一个民主的政党国家，现在的德意志联邦共和国已经存在了超过 60 年的时间。在对这一历史跨度进行计算的时候，我们没有将 1945～1949 年这段特殊过渡时期计算在内。在这五年的时间里，德国没有中央政府，而只有州和市镇作为地域公法人存在。虽然"政党国家"一词在今日的政治话语中司空见惯，甚至在日常交流中，人们也在获得普遍理解和接受的意义上使用着这个词语，但是，无论是过去还是现在，当人们对政党政治的形象进行描述时，"政党国家"一词并未得到最好的阐释。

实际上，近年来德国的政党国家正经历着自德意志联邦共和国建立以来或许最严重的公众信任危机。人们对夹杂着"政党卡特尔"、"政客阶层"这些词语的批评意见几乎早已见怪不怪了。在这些老生常谈般的批评意见中，"政党阶层"被视为由一些被带有"政治累犯"印记的人组成的职业群体。与过去不同的是，现在有一些对现有体制持批评态度的公民，他们从公民参与的思想出发，认为只有公民的直接行动才是参与民主的真正实践形式。这些公民在强烈呼吁这种"真正的"民主实践形式的同时，不仅对政党大加鞭挞，甚至对各种议会制度提出了质疑。例如，最近围绕铁路工程建设项目"斯图加特21号"的种种冲突就是对这种新动向提供的极好的例证。通过该事件人们看到，一个州政府在作出了从法治国家意义上说是正确的决定后，在始终掌握州议会多数支持的情况下，却还需要启动一个"磋商程序"，以此向其面对的抗议联盟证明自己决定的正确性。该抗议联盟的担忧虽然正当，但是，他们提出的改变决定的方式在议会代议制的程序框架内却是史无前例的。然而，所有的联邦政党都对这一马拉松般的磋商过程异口同声地鼓盆而歌，称赞其是新的民主文化"模式"。这一现象凸显出由政党推动的议会民主制度正在经历着严重的信任危机。

12 　　在作出有约束力的政治决定或者在改变这些决定并作出新的有约束力的政治决定的过程中，公民社会提出了能够实质参与该过程的要求。民主政党国家从原则上说是满足这些要求的最恰当的表现形式和利益表述机制。考虑到政党在政治制度中履行的公共职能，一般的群体政治形式无法取代政党政治与政党国家。政党汇集并凝聚着生活在社会中的众多公民方方面面的利益，然后将这些利益背后的公民诉求传递到正式的国家政治生活领域。当然，在这一过程中，政党并没有垄断政治意愿的形成渠道。在政党一旁还有众多不具有政党形式的各种活动形式，例如，公民动议、人民直接民主的各种形式（如人民决定、人民动议），这些活动也在法律中占据着自己被肯定的一席之地。但是,在所有能够对长远问题进行前瞻性思考的政治过程中,政党却是并不可少的,这要归功于政党稳定的组织结构,它保证了以一定的目标、计划为导向展开的政治活动的连续性。此外,尽管党内决策过程经常被讥为党务产业的结果,但是,正是在政党干部的领导下,政党才可以展开许多党内的决策活动,权衡取舍党内不同利益群体的诉求,其中包括社会弱势群体的各种需求。

因此,"政党国家"一词本身传递出一种积极含义,它反映出政党在现代民主政体中扮演的中心角色。在人民意志的组织形成并将该意志传递到正式的国家意志形成领域的过程中,政党发挥着关键作用。此外,作为"议会内的政党",它监督着政府与行政机关执行立法机关作出的各种决定。与此同时,政党还要共同承担作出这些决定的政治责任,这些同样是政党需要履行的公共职能。[1]在这些公共职能的范围内,政党不是通过人民直接民主的方式来发挥其控制作用,而是将这些职能交给一些通过选举产生的代表来履行,普遍的选举活动确认了这些代表的合法性。因此,民主的政党国家从原则上说实现了政治代表制,并且通过联邦与州议会中的"党团议会"的组织原则表现出该代表制的时代实践方式。

在这种代议制模式中,相比于那些基于政党国家的原则、经过正式选举产生的议会代表,社会抗议运动的代表或者那些所谓的非政府组织显然将不具备同等民主合法性。这种差别在政治参与程序上表现得尤为明显:在普遍选举的过程中(在直接民主性质的公投活动中也是如此),选民团体是作为一个由所有具有选举权的公民整体出现的。这一整体性不会受到任何社会背景的影响:选举权是每个人都享有的基本权利,不考虑其出身、财产与教育情况。人们在行使这种普遍权利的同时也在实践着人民主权

13

的要求。

与此形成对照，在诸如反对"斯图加特21号"铁路建设项目的公民抗议运动中，公民参与活动缺乏一些正式的程序条件来证明其参与诉求的正当性。参与其中的社会群体不是通过在整个州的范围内选举产生的，相反，因为争议话题和"行动地点"的不同，参与者的个人感受与参与程度也会不同。抗议行动的具体背景因此受到许多偶然因素的影响，相比于正式的普遍选举活动，前者的社会组成也表现出相当不均衡的情况。在反对"斯图加特21号"项目的抗议行动中，大部分参与者"都受过大学教育：一半的受访者都具有大学文凭"。[2]与此类似，针对汉堡2010年由选举产生的市议会一致通过的学校改革方案，有公民启动了人民决定程序，这种直接民主的实践形式主要受到具有良好教育背景的中产阶级的推动。正是因为这些集体抗议行动不具备受到法律承认的正式代表，也不具有广泛的社会代表性，因此，它们不能享有与经选举产生的议会相同的决定权。

在各种文献中，有关德国政党国家的基本情况与基本问题已经得到了反复、充分的讨论。各个德国政党的历史起源与演变，它们的意识形态谱系、政党资助、政党组织、政党的内部活动、党员和选民的构成情况、传统票仓与影响力有限的地区，这些政党的类型、它们的左—右的政治倾向分布以及政党承担的公共职能，对所有这些问题的回答和讨论从学术上说属于标准的概论性的介绍文献的工作。[3]政党国家的一些阴暗面，例如，政党与政党政客怎样在具体活动中和道德上违背自己的使命，从而不断地损害着政治活动的形象，对于这些问题，则主要是大众媒体和时事评论性出版物的讨论对象。[4]

不弄清楚学术著作与时事评论作品在处理政党国家问题上的不同着眼点的话，人们就无法获得真正有益的认识。有些对政党

制度进行扎实介绍的著作没有对政党制度的一些无法回避的消极
现象进行系统全面的介绍。但是，如果仅仅是对政党的结构、其
对民主的意义、政党发挥的作用、政党的支持者与人员构成在单
独的篇章按部就班地进行介绍，却不考虑政党政治固有的结构性
缺陷，这样的介绍将是片面的。不过，如果作者的视角只局限在 14
政党国家在实践中存在的各种问题上，从分析研究的目的来看，
这种态度更有问题。如果在讨论介绍的过程中只涉及从政治道德
上看有问题的方面，只是在抨击"官位变动的扑克游戏"、政客
中饱私囊和贪恋权位的行为，将对政党政治的描述等同于对一系
列政治丑闻的曝光，这样做的后果将是向读者呈现一幅对现实扭
曲后的图景。

　　实际上在政党国家制度中，就像在其他任何复杂的社会结构
中一样，结构问题和道德问题是紧密交织在一起的。如果剔除结
构问题，人们往往就会只在道德层面上考虑这些问题。这一倾向
在"斯图加特21号运动"中同样得到了很好的反映：成千上万
的反对者强烈要求保护相关公园和绿地，他们认为自己的环境保
护诉求是占据着道德制高点的公民抵抗活动。如果在组织结构与
道德问题两者的复杂关系中出现了具有严重危机性质的混乱情
况，政党国家的组织结构与公众对政党国家的价值判断之间的互
动关系将表现得尤为明显，"斯图加特21号运动"同样清晰地阐
释了这种互动关系。例如，当政党的一些头面人物的形象不佳
时，这些头面人物所在的政党也会随之失去人们的信任，结果很
有可能会降低民众对政党国家制度本身的信任度，各个政党原有
的选民将越来越倾向于不去参加选举活动或者将选票投给其他政
党。于是，政党文化的气候变化也将注定引起政治结构的变化。
随着这种情况的发生，政党政治中各种政治力量的对比状态也会
发生改变，例如，"土崩式选举"出现时就会带来这种改变，这

种改变相应地会对"制度"本身提出比起过去更高的政治与社会道德要求。在始终存在对政客的厌恶情绪的时代，这种情绪将支撑着一些民粹政党始终活跃在政治舞台上，这些民粹政党因此也会指责"老"党在基本的公正问题上犯有严重的错误。

正是因为有这些互动甚至冲突，政党国家本身始终蕴含着内在矛盾。对那些承担政治责任的政客，人们总会提出各种各样的具体要求，要求这种政客完成相应的工作、实现一定的目标，如果这些要求没有得到满足或者没有得到完全的满足，失望、抗议甚至不信任的情况就会发生。当这种信任持续流失时，这种不满15 就将不再限制于特定的政客或者政党，而将扩大到针对整个"政治"。

每当涉及道德问题时，政治活动就会被个人化。在公众眼中，政客的许多（当然不是所有）行为都会被指责成有道德瑕疵的个人行为，但是，从政党国家的组织结构和运作方式出发，这些行为却往往是政党国家制度运作的客观结果。例如，为避免政治僵局，政党政客们会进行秘密政治磋商以就一些关键问题达成妥协，即使在民主的政府制度中也有进行这种秘密政治磋商的需要。但是，这种秘密磋商却始终会面对公众质疑的眼光，公众会认为这些磋商得出的方案并不是最符合客观事实需要的，甚至存在不当的"内幕交易"。于是，制度运作原本客观的结果却受到了观察者主观上的指责。结果，正是政党国家内在的"运作"机制至少在一定程度上使政党和政党政客失去了公民甚至其他来自诸如经济界和媒体的精英人士的信任和支持。

因此，在对政党国家的理论和制度进行描述时，人们需要把结构问题和道德问题视作一枚硬币的两面，对两者的关系进行小心地观察和讨论，然后对这种关系作出恰当的定位，这才是最明智的分析方法。人们利用这种分析方法将发现，从社会科学的角度看，政党国家不仅是一种**系统**，还是一种处于各种制度影响范围内的各种行动人**互动关系**的表现。从系统视角出发，政党国家可以被概括为一个由许多相互依存且纠葛在一起的子系统组成的更大的系统，在这一点上，政党国家是与其他系统的情况相同的。从运作机制上看，作为系统的政党国家将考虑其各种作用与系统功能（例如接纳与汇集各种社会利益）；从组织方式上看，政党国家也将根据各种具有整合作用的系统目标进行组织，例如，自由、安全、社会公正。[5]正是这些指导思想为作为系统的政党国家指出了正常运作的目标，这些系统运作目标恰恰会带来前面提到的各种道德问题。

政党国家也是一种互动关系：各种既存的正式制度（宪法、法律、宪法机关）同时赋予了各种行动人（公民、选民、政党精英）活动的空间和边界。政党在这个舞台上扮演着双重角色：由于其组织的稳定性，政党可以被视作制度；与此同时，虽然只有被视作一个整体，政党才能被称为政党，从个人的角度上看只不过是一些作为个人存在的政党政客，但政党也可以被视作行动人。在这个政治舞台上，政党政客与选民创造了一种特殊的交往关系。选举人与被选举人相互依存。政客通过民主选举获得政府职位或代表身份，与此同时，政客还面临着在下次的选举中失去这些选票支持的风险。从公民的视角看，公民则是将从事政治事务的权利暂时地授予了一些他们信任的个人。

政党不仅活跃在社会生活领域，而且也在正式的国家生活层面上开展自己的各种活动，这也是**政党**国家一词的应有之意，在对政党国家进行全面"剖析"时必须考虑到这一点。实际上，政党与各种有国家色彩的组织和制度都存在联系。在履行其公共职能时，政党在获得准国家属性的同时却在法律上没有完全披上"国有"的色彩。作为社会与国家互动的接口，现实中的政党国

16

家在扮演这个接口角色时没有攫取不正当的权力。它履行的职能不过是民主宪法规范逻辑运作顺理成章的产物。此外，政党制度虽然主要是在民族国家内部的政治对话过程中发挥作用，在当今人类面临的各种问题不断全球化且需要在超国家层面解决这些问题的年代，政党国家却不会因此过时，民族国家内部的政治与行政活动长期以来发挥的作用也同样不会被削弱。

《德意志联邦共和国基本法》（以下简称《基本法》）明确肯定了政党国家的法律属性，在此基础上，公法理论发展出了积极承认政党的带有国家机关属性的法律根据。根据通行的理论，政党国家是"民主宪法国家"不可或缺的"附属物"。[6]《基本法》第 21 条即所谓的政党特权条款将政党的这种特殊地位作为宪法规范确定下来，这就使德意志联邦共和国的政党不再"徘徊在非法组织的境地或仰人鼻息的边缘"。[7] 在其早期的一个判决中，联邦宪法法院明确指出："当今的民主政体都是政党国家。"[8] 在专业讨论中，"政党国家"与"政党民主政体"也往往被视为同义词。[9]

而且，政党的国家机关属性也成了现代代议民主制政体中一项通行的组织原则。1945 年以后，在世界上的许多国家得到了推行。"欧洲与拉丁美洲的宪法理论已经表明它们完全意识到，20 世纪的国家都是政党国家，在人民主权的形式下实际上发挥作用的是政党主权"。[10] 政党因素在现代国家发挥出的、事实上不可或缺的法律控制作用并不是德意志联邦共和国的特殊现象。不过，《基本法》赋予政党的特殊宪法保护却的确是德国特色的产物。

虽然如此，政党国家在德国却恰恰一直名声不佳。[11] 即使是在《基本法》第 21 条即所谓的政党特权条款对政党的宪法地位作出特别肯定之后，也并未在多大程度上改变德国文化对政党的这种排斥态度。相反，在公众的观念中，政党政客一直被斥为一群垄断政治活动的自私自利、充满权力欲的小人，在过去的几年时间里，始终盘旋在政党国家之上的这一污名其实还得到了强化。不过，这种反政党的社会意识尽管有着德国自身的历史背景，但却同样不是德国特色的产物。政党学者奥斯卡·加布里尔（Oscar Gabriel）和卡亚·内勒（Kaja Neller）基于对世界各国不同人民主观态度的比较研究指出："对政党的批评性看法已经是在 20 世纪与 21 世纪所有民主政体中普通存在的情况。"[12]

不过，有一点是可以肯定的：政党的组织与活动从德国历史上看，只是到了非常晚近的时候才获得了宪法的承认，它是 1945 年后对德国民主进行第二次构建的结果。从那以后，政党国家是否是政治活动的制度框架的问题才渐渐没有了争议。在政党国家得到承认以前，人们更早也更经常听到的则是对政党的厌弃。

产生这种现象的原因之一是德国传统哲学文化长期以来的影响。在 19 世纪的集权国家统治，甚至 20 世纪前 20 年的时间里，德国的传统哲学文化一直助长着不承认政治活动正当性的倾向，甚至顽强地抗拒德国政治的现代化。在该成见的影响下，所谓的"社会"、"政党"都被视作没有文化价值的社会存在，是一种"非德意志"的、需要提防的文化影响下的不当产物。[13] 在德国文化中，人民是被假定为一个整体而表述的，这种"异质的政党精神"是与这种整体人民观相抵触的。在这种思维模式下，多元主义化的利益代表机制自然无法获得自己正当的一席之地。

此外，在其初创时期，德国的政党国家已经尝试了各种运作模式，这些模式已经吸引来了针对政党国家的各种排斥态度。由获取或维持权力的动机推动发生的各种政党活动是政党国家的一个标志，也是政党政治运作逻辑的必然要求，但是，在政党国家的历史上，这些活动一直被斥为"肮脏的勾当"，类似的指责在

18 今日也并不鲜见。当然，从政党国家登上历史舞台起，人们看到
的就是没完没了的政治欺骗、政党分赃以及政客个人的种种不当
行为。

正是德意志集权国家的历史背景以及当时有教养的资产阶层
广泛存在的"非政治化"气质，使得这种历史上针对政党政治的
排斥态度一直大有市场。这种排斥政党的思潮在不同的社会阶层
中也是以不同的方式表现出来的。在第二帝国时代晚期的上层沙
龙里，在魏玛共和的社会精英中，这种对政党的蔑视态度以一种
在文化上不断加强的成见表现出来，在以小资产者为代表的社会
中下层中，这种反政党的思想则是一种强烈的对社会不满的
表现。

这种排斥政党的深层社会意识也是德国政党国家历史演变的
结果。因为政治欺骗的客观风险与从事有道德瑕疵行为的主观尝
试都是政党国家无法摆脱的内在问题，这些问题在当今社会通过
现代媒体会得到更快更详细地传播。结果，在今天公众的观念
中，反政党的思潮依然很有影响力，出现这种情况其实是不足为
奇的。而且，现在的一些实践政党国家原则的人士也还在对这种
成见添砖加瓦，反过来进一步佐证了这一成见的合理性——这也
是在目前的政党国家实践中不可否认的事实。以权谋私、搞小圈
子、政治分赃、腐败、嗜权如命等问题，在德意志联邦共和国的
政治精英中是一种不光彩但却发生着的现象（当然，这些情况并
不只是发生在德国，例如，2009 年被曝光的、在英国议会下院议
员中普遍存在的费用丑闻就同样反映了这一现象）。在公众眼中，
政党干部都是一些僵化保守的人，当政党政客煞有介事地提到
"我们的团队"时，却似乎总会佐证公众的这种成见。而且，在
各种国家机构或者与国家有着紧密联系的组织中，政党的代表总
是会提出各种非分的权力要求（人们经常以政党分赃来批评性地

定义这些现象）。

政党国家这些自我否定的情况与政党国家的运作程序交织在一起，这些程序虽然由政党国家的功能决定，但是与此同时也会受到社会价值观的批判性对待，这种矛盾自然会对公众的心理产生负面影响。在针对公共机构信任度的民意调查中，政党总是位于最不受信任的机构行列。在透明国际 2010 年进行的腐败度调查中，德国政党的腐败指数被定为 3.7（其中，5 分表示为"相当腐败"）。[14] 许多德国民众认为，政党只关心选民的选票，当选举活动结束后，这些政党就会迅速地脱离与民众的接触。这种对政党非常不友好的评价一直是许多德国人下意识的看法。[15]

21 世纪初，对政党的批判迎来了新一轮浪潮。在学术界出现了批评政党的大合唱，批评者中不乏多年以来支持政党的各类精英，而且，这些精英的数量越来越多。在德意志联邦共和国国家结构的三个层面上，选民的参选率都在下降。在这段时间里，各政党的党员数，尤其是那些人民政党的党员数都在萎缩。各次民意调查也反映出民众对政党的问题解决能力日渐不信任的态度，这进一步折射出民众对民主制运作状况的不满。在 2008 年秋世界金融与经济危机爆发后，民众对政党与政党政治的信任度也降到了最低点。

如前所述，对政党的厌恶情绪在普通德国人中早已司空见惯，现在竟然在知识界也偶尔会有引人注目的尖锐批评意见来呼应这种厌恶情绪。[16] 在对政党国家的斥责中，如今也会有知识分子甚至一些政治学家高调参与。这些夸夸其谈的批评意见不禁让人想起了八十多年前产生于选举过程中的种种言论，正是这些言论最终葬送了魏玛共和时代的民主代议制。

大众媒体也对抨击政党的尖锐意见敞开了大门。尤其值得注意的是，民粹主义对政党国家"这颗毒瘤"不断吹响进攻的号

19

角，它的嘹亮的号声正为直接民主的高歌伴奏。如果人们侧耳倾听这曲高歌，听到的更多的是对公民直接民主和"人民"直接决定权的渴望，而不仅仅是针对政党主持的按部就班的政治活动程序的不信任投票。

不过，无论是德国文化中对政党的疏离态度还是目前频繁出现的负面事件，甚至丑闻都不足以解释目前政党所面对的日渐强烈的批评意见。政党政治的沟通协商模式总是具有鲜明的间接民主色彩，但是，对该模式的批判也不是目前反政党喧嚣的唯一成因。从更宽广的国际视角看，造成这种喧嚣的现实原因来自德国外部，即世界金融市场的崩溃以及个别欧盟国家的财政破产导致了政治系统调节能力的弱化，或者说政治制度与各国政府运作系统的失衡。2008 年底以前的金融市场振荡已经大大压缩了民族国家内部在处理经济全球化问题上的政治回旋余地，在最近的世界经济危机爆发后，许多国家的财政状况完全失控。如果说天文数字般的国家债务对大部分公民来说只是一些抽象的数字，对银行债务进行清偿时产生的财政压力则对不同社会群体造成了极不平等的负担，这对大部分公民来说是实实在在的切身体会，在公众的集体记忆中，这将成为政治欺骗又一活生生的证据。

当政治活动被人们等同于政治食言和缺乏公正的代名词时，这种负面的舆论气氛不断撩拨着政党国家的敏感神经。借用前文讨论的各种概念来表述这种现象：道德危机可能会扩大政党民主政治的结构危机。概而言之，对政党政治不受具体环境和实际运作能力影响的信任度是保证民主政体稳定的一个必要条件。如果一个社会不再信任它的政客，这将激活一个早已镶嵌在政党国家运作机制中的危机元素。

政党国家中的制度因素与文化因素在政治和平年代可以相互支撑、相互加强，但在危机年代则会相互动摇对方的稳定——这是本书的观点之一。从该观点出发，我们认为，政党政体处理问题能力的不足将不断削弱人们对其的信任。随着在人民当中这种信任的流失，反过来它会对政党政治中的行动人带来更高的心理障碍。其后果就是，这些参与者的政治影响力将进一步萎缩。随着政党的社会价值观感在民众眼中的变化，公民参与各种选举活动，尤其是参与政党生活的倾向也会随之发生变化。为了维持其存续，各民主政党都需要吸收新的成员或支持者。招募到这些新成员的机会在很大程度上取决于社会对政党的友好程度。至于不同政党追随者的实际活跃程度，在选举日里不同的政党各自会受到选民怎样的对待，将在短时间内决定政党制度中的权力分配。当就具体情况而言多变的政党归属关系从整体上处于萎缩状态时，不去参与选举的选民也越来越多，这将对政党制度的基本状况和变迁产生深远的影响。

在这个关键发展时刻，按照许多观察者的看法，德国政党国家的变迁正涉及它的方方面面。有时，政党研究只好面对被人们普遍接受的对政党的写真——即"对政党的厌恶情绪"而进行自己的研究、提出自己的观点。但是，在这种弥漫各处的反政党情绪中进行学术探讨时，人们却不会匆促得出政党国家正处于危机中的结论。在政党国家的种种制度中，对政党和政客的这种愠怒首先只是一种表面现象。它是人们对目前的政治生态和政治程序不满的一种反应，这种不满一方面来自政客的各种的确应受谴责的行为，另一方面也与政党政体的构建方式及其发挥功能的逻辑分不开。21

正如前文所述，德国政党国家的发展有着自身独特的历史轨迹，虽然对每个政党制度来说，其文化与结构因素之间的紧张关系是普遍存在的现象，只不过德国政党国家的发展以其自身独特的方式塑造并改变着这种紧张关系的具体形态。在德国，这一历史演变轨迹最早可以追溯到 19 世纪德国政党的初创时期。姗姗来迟的德国政党国家从历史上说也是"德国特色道路"的组成部分，即因为德国政党国家一直等到德国民主宪法秩序被建立之后才相应地被确立，而这种宪法秩序的出现在德国历史上已经是比较晚的事情了。虽然 1871 年政党在第二帝国议会中获得了自己的政治舞台，但政党还是不承担直接的政府责任，而且还固守着僵死的政治信条。

德国政党制度中残存的这两方面的民主因素直到 1945 年以后才获得了重新加强。一直到这个时候，政党国家才作为宪法规范被接受，并成为代议民主制理所应当的运作模式。时至今日，人们还是可以发现德国政党国家的特殊历史发展轨迹，但却是通过另一种方式表现出来的。到目前为止，联邦德国是寥寥可数的几个在国内选举中没有出现具有实质意义的反欧盟政党的欧盟国家，也是 1953 年以来少数几个没有极右翼政党或右翼民粹主义政党在其国内议会中兴风作浪的欧盟国家。德国这一比较特殊的情况得益于联邦德国比较年轻但稳定的政党制度，该制度是在第二次世界大战后 70 年的时间里逐渐发展起来的。

至于本书的篇章顺序，即本书对德国的政党国家进行描述的安排，我们首先要提及本书一些核心理论观点：首先，在政党制度中存在着一些稳定的**结构要素**，借助这些结构要素，人民之中不同的社会群体在代议政体中得到了相应的代表。但是，这些结构因素并不是依靠自身力量实现其影响力的，它需要借助一定的**文化模式**才会体现出来——或者成为现实中的作用因素，这些文化模式以民众普遍表现出的信任度或基本道德规范为基本内涵（"重要的是，在我们身边发生的现象是公正的"）。这将进入到系统维度层面，即所谓的制度**运作维度**，其中将涉及**制度与行动人**的问题。因此，《基本法》第 21 条即所谓的政党特权条款建立的

22

是一种新的政党制度，它在法律上同时保证并划定了政客们的活动空间。当制度的行动人对制度进行改造时，在一定的环境中，人们可以对这些标志进行改革，例如，议会修改政党法或以三分之二的多数修改宪法。

直到今天，政党国家的各种结构与文化因素、行动人与制度之间的互动也依然在每时每刻发生。如果扩大研究的时间跨度，我们将发现德国政党政治的运作方式存在明显的"路径依赖"现象。它沿着固定的历史轨迹前进，发展出了自己的运作模式。德国政党国家的内在运作逻辑首先以一种随着时间推演而发展出来的权力运行机制表现出来，考虑到这种"路径依赖"现象，对这种运作逻辑的研究必须考虑政党国家的历史发展特征，并要在对其的**历史**考察中展开讨论。

采取这种研究思路将在一定程度上简化本书接下来的表述方式，与此同时也会集中相应的理论观点。从而就产生了本书标题的三分法：**解释、发展与表现形式**。相应的考察内容是德国政党国家的制度结构形式与文化含义元素，其运作逻辑与历史背景对目前政党国家的表现形式、演变和各种变化原因存在决定性影响。在"解释"这一章中，我们将沿着社会与国家相结合的理论脉络，借助于一些学术研究成果来对各类政党进行讨论；在"发展"这一章中，我们将讨论德国政党从起源直至今天的漫长发展史；"表现形式"一章的主线是讨论政党和政党政客的走钢丝表演，他们面对着来自方方面面的要求，面对着时时处处赋予其的任务和随之而来的不信任，并尝试着满足各方面的要求。

在进行这些讨论时，有一点是需要明确的，即自从1949年的创设时刻之后，德国政党国家的发展以一种非常特殊的方式依赖着某种路径前进。如果不考虑各种突发事件、不可预见性以及外部因素的影响（用学术话语来说即"偶然性"），政党国家这辆

23 大车前进的路线是在 1945 年德国民主第二次建立时就已经确立了，并在 1990 年两德统一后扩展到了东德地区。

在历史发展的维度中将制度与实际运作两个问题结合起来讨论，并不是对政党国家过于简单的表述方式。对一个存在大量理解与解释的必要，而且涉及众多学科领域的问题来说，想对它进行事无巨细的研究和讨论，只有我们设想的这种表述方式才能最好地简化这一研究过程。在讨论政党民主的一些重要的结构问题时，我们主要借助于政治社会学的知识，尤其是该学科对选举、政党、公众立场和精英研究方面的内容，与此同时还会涉及一定的现代国际法方面的内容。政党政治一些受到制度结构决定的畸形发展现象经常会被人们视作政客个人的不当行为，但这些不正常现象却恰恰根源于政党活动的框架结构之中，为了以非个人化的方式讨论这种问题，法学研究中各种有严格用法的概念是非常方便于我们的讨论的。有些学者尽管对政党国家抱有一定的批评意见，但还是采取一种冷静中立的研究态度，持有这种研究态度的代表者之一就是马丁·莫洛克（Martin Morlok）。他曾经写道："有关政党的各种问题并不只能在政治过程中解决。政党传递各种利益与观点的能力是有限的。政治讨论中会充斥着一些鸡毛蒜皮般的问题，一些真正紧迫的、事关未来发展的问题却会因为出于对选举前景的考虑而无人关注。"[17]

莫洛克在这里提到的各种功能不足现象其实是普遍存在的，一方面，造成这种现象的最根本原因其实并不是政客的政治欺骗活动；另一方面，政党在德国通过各种制度化的设计享受着特权，这也使人们经常有理由对政党政治中的各种行动人篡越本分的行为大加抨击。长期以来，对公法广播电台的讨论显然为此提供了一个极好的例子。公法广播电台的组织从其法律性质上说应当是免受国家控制的，但是，国家又不可以听任它完全自行其是。联邦宪法法院前任法官迪特尔·格林（Dieter Grimm）曾经这样描述该问题："解决该问题的出路是借助相关社会力量的控制。在这种社会力量中自然包括政党。但是同其他社会力量不同，政党同时也镶嵌在国家结构之中：它是议会与政府的组成部分。但恰恰是这种双重身份的存在引发了该问题。"[18]

政党同时是社会力量的代表和国家机关成员，格林（Grimm）对政党这种排它性的代表能力作了清楚的说明，这一现象在广播电台委员会的运作中得到了很好的体现。在广播电台委员会成员席位的分配中，政治功绩与忠诚度起到了决定性的作用。这种组织模式为政党政治对政客的诱惑提供了良机：错误的刺激因素创造了权力滥用的可能，但是，这些刺激因素恰恰是镶嵌在政党国家自己的组织结构之中的。

"政党国家的制度设计者提供给政治行动人的活动范围有限，对这些行动人在从事实际政治磋商时也施加了一些客观限制条件，因此这些制度设计者对政党政客在从事政党政治活动时并没有开出任何空头支票，不会让这些政客对自己的任何行为可以不负责任"，这是人们在讨论政党国家时有可能产生的一种误解，本书在进行深入讨论前首先要清除这种误解。政党国家的各种制度赋予了行动人充足的活动空间，使其可以根据自己的主观意愿行事，这也是良善政治的一般道德法则的普遍要求。尽管有制度设计上的种种限制，政客们依然具有选择的自由，可以在各种方案间进行取舍。不过，政党的研究者们考虑到对政治观点的各种客观限制和路径依赖情况，并不会让政党政客对自己的所作所为完全不承担个人责任。

如何精确地区分所谓制度设计本身的客观不足与应当算到个人头上的错误行径，这种区分在具体的个案中是一件非常棘手的工作。即使是一些学术著作在这些问题上也只获得了部分成功，

24

它们将这些政党活动用一些独创的词语包装起来，用一些带有价值判断的概念来描述政党政体中这些问题的结构影响。借助这种话语体系，研究者就可以尽量将被研究现象的发生追溯到一些从实实在在动机出发的个人。在政党研究中经常出现的一些概念，如分赃制、寡头制、政党卡特尔或者卡特尔政党，都属于这些具有价值判断的术语。

但是，在分析政党国家时，人们却无法回避使用这些概念，因为这些概念可以更准确地界定那些典型的、来自于制度结构本身的不当发展现象，这些现象无疑损害了民主制。不过，在利用这些概念的同时，人们却也无法完全排除引入相同成见的风险。但是，这种风险还是可控的。人们需要做的就是始终清楚地意识到，在这些由概念表述的价值判断的背后，支撑这些判断的都只是一些限制于当下的各种知识推导出的**观点**，这些观点针对的都是政党国家制度设计中的不足和个人行径中的扭曲现象，但是，在实证研究中，人们要不断地反思这些观点的正确性。

政党政治的特点及其弱点可以通过其结构来解释，这是在国际政党研究中早已得到肯定的结论。与此形成对照，目前表现出大量危机迹象的政党制度变化的形式与动因也一直是这些研究的中心课题。在德国的政党研究中，对危机的思考是在**政党变迁**研究文献中周期性出现的话题。[19] 1970 年代，人们认定德国"正走向一个一党制国家"。在接下来的 80 年代，又有人在对当时的情况进行分析后认定"政党正处于危机之中"，许多人质疑人民政党是否已经成为"毫无主见的庞然大物"。最近又出现了以"政党民主的危机或变迁"为题的一系列丛书。[20] 对于该现象，政党研究学者乌尔里希·冯·阿勒曼（Ulrich von Alemann）通过研究指出，从 1949 年到 20 世纪末"在德国最少出现了十次政党危机"。[21]

目前，有越来越多的人在思考，是否可以通过直接民主，或者"协商"民主，即立足于协商交流的民主，来代替目前看似封闭的政党模型。无论如何，有一点是可以肯定的，目前德国政党国家制度正处于"艰险岁月"，这也是政党研究学者赫尔穆特·维森塔尔（Helmut Wiesenthal）的看法，他甚至认为，德国政党国家制度现在面临的困难比以前还要多得多。

在这一困境中，对政党国家进行认真细致的研究会不会成为一种吃力不讨好的工作？尽管有此种种困难和质疑，政党的一些传统功能并不因此就会变得无关紧要。为了表述各种社会利益诉求，并将这些诉求以其轻重缓急进行排布并引导到国家意志的形成过程中；为了向议会和政府输送各种人员；为了适当遏制个别政治活动领域中过分以自我为中心的利益考虑和"内向性"的政治忠诚，并在服务于公共利益的政治决策方案中加以引导；为了将"在上"的政治决定向"在下"的公民进行传播，并为政治活动创造必要的正当性基础，这些功能都是政党将发挥不可替代作用的强有力的理由。政党的这些重要功能及其不可或缺的公共职能还没有穷尽它的全部作用。这些作用再次突出地反映出前述联邦宪法法院的观点，即现代民主是政党民主。

因此，政党国家绝对**不是**过时的模型。在一个已经进入现代社会、幅员辽阔的国家中，为了实现民主制，尽管政党国家有着种种来自于自身的不足和弱点，它依然是唯一的选择。前文的研究已经揭示出了这一点。在这些研究的基础上，如前所述，本书26将不再讨论联邦德国政党制度和政党国家中众所周知的结构元素。如果在对各部分的讨论中不考虑理论上的指导原则，而只是将不同的章节机械地"叠加"起来，就不会清楚透彻地观察到政党国家的真实内部世界。

在本书接下来的讨论中，我们将从政治过程着手，并将本书讨论的各种对象以政党国家整个制度作为系统背景来揭示其内涵，以此避免出现前述迷失研究方向的情况。我们将通过三个具有递进关系的章节来实现该综合讨论的目标：在"解释"一章中，我们将把政党作为社会变迁的表现和社会冲突的表述人来对待；接下来的第二章"发展"将揭示出随着时间的演变政党国家组织形式的变迁；以"表现形式"为题的第三章将深入到政党国家更深的层面，即政党活动实际发生的场所。在这一部分读者们将看到，有许多理由表明，政党并非如人们所想的那样，是从本质上不符合政治道德要求的病态存在。[22]

第一章

解释：政党作为社会变迁的
表现和社会冲突的代言人

一、所有的因素都早已存在？——历史
路径依赖

　　为了详细讨论政党国家的历史发展轨迹
及其最近的发展，我们将借用历史制度学派
对历史发展的看法来指导本章接下来的解释
活动。[1] 按照历史制度学派的看法，发生交
往的各种行动人并不只受到制度的限制，他
们还进一步沿着各种事先决定的行动路径活
动，这些路径在交往的过程中也在不断扩大
和完善。该理论也将决定本书的一种研究思
想，即从 1945 年起西德战后（即第二次世
界大战后）政治获得了重新定义，并且在
1949 年 5 月由《德意志联邦共和国基本法》
（以下简称《基本法》）以宪法制度的方式确
定下来以后，德国的政党国家就以一种**路径**

依赖的方式向前发展着。[2]

　　此时有两个可能存在的误解，需要我们在这部分研究开始时就加以澄清。首先，我们并不认为存在路径依赖时，制度的发展就将受会被某种"严格法则"事先决定。此时，行动人依然有可观的活动空间，可以在各种交往活动中进行策略选择。一本当代犯罪文学对这种选择自由曾以散文的形式作出了非常形象的描述："长久以来的按部就班和例行公事，做好做坏都一样，突然前方闪现了出口，门户大开，提供着道路选择的可能。如果不能当机立断，大门将重新关闭。在此不做决定也已是一种决定。"[3]

　　其次，在目前德国的政党国体中依然保留着其早期历史发展的特征，这些特征甚至可以追溯到 1949 年这一转折点之前。目前，政党国家的历史痕迹并非只有通过对其在 1949 以后发展路径的描述才能够得到解释，在政党国家现有的一些结构因素与运作模式中，有些甚至可以追溯到更早的时刻。这些历史的余音对现代德国政党国家而言是一笔宝贵的遗产。

　　德国的两大人民政党在自己的社群中都享受着传统支持基础，而且同其他国家比较，人们会发现德国政党的政治纲领具有非常强的约束力，这两种情况的存在甚至可以追溯到 19 世纪，它们也是德国政党国家的发展历史对现实重要影响的两个极好例子。德国政党在其世界观上有着非常强的原则性，这种现象使历史学家特奥多尔·席德尔（Theodor Schieder）在 1958 年评论道，德国政党国家的组织有些类似于"有着严格教义的且封闭的教会组织"。[4]无论人们如何评价，德国政党的这种**纲领政党**色彩时至今日依然没有褪色。

　　在德国复杂多变的近代史中，政党国家直到相对来说比较晚近的时候才获得了社会和法律的承认。政党国家发展路线从 1945 年起才获得正式的实施，它在 1918 年时只有非常粗略的轮廓。

不过在威廉二世时代，政党就已经可以插足德国的政府制度构建。虽然行政权力一直到 1918 年帝制时代终结时都具有高度集权主义的色彩，第二帝国宪法的双重结构设计仍旧使帝国议会可以选举和罢免政府。而且，1871 年的帝国宪法也已赋予了民选代议机构立法权和预算主权。这就在集权国家的高墙上为议会的政治控制权撬下了一块砖头、开出了一个小口，至于议会显然在很大程度上受制于政党。

政治现代化从长远来看总会促进政党的发展，它在德国的前奏在上个世纪之交时就已经在社会政策的领域奏响。当 1880 年代俾斯麦创立社会保险制度后，企业家协会、工会和国家在社会保险制度的自我组织化进程中通力合作。表明这种合作存在的一个最明显证据是决策的中央性。当国家官僚阶层和各种协会组织的领导人达成一致后，其作出的决定对在决策过程中获得代表的各种社会群体都具有很强的约束性。这种"协商一致专制主义"已经具有了三方冲突协调规则的雏形，并成为 1949 年以后联邦德国社会生活领域牢固的社团主义原则的基础。

社会政策决策过程中的这种社团主义模型同所谓的莱茵资本主义中各种经济伦理要求的社会义务结合起来，构成了联邦社会国家的各种制度构架。德国的社会国家和政党国家并不是相互独立、平行发展起来的两个模式，相反，两者在发挥各自的功能时有着非常紧密的合作关系，它们都是社会保障制度的组成部分，在社会利益表述机制中扮演着非常相似的组织角色。从组织结构的特点上说，它们都是一些社团化的行动人，即协会和政党，并将自己的活动领域渗透到各种国家干预措施的领域。

不过，在这里我们还是要再一次回到德国政党国家的史前时代。在 1918 年以后魏玛共和的半议会制政府中，政党实际上已经在政治组织架构中居于中心地位。只不过在涉及宪法地位

29

时它们依然只能隐身幕后。尤其在魏玛共和时期，共和国政府还远未走到真正需要向议会负责的地步。这就使得共和国政府在紧急状态下可以在没有共和国议会多数支持的情况下，仅凭共和国总统的支持和总统的紧急命令就可行使权力，这也是 1930 年代发生的事情。这种制度设计也反过来对那些忠诚于共和国的政党造成了难题，即使是在 1925～1929 年德国国内政治相对稳定的时期，这些政党也很难扮演议会行动人这一它们并不熟悉的角色，难以承担各种政治责任并在政府事务中发挥建设性的作用。魏玛共和直到它在 1933 年被解散时也远未完成对其政党国家体制的构建。

众所周知，接下来的国家社会主义专制统治完全铲除了各种建构于政党国家之上的民主政体因素。纳粹政权的一党制在摧毁了民主宪政国家的同时，更将德国野蛮地推上了集权独裁国家的道路。如果对历史制度学派的路径理论进行严格解读，人们并不能说从 1933 年开始发生的这种制度变化完全背离了已经被确定的政党国家**路径**，不过，《魏玛共和宪法》的确缺乏一种有利于政党国家发展、明确的基本制度决策。一直到 1949 年 5 月《基本法》提及政党的宪法地位后，德国政体才将民主政党国家作为一项稳定的制度确定下来。只是从那个时候起，"参与交往的行动人在利用某种确定的路径（即制宪者确定的政党国家）时获得的利益才会获得提高"，交往结果的反馈作用相应地将强化"路径忠诚"。[5] 这就像长途越野滑雪，因为无人可以确定一条方便和安全的路线，并为后人留下一条轨迹，所以滑雪人会不断地沿着前人的轨迹前进，相应地，后人在前进时也更平稳。

德意志联邦共和国在 1950 年代至 1960 年代巩固时期发生的各种事件为这种依某种路径发展的现象提供了大量实证证据：社会合作治理、对难民和被他国驱逐出境者救济负担的分配以及社会政策立法等活动，都极大地促进了对涵盖范围更广的各种社会群体利益分配的长期重视。随之而来的一个附带现象是近十年的时间里政党体制集权化的发展趋势。社会民主党最初在联邦采取强硬反对派的立场，它很早就将其在州和市镇层面的权力分配整合起来。不同的国家权力层面相互交织，这是德国联邦主义中比较具有特色的制度安排，它对作为反对派的左翼政治力量也产生了影响。联邦宪法法院不断做出的各种政党判决也极大地提升了政党国家模式的法学理论价值，它使政党政体成为了民主国家中各种国家行为体的正当构成元素，无论人们怎么评价这种正面效应肯定都不为过。通过对这些历史事件的总体考察，人们可以看到在继续维持为其设定的发展路径的同时，各种政治行动人和社会群体从中获得的利益是如何不断实现并扩大的。

对它的史前时代一并考虑，同时不回避在其发展过程中的各种断裂和倒退现象，人们将发现德国政党国家发展中的一种明显的连续性。正如前文所述，目前，德国政党国家中的一些历史痕迹可以追溯到很早的时候，甚至要早于1949年《基本法》以极具象征意义的方式确定这种路径的时刻。在远远早于1949年的时候，德国政党和政党制度就在具有相当稳定性的基础上进行着制度、纲领和社会建构工作，并不断发生着演变。

因此，政党与政党制度是比政党国家更年长的制度或其构成要素。这也是为什么在进行模型构造与比较时，政党研究并不会将其研究对象简单地等同于政党国家。相反，在各种研究文献中更常见的是阶段模型（不过，这种模型也有各种不同的应用形式）。在对欧洲情况的研究中，对于它在19世纪早期开始形成的代议制，政党发展研究将其描述为政党形成时期，以作为该时期的研究模型。对于接下来的发展阶段，根据具体的历史发展情况，政党研究又归纳出新的历史模型。首先是19世纪的贤人政

31　党，这些贤人政党逐渐演变成 1950 年代的大众政党，这些大众政党都是建立在一定的社会阶级和宗教团体的基础上，接下来就是 1960 年代和 1970 年代的人民政党（"世界政党"），以及今天的具有核心成员、职业化的政党精英，在文献中它们一般被赋予"卡特尔政党"或者"政党卡特尔"的名称。

在目前德国的政党谱系中，政党建构的历史依然通过不同方式表现出它的影响力。政党的形成与演变在历史的长河中有着长长的波澜。这些波澜有些早于政党国家就已经形成，有些则是直到政党国家被确定时才浮现出来。在组织、政治纲领和社会基础上，在左右对峙中的具体政治倾向上，在其选民、成员和核心领导层的立场与行事方式上，我们都可以发现历史连续性与习惯的存在。所以，基督教民主联盟/基督教社会联盟和社民党可以曾经在几十年的时间里依靠中坚选民的支持进行"社会联盟"，这种政治追随的忠诚性是一种历史忠诚性，早在 19 世纪晚期德国工业化的过程中以及不同的宗教派别进行文化竞争时，这种忠诚就开始形成。作为这种早已确定的政治实践的一个例子，人们可以看到，在目前德国政党国家已经根深蒂固的情况下，联邦议会中的各个政党在正式选举以前一般都会表明自己进行政治联盟的倾向。即使在不同选举中，选民的选票在不同政治阵营中的流动性（"挥发性"）早已越来越大的情况下，这种事先表明政治倾向的作法也是很难改变的，它甚至还经常以一种被称为"阵营思维"的方式确定下来。

联邦德国的政党国家制度另一个值得注意的方面是，政党制度的变迁并不是一种"自上而下的变迁"。相反，各种变化更多的是首先发生于州与市镇层面，然后才会扩大到整个联邦，带来各种制度结构的变化。1980 年代以来，无论是红绿联盟还是后来的黑绿联合都首先是在议会制的中间甚至基层层面上进行尝试的。在基层层面上最早是左翼党启动了这些尝试。民主社会主义党（简称民社党，PDS）在前东德地区有着坚固的群众基础，依靠该基础，民社党与"劳动与社会公正——另一选择"（WASG）整合并成功地进入国家层面的政党体制中。在第二帝国时代与魏玛共和时期，人们都找不到类似的并非来自中央的政党制度变迁的例子。

所以，人们可以说，德国的政党国家制度有着自己独特的历史、独特的运作逻辑和独特的历史"记忆"。不过只有在不与政党国家的种种原则相克的情况下，起源于更早的历史传统的各种制度结构元素才能在新的政党国家制度中得以保留。作为两者相结合的例子，人们可以看到目前的两大人民政党依然具有传统的社会文化支持基础，以及前述在实践中更明显地表现出来的、德国政党约定俗成的政治倾向和它们作为纲领政党的形象。德国政党制度早已形成的发展脉络以及这种发展脉络的独特性，都已经成为宝贵的政治遗产，在联邦德国的政党国家制度的运作过程中已经在几十年的时间里造就了值得注意的连续性。

进入 21 世纪后，人们似乎早已习以为常的政党国家这种政治自我再生产模式却面对着越来越大的疑问。久以确立的各种制度结构和政治行为方式正浮现出越来越多的危机征兆。目前，这些危机征兆有：政党集团正在分裂成 5 ~ 7 个政党子系统；两大人民政党获得的选票总数已经降到了 70% 这一门槛以下；在市镇议会中，没有政党背景的自由选民团体以及其他小规模的利益表述团体正在不断发展；政党政治正在不断失去公众对其的信任；"愤怒的公民"正在撼动着代议民主制的稳定，而代议民主制恰恰是政党国家的支柱，在保证政党国家能够发挥出其期待的功能方面发挥着不可替代的作用。

但是，这些变化和骚动中表现出来的危机征兆却远未达到预

32

示政党国家正处于崩溃过程的程度。政党国家在德国已经有了超过 60 年的历史，国际层面上，在 2008～2009 年的世界金融和经济危机中，作为政治活动的框架模型，政党国家令人惊讶地表现出了相当强的危机处理能力。即使在艰难的时局中，政党国家借助其自身独特的手段和方法依然可以保证整个共同体的可治理性，这一现象再次验证了路径依赖理论的中心思想：当人们已经采取了某种发展路径，且这种发展路径已经基本在历史上经受了各种考验，如果人们现在想改变这种发展路径，那么很有可能将付出更大的代价。如果有人想背离已经制度化的政党国家这条道路，在宪法中有选择地引入直接民主或总统的否决权，这将同时改变当前政治制度的基本构架。正如图 1 显示的，这种路径变化将会助长制度变化中的全民决议式民主倾向，它对民主制和政治活动效率的实际贡献还有待考察。

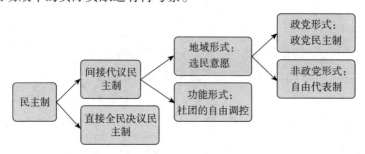

图 1　政党民主与其他民主制

资料来源：Kaare Strøm, Parties at the Core of Government, *in Russell J. Dalton/Martin P. Wattenberg* (eds.), Parties without Partisans, Oxford – New York, 2000, p. 184.

不过我们认为，即使存在既有路径，也不会使处于交往过程中的个人的所作所为被"环境"毫无回旋余地地决定。如果变化从整体上说可以成功，而且根据我们的观察，这些变化将带来政党系统和政党系统在正式的国家组织中基本地位的根本改变，那么这些变化还是有可能发生的。实际上，在政党国家中占据着关键

33

位置的各种行动人还是拥有各种具有战略意义的决策空间。正是因为这些决策空间的存在，当这些行动人面对"重要的十字路口"时，他们还是可以决定发展路径向前继续延伸的方向，这将有可能带来路径的改变。这种政治十字路口的两个极好例子是 1966 年的左右大联盟和三年后社会民主党人和自由主义者的联合政府。

从另一个角度说，当政党国家的各种制度被政治行为确认并成了普遍接受的政治实践之后，它就不会那么轻而易举地被改变。非正式的政治联盟对话和正式的联盟协议，这些作法从 1970 年代以来就在联邦和州层面上发展成了有规律的实践，这些都是制度建构效果的极好例子，而这些制度建构努力都是借助政治行动人过去的普遍行动模式完成的。

因为一些非常灵活的制度运作因素自制度设计之初起就被镶嵌其中，所以虽然德国的政党国家沿着一定的发展轨迹前进，但它并非是在被事先规定的道路上盲目前进。在这些因素中，有大众对政治活动普遍赋予的信任或不信任度以及选民的各种行为，值得注意的是，在联邦德国的发展历史中，很长的时间里它们都在保持了稳定的同时，也在发生着很难逆转的改变。当部分选民在一些路径交叉的"重要十字路口"偏离了目前为止的发展轨迹时，例如将自己的选票投给了一些反体制政党，这并不必然就会对既有的政党体制从整体上带来毁灭性的打击。如果这种反体制的投票行为最终证明自己并非昙花一现的选举现象，当这些作为局外人的反体制政党终于挤进议会之后，它们最终却会逐渐倒向既有的政党制度主流运作模式，并且为了保持自己的关注度，将自己的行动方式调整到符合已经被广为接受的政治交通秩序上来——历史已经证明这种态度变化并不罕见。实际上就德国的情况而言，政治学者克劳斯·冯·拜梅（Klaus von Beyme）在 1984 年评论道，德国目前所有的体制内的议会政党都曾经是一些离经

34

叛道者，事实正是如此。

政党同时具有连续与变化的两方面的属性，选民行为亦是如此，这两种属性可以同时存在。当我们使用发展路径这个有些比喻性的术语时，实际上已经吸收了这种观点。德国政党国家的发展同样表现出稳定与变化相结合的长期发展特征。在此我们要再一次强调，无论如何我们不应当认为"所有的因素都早已存在"。不过，同样需要注意的是，在当今政党政治的舞台上，许多初看起来似乎非常新奇的现象，实际上都可以在各种惯例中追根溯源，并最终可以在具有历史背景的政党国家的制度结构安排和政治实践中找到联系。

政党国家正面临着种种挑战，为了对这些挑战进行恰如其分的考察，我们在讨论历史路径依赖时，必须进行多视角的探讨。在回溯政党国家的发展轨迹时人们首先会看到，有些问题周期性地反复出现。对政党政治的各种异化现象，人们经常听到许多妙笔生花般的批评，将政党政治视作由精英操控的政治交易，是飞扬跋扈、狭隘排外和暗箱操作的同义词，这似乎揭示出了政治生活不变的运作规律。但是，人们有理由反思，究竟是在这些精英式的政治行动中只有一些"邪恶的权力斗争"，还是说这只不过是在任何竞争行为中都普遍存在的理性权衡的正常反应罢了。

当在更长的跨度中分析这一发展轨迹时，人们将清晰地发现第二种现象：虽然在政党国家的制度设计中存在一些会引起失衡和功能障碍的因素，但是只要满足以下条件，政党国家同样有自我纠错的能力，这种条件包括：存在坚固的民主宪法根基；政党政体已经成为普通民众坚定的民主意识中不可或缺的组成部分；在面对外部挑战，例如世界范围内的金融与经济危机时，政党政体不会因此超越自己的应对能力权限。

第三，如果人们对政党与政党制度的历史有了解的话，他们将会发现，当前政党国家面临着的受到其制度结构决定的危机虽然不是可被无视的，但也远没有人们想象的那么严重。一旦人们发现，这些危机时刻在历史上早就以类似方式出现过，那么这些常常被大书特书的凶兆就没有那么吸引人了。毋庸置疑，近年来人民政党的党员正在不断流失。不过这种成员流失的现象至少对社会民主党来说，就曾经在1950年代最后的五年时间里，以相同的规模发生过。

目前，出现在政党制度上的各种转型甚至解体迹象究竟是老问题在现代的新发展，是这些老问题对当前政党制度发展造成的暂时运作负担，还是说这些迹象表明德国的政党国家正面临着与过去性质完全不同的新挑战，在历史维度中的深入纵向分析可以对该问题给出确定的答案。如果那些反体制的政党闪现在选举舞台上，但很快又销声匿迹，那么人们可以说这只不过是政党制度的运行轨迹因为恶劣政治气候的扰动而发生了一些偏离轨道的情况。但是，如果在一些非常活跃的政治抗议动机的推动下，从社会中产生了一些计划推翻当地甚至地区层面上的政党体制的"反体制政党"，[6]这时，民主政党国家或许就的确将面临划时代的新考验。"海盗党"是否带来了这种新挑战，人们目前还需要拭目以待。

二、政党与社会：一种特殊的关系

现代政党国家制度起源于社会。将市民社会的政治诉求传递到国家治理层面，从而使社会自我组织起来，为了实现该目标，人们还需要各种制度和组织保证，这些制度和组织应当扎根于社会，从中获得各种政治托付并因此保证它的正当性——这就是政党国家最基本的思想。政党是对普遍与特殊的社会利益有组织的传递者，这一思想的核心时至今日都没有发生改变。社会主导、

36

多元化的利益表述机制，在该基本原则的指引下，1848～1849 年在法兰克福保罗教堂举行的具有议会性质的国民大会推动了现代政党的产生。时至今日，政党和政党制度依然从它与市民社会的紧密联系中解释着自己的发展阶段与变化趋势。[7]

政党的组织与活动同社会联系紧密，该思想从思想史的角度考察可以追溯到启蒙时期。当时，理性主义的国家学说推动着国家统治权的基础回归尘世，国家"统治权"在旧时代的合法性基础也随之崩塌，它不能再利用上帝赐福的神性这种形而上学的理由来证明自己的合法性，不能再使那些构成整体人民、匍匐在下的臣民敬畏地退缩一旁。接下来，政治解放的发展阶段也是 18、19 世纪的自由主义宪法运动时期。该运动认为，在已经经过启蒙运动洗礼的世俗封建国家中实行的专制主义是与市民社会和个人的天赋自由相冲突的，该运动要求公民可以自己决定自己的权利。民主制宪法设计的最高目标就是市民社会可以获得完全的自我统治权。根据这一权力逻辑，通过以人民主权原则表述出来的人民意志相对于国家意志将有着更高的发言权。因此，《基本法》第 20 条第 2 款规定，所有的国家权力"都来自于人民"。

在一个幅员辽阔的国家中，当它已经进入后工业化社会，内部组织形式多种多样且处于不断地变动过程中，再考虑到它的空间跨度，如果还希望在这样的国家中人民可以实现自我直接治理，将是一个不切实际的想法。此时，人民意志需要被授予一个具有代表性的团体来表述，并最终由选举产生的代议机关来表达该意志。但是，人民的意志也不是以一种声音发声的。"社会"一词本身就是社会多样性的另一种表达方式。与此相关的是在既存的社会利益、社会阶层归属和社会地位特征上的差别与分散状况。这种社会差异产生了相互具有竞争性的诉求，它们都会主张自己的正当性。所有的利益诉求都可以主张基本相同的权利，它们在公共生活领域并非处于唯唯听命的地位，而是以自己的意志来影响国家生活。在政治生活的舞台上出现的人民并不是一个其构成具有同质性的人民团体。政党之间的竞争活动就是社会利益 37 冲突在政治生活领域的表现形式。

三、"委托人"与"代理人"：作为政治全权代表的政党

政党的建立与相互之间的竞争活动是上述社会差异相互博弈的结果。从起源与活动方式上说，政党是一种特殊的社会组织单位。政党从其联系的社会群体中获得双重委托：首先，它们应当以掮客的身份将社会利益传达给国家部门；其次，它们也会将这些利益组织起来。只有组织起来以后才能保证存在稳定的团体身份，并具有可靠的执行力。由于社会内部组织的多样性，社会中的各种特殊利益通过组织化的方式在社会生活领域展开了**政党竞争**。政党的竞争活动反过来又推动了**政党制度**的形成。政党因此就扮演着社会整体（集体）利益代理人的角色。基于相同的理由，这些政党也是有不同偏好的公民的不同代理人。

政党是现实中多元化的人民意志的传声筒。社会中的某个群体与单个的政党因为某种特殊政治目的而结合。最近的政治学理论借助商业活动办事方式的商业术语对这种社会群体与政党之间的交往关系作出了非常形象的描述：政党的主要工作是"政治"代理人，根据其社会"委托人"的委托行事（至少应当如此）。从中传达出的思想是，在作为服务业的政治活动中，作为其产品的公共物品和服务将满足于私人利益的要求，这一目标的实现是通过具有等级性的合同关系来确立的。通过这种方式，选举产生的代表与在选举过程中选民对其的整体委托和信任连接起来。

但这却是一幅具有欺骗性的美妙画面。政治活动中这种委托人与代理人的关系与商业活动中的类似关系一样，都会存在实际

作出的委托与实现这种委托的活动是否能够真正实现委托目的的疑问。当某一政党正处于江河日下的境地时，将选票投给该政党的公民虽然从理论上说还是委托人，但是他们的选票却毫无用处。从代理人的角度说，作为潜在代理人的候选人在面对选举结果时往往会感到自己失去了委托人的偏爱。在实行政党国家的民主政体中，这种来自于委托人和代理人双方的失落感会扩大政治活动中普遍存在的运行风险。

公民或者说选民是否能够真正控制担任公职和代议机关代表的政客，这种不确定性的存在使公民和选民更加难以实现其政治委托人的身份。在有议会支持就能控制政府权力的情况下，代理人将有动机各行其是，他们甚至有强烈的冲动不去真正履行被授予的委托，并公开或隐秘地掩饰"违约行为"。自由代表制更是成了阻止委托人自由行使其控制权的不利因素之一。自由代表制早已成为议会代表制思想的有机组成部分，它使代议机关的代表在投票时只需要听从自己良知的指引。正如《基本法》第38条所规定的，议员是"整个人民的代表"，这种规定就使议员有权在与选民意愿相抵触的情况下投上自己的一票。[8]

政治权力的授权过程是通过人民当中的多数委托人以及代表团体之中的多数议员来实现的，这是代议民主制的一个特征，但它也带来了另一个棘手的问题。[9]授予权力的一方与接收权力的一方相互之间并没有缔结什么附加的委托合同。在这种委托合同当事人不明和议会活动中各种具体的要求间，代理人可以在相互竞争的要求之间利用各种方式和机会进行判断取舍，最终偏离政治委托人的愿望。在以下情况中，代议民主制中的代理人有可能会"背离"委托人的要求（委托缺失）：代理人直接违背委托人的意愿和利益行事；委托人无法准确认知其代理人的行为动机（隐藏信息），结果就无法阻止交易偏好脱离委托人本人的真实愿望

（逆向选择）；委托人因此无法时时刻刻都严密监视其代理人（隐蔽行为），这将使代理人作出的决定并不是委托人期待或希望看到的，而且，出现这种情况的风险会越来越大（道德风险）。[10]

但是，即使人们将民主的政党国家理解为一种委托人和代理人关系的表现形式，政党却并不会因为上述各种问题而成为"漠视人民意志"、只会自行其是的政治行动人，尽管这已是针对政党普遍存在的一种偏见。相反，政党致力于修补委托人与代理人之间的裂痕。这是因为，在从选民到当选代表，再从当选代表到国家行政机关的"权力委托链条"中，政党发挥着连接各个环节的重要作用，而该链条对于保证政治决定的民主合法性是不可或缺的。无论如何，正是政党使政治权力行使过程中的失控状态不至于发展到无法挽回的局面。

四、社会变迁与政党发展：断裂与平稳过渡

存在于社会之中并在其中活动的政党从来就没有过什么和谐安宁的好日子。如果认为在社会与政党之间能保持一种稳定的均衡，就像"1960 到 1970 年代德国稳定的'两个半政党体制'"时期显示的状况，[11]那么这将是一种注定会失望的愿望。现代社会的本性中就有着推动自己不断变动发展的因素。这种不断变动的状态对政党体制也形成了各种压力，因为社会变迁作用在政党体制上就是对改革的要求，随之而来的就是政党和政党体制的变化，用政党研究的行话来说就是政党变迁。

社会变迁的过程往往是平稳且有组织的，但有时也会存在断裂。例如，1882 年，工人占到了德国就业人口的 57.2%；到了 21 世纪初，该比例已经下降至不到三分之一（32.6%）。在此期间，白领职员的比例已经达到 50% 以上，其所占比例扩大了不止 10 倍，对于该现象人们并没有什么翻天覆地的感觉。相反，在国

35

民人口构成的变化中有一些更加令人担忧的现象，例如，人口年龄结构的老化，东德地区有良好教育背景的年轻人正不断地迁出该地区。如果经济结构的断裂带来了社会结构的重组，如在工业化时期发生的情况、20世纪八九十年代各种制度变化带来的在今天还能感受得到的影响，这种重组进一步引起了不可逆转的情况恶化，例如，某些社会群体的贫困化、个人职业前景的黯淡，受影响的社会群体自然会有强烈的反应。这些社会危机将会对政治生活造成始料未及的运作压力。

40

无论是平稳的调整过程还是突然的断裂，社会变迁的这两种模式都会影响到德国的政党体制。如果政党制度面临的只是一些和风细雨般的社会结构变化，人民的价值观也保持了稳定，那么根据到目前为止的历史经验来看，政党制度的自我应变能力在应对这些挑战时还是可以正常发挥作用的。对选举活动的研究已经表明，像年龄、性别、宗教信仰、教育程度、收入水平和工作地位这些社会结构因素会实质性地影响选举行为。当这些因素在时间的长河中发生嬗变时，各政党掌握的政治机会也会发生变化，不过这种变化的节奏也可以是渐进的。在社会平稳过渡的情况下，政党对各种社会调整措施也会有主动的应对措施。德国的两大人民政党——基督教社会联盟和基督教民主联盟（以下简称基社盟和基民盟）与社会民主党（以下简称社民党）直到1980年代初都成功利用各次选举将各种新兴的中产阶级整合到自己的旗下，这正是德国政党制度自我调整能力的一个极好表现。[12]

但是，在经济与社会危机的年代，政治气候就要恶劣许多。在这个时候，社会对它的政党制度就会显得很不耐烦。用更形象的语言来描述该现象就是：当风暴来临时，失去安全感的委托人会忍不住立即解雇他的原有代理人，对新的代理人提出更苛刻的要求，或者因为一时冲动利用一些新奇但是陌生且没有经过检验的手段。政治生态中这种不可逆转的变化经常会被各种反体制政党利用，它们鼓吹动人的民粹主义言论，提出各种偏激的要求，并将自己装扮成"反政党"甚至将更原教旨主义式的、反整个既存体制的政党呈现在世人面前。这些政治团体有时来自既有政党体制的边缘群体，例如活跃于 1966～1968 年并在 2005 年后又死灰复燃的德国民族民主党；有时恰恰来自社会中间阶层，例如 2001 年出现在汉堡的席尔党（Schill - Partei）。

五、"凝固的政党制度"：在社会政策上的长期冲突对结构建构的影响

现代社会的发展已经经历了许多重大转折点，在这些转折点上，社会与文化变革的节奏大大加快，这些变革又推动了新的、稳定的政治利益集团的形成，这些政治利益集团中孕育了一些具有根本意义的社会冲突话题。历史社会学将这些植根于社会结构 41 中的政策冲突形象地描述为裂痕（cleavage）。两位著名的社会学家，希摩尔·马丁·里普瑟特（Seymour Martin Lipset）和施泰因·罗坎（Stein Rokkan）对裂痕理论有许多贡献，他们归纳出在历史上存在过的四种主要的政策冲突，按照工业化时代以后的顺序来排列分别是：资本与劳动力，旧工业与新工业，国家与教会，主流与边缘。[13]经济与生态是否是新出现的第五种**裂痕**，还需要人们进行深入的讨论。

这些利益冲突深深地植根于社会结构之中，只有出现社会文化的新演变才会消解这些冲突。在过去，这种冲突甚至曾以对立的世界观的方式表现出来：大约在 19 世纪后 30 年的时间里，社会主义与政治化的天主教思想获得了最强的政党组建能力，人们在今天还能够感受到这种能力的影响，这两种思想具有深刻的人生目标规划。资本与劳动力的对立影响了社会主义政党家族的基本政策目标。基督教的政党家族则在教会与国家的政策冲突中找

到了自己的根据地。

被政治化的社会内部的政策冲突也将同时划定各种"道德边界"（M. 赖纳·莱普修斯 M. Rainer Lepsius），在这种道德边界上，政党的追随者与反对者将在精神层面展开博弈：宗教信徒对阵无神论者，具有阶级自觉意识的工人对垒资本家。社会群体与一定的具有牢固原则的经济活动、意识形态以及政治联合紧密地结合起来，组成了一个团结的"阵营"。人们在 19 世纪晚期看到了许多具有独立世界观的政党的成立，这些政党在阶级或宗教思想中找到了自己的群众基础，尤其是社会民主党和中央党。这两个大众政党都高度强调其纲领的"正统观念"（特奥多尔·席德尔，Theodor Schieder），这种现象再次验证了在这种政党博弈背后存在的社会冲突。

社会变迁与政党政治舞台布置之间的互动（政党变迁）不仅会摧毁旧的政党体制，也会创造新的政党制度，历史上的种种事件已经深刻地揭示出了这种现象。来自社会基本结构并且渗透到政治生活领域方方面面的各种基本政策冲突，例如，发生在工业化时期的情况常常会撼动政党制度的稳定。从这种不稳定状态中又会产生新的政治群体，并在其后几十年的时间里保持稳定。

工业化时代的政治裂痕形成过程同样受到社会动荡的推动与引导。当革命的火山最终喷发时，政治战壕战中白热化的冲突也将作为一种新的政治现实固定下来。西欧的政党制度在 1920 年代到 1960 年代间基本上都保持了它们在这一阶段初期的基本形态，就像"凝固"了一样。对此现象，里普瑟特和罗坎在 1967 年将其形象地描述为"凝固的政党制度"。1960 年代以后，社会和文化新一波的变迁浪潮开始逐渐显现。这些变迁表现为一些后物质主义的倾向，追求个人的自我实现、保护环境与公民的基本权利，并且表现为经济与生态这种新政策冲突，它们正在使凝固

42

的政党制度逐渐融化。

六、从运动走向政党：政治组织发展阶段的典型模型

当曾经凝固的社会冲突对垒形势开始解冻，如 1970 年代以来原有的**社会裂痕**开始发生变化，当政治运动在社会生活这个大舞台上又开始了新一轮的博弈时，新的深层次的社会冲突将开始浮现出来，新的受影响的社会群体将被动员到政治过程中来，但是，这种发展变化的直接后果却不是成立新的政党，这是一条不成文但在实践中却不断得到验证的发展规律。按照历史发展的规律，最先出现的是各种**社会运动**。历史经验告诉我们，只有在这些社会运动发展到第二个阶段时才会出现一些新的政党。劳斯·冯·拜梅在 1983 年写道，政党作为政治运动的另一种社会表现形式，与政治运动有着非常紧密的联系，"每一种新的裂痕，每一个新的思想家族通常都来自于某种社会运动"，[14]这的确是一种非常恰当的论断。

目前，德国两大人民政党的成立尤其验证了处于"运动状态"中的社会群体可能会发生的政治联盟关系。社民党是从社会主义工人运动中发展而来，基民盟与基社盟继承了过去中央党与巴伐利亚人民党的天主教人民运动的传统，并将它们在汇集不同宗教派别时产生的政治思想发扬光大，它们以这种政治形象在1945 年后登上了德国的政治舞台。发生在现代的、德国政党政治舞台上政党建构的这种两步式发展模式的例子还有 1980 年代的绿党，接下来的左翼党，以及最近因为反对互联网上的"审查"而产生的"海盗党"的成立过程。

在新的社会利益冲突产生了新的社会运动之后，在经历了社会运动最初的群情激昂阶段后，受到政党博弈条件的限制，这些 43 政治运动最终还是会采取政党的组织形式，并最终会承认政党政

治对议会活动的主导地位。到 20 世纪末，德国政党制度风云变幻的发展史以鲜活的例子揭示出了这种现象。在魏玛共和时期，在市镇层面曾经出现过无正式党派归属关系的"经济候选人"，但是，这些"经济候选人"在超越市镇层面之上的活动中还是验证了上述政治运动整合原则的观点，在 1920 年代的帝国国会（Reichstag）的选举中，这些经济候选人经常投票支持代表德国中产阶级或经济界利益的各种帝国政党，甚至在市镇选举过程中，这些候选人也往往借用这些政党的名称来提出自己的正式候选人名单。[15]

但是，并不是所有的社会运动都会自动试图与某个政党结成长期稳定的联系。目前，有许多社会组织被称为非政府组织（例如课征金融交易税以协助公民组织、绿色和平组织），它们都致力于实现社会整体利益，对全球化的趋势都抱有一定的批评态度，并强调自身与政党体制的距离。它们同样是一些组织化的公共利益组织（public interest groups），但在政党国家中却是政治上自给自足的，因为它们在获得来自社会的各种公民诉求后，并不需要借助政党就可以将这些诉求直接传达给政府甚至一些超国家的权力组织（例如世界气候大会）。曾经有观点认为，由于只有政党被提出了代表人民的要求，因此，也只有政党可以行使所有的政治权力，但这些非政府组织的存在与活动已经证明政党的这种全权地位已经不再是不可动摇的了。

在某个政治运动的兴起阶段，人们看到的是一些"非正常"的政治参与方式，社会变革的先驱——有时甚至是对社会变革希望破灭的失败者——在这些运动中呼风唤雨，掀起一些"无法预期"的大风大浪，但是，政党建构的一般规律或早或晚总会将这些人抛在一边，通过不断地组合分化最终形成一种新的政党或者被既有的政党吸收，这一发展历史几乎已经成为一种历史规律。

绿党的历史就反映了该历史规律的作用，绿党从最初的一种社会运动最终走向了一个**新**的政党，它的历史很好地反映出政党制度在进行整合时的各种变量因素。绿党脱胎于 1970 年代各种新兴的社会运动，是这些社会运动大杂烩般的联合，在这种联合中，这些运动最终转变成了一个新的政治运动政党。在这些运动中成长起来的政治积极分子希望将组织形态和运作模式上的非正式性也扩大到政党博弈活动中，与此同时，他们又希望不放弃这些运动的群众自发性基础。绿党恰恰就是由这些政治活跃分子组成的。[16] 对政党建构效率与运动生命力鱼与熊掌兼得的思想会在党的内部组织中造成剧烈的变动，党的历史同样验证了这一点。绿党的元老层中存在着奉行保守与环保社会主义思想的派系，由于不满，这些派系最终脱离了绿党。

　　被既有体制整合吸收的第二种发展模式，社会民主党在勃兰特时代发生的变化对这种模式是一个很好的例子，它反映出一个对体制持有敌意的政治运动是怎样尝试与一个体制内的政党政治联姻的。"1968 年运动"提出了"体制内长征"的口号，社会民主党向该运动敞开了大门，把许多躁动的年轻一代吸收为自己的成员（十年之后，在这年轻一代中有更多的人投入了绿党的怀抱）。另一个政治联姻的例子是左翼党。左翼党通过整合民主社会主义党和"劳动与社会公正——另一选择"党而产生，在这一过程中，左翼党吸收了许多反对施罗德政府哈尔茨 IV 法案（Hartz – IV – Gesetz）的社会运动。

　　政党舞台的这些"场景变换"揭示出，这些政治反对运动和反体制的骚动最初是怎样从议会体制之外发展壮大起来的，最终又怎样被政党收归帐下。德国政党制度高度成熟的吸纳能力由此可见一斑。通常在最初的犹豫不决之后，体制内的政党往往会对自己的政治方案以开放的心态作出调整，以此满足新社会群体的

44

需要，将其吸收到自己的组织中来。通过对其政治纲领的改革和吸纳新的成员，政党试图以此来接纳新的价值观和社会期待。

采取这种行动方式时，这些体制内的政党，尤其是那些有着悠久传统的政党经常会走上一条布满荆棘的自我再造道路。它们希望使自己对新的选民团体显得有吸收力，但是又不想让自己的中坚选民与这些新的社会群体进行"社会结盟"（该形象的概念出自政党研究学者弗良茨·乌尔班·帕皮，Franz Urban Pappi）时冒什么风险。就德国政党制度在第二次世界大战之后的发展史而言，通过各次选举以及在各次选举中不同的政治表现，到了1980年代，联盟党和社民党在成功地稳住了自己的传统政治基础的同时，又将新兴中产阶级的政治诉求吸纳进来。只是在此之后，绿党才在这些新的社会群体中获得了自己的政治成功。

2004年，施罗德政府执行的社会政策改革措施使社民党内部的保守派别大为震惊，造成了社民党的党员和中坚选民的大量流失。当时，社会中的许多人都早已习惯了社会国体下的各种公共服务，他们希望能够维持自己对这些公共服务的权利，这些人构成了最大的社会群体。但是，在政府内部，因为当时的政府受到了议会中有史以来最大的政治大联盟党团和执政党的支持，所以它们认为，对当时的社会保障制度进行改革和重组，以此实现社会分配中的正义，已经到了刻不容缓的时刻。两者对立的政治诉求反映出，党内的政策冲突不仅可以表现为"守旧者"与"新来者"这些不同社会群体间的冲突，甚至有可能表现为最大的社会群体与由议会与政府表现出来的国家意志之间的冲突。

在2009年联邦选举正式举行前那个夏天发生的各种事件，以类似方式揭示出政党内部也有可能存在的对立与紧张状况，只不过相对于2004年的事件来说没有那么激烈。当时的联盟党政府采取的一些政策背离了联盟党在家庭政策上的许多传统，这使联盟党内部一些持保守主义态度的党众不知所措，并因此大为恼怒，结果在掌握政府权力的联盟党派别和这些保守分子间造成了紧张和对立。接下来在 2011 年夏初的时候，联邦政府总理默克尔开始对能源政策作出一系列调整，作为党主席的她也对教育制度进行改革，打破了原来被奉为该党金科玉律的分别校制，这些都使得基民盟内部的各种对立甚至混乱更加深化。

七、作为政党诞生催化剂的"政治抗议"

"政治抗议"会成为社会运动政治化的催化剂，新登上政治舞台的左翼党的发展史验证了这一点。在政治抗议的**气氛**和政治抗议**运动**中，新的**反体制政党**往往从既存的政党体制最边缘地带萌发而来，成为政党博弈中新的参与者。当时，这种新类型政党的产生曾在整个欧洲范围内造成了轰动。但是，在历史上已经出现过这种发展情况。反体制政党的存在通常会被视作政党制度面临危机的迹象，尤其是当这些政党将政治不满情绪与反民主的世界观结合起来时就更是如此。

反体制政党都是以局外人的身份登场。作为**教唆者**、鼓吹人，它们却不与"体制"发生直接交集。这些政党有意识地攻击既有政党体制的活动规则。它们至少会小心谨慎地维持自己**反政党的政党**这一形象，将自己打扮成"反抗旧政党组成的政治卡特尔"的新政治力量。[17]另一些反体制政党则披着**反体制政党**的外衣干着反对现存宪法秩序的勾当，有时甚至会针对现存的经济秩序。这些激进的政治抗议甚至极端主义，无论它们是来自左翼、46右翼还是政治中间派别，最终都会以不同的组合形式催生政党的政治联合。

当政治抗议运动最终转变成政党后，它将立即发生明显的政治蜕变。即使是反体制政党也是需要政治成功的，否则它们就会成为追随者过高政治期望的牺牲品，这种过高的政治期望却恰恰是由这些政党自己制造的。而政治上的成功需要掌握政治权力这个前提。当反体制政党在选举中获得成功并进入议会之后，如果它们还僵死地坚持自己的社会反对派的立场，这些政党在选票箱前的意外胜利就会立即变成涸泽而渔般的成功。2010 年州议会选举之后，北莱茵－威斯特法伦州议会中的左翼党团显然也看到了这种连锁反应般的政治风险，因此，该党团无视其激进社会主义的竞选纲领，决定容忍社民党和绿党这一少数政府的存在。最初以煽动者的形象登场，制造各种民粹主义的言论，对既有的政党竞争规则有意地无视和挑战，但是，这些言行最终却不会改变这些反体制政党不变的结局，即当它们走上自我调整的道路以进入既有的政党体制，并最终加入政府之后，它们就不会再坚持先前的这些言行了。

只有当这些反体制的政党最终脱去反体制的外衣，并且在外人看来已经可以与体制内政党和谐相处时，这种新的政治群体才真正有可能成为政党体制内长期活动的一员，才有可能分享权力。不过，也有可能存在另一种发展方向：因为存在深层次的社会分裂，这些抗议运动最终变得极端好斗，在这种社会**裂痕**旁产生了奉行激进主义世界观的政党，这些激进政党会将自己的政治诉求如宗教教义般固定下来。在德国政党制度的发展史上，这两种发展方向都有过具体的例子。历史上的德国共产党就是以一种社会抗议运动顽强地坚持自己原教旨主义反体制立场的例子，而社会民主主义者的历史，也是一部政治抗议运动的诉求最终被社会改革政治纲领吸收的历史。

有些反体制政党会试图保持抗议之火永不灭。此时，这些政党会将反体制政党与世界观政党的各种典型特征混合起来，成为政党体制永远的边缘人。就像东德地区一些州的州议会中的德国

民族民主党和德国人民联盟的所作所为一样，这些政党小心翼翼 　47
地维持自己"旧党掌中刺"的形象。对民主政党来说，它们同样
会树立一条**防疫警戒线**，采取不接触的政策，在任何议会活动中
排除与这些反体制政党的合作。

　　随着时间的流逝，另一些反体制政党会逐渐放弃自己的原教
旨主义政治倾向。它们那些激进的言辞最终将变成一些干瘪的纸
上谈兵，那些清教徒般的使命意识最终使其不堪重负，只好弃之
一旁，这通常都是这些政党的发展轨迹。为了填补这种理想与现
实的鸿沟，为了保持自己已掌握的政治权力，实用主义的心态将
占上风。这些政党过去强调冲突对立的行为方式很快就会被积极
合作的态度所取代，有时这种转变之迅速甚至到了令人大跌眼镜
的地步。对那些体制内政党来说，只要这些曾经的反体制政党有
可能作为共同组建政府的政治伙伴，它们也会很快软化自身对这
些反体制政党曾经的排斥疏离态度。发生在德国之外的这种反体
制政党转变成执政党的例子有意大利的北方联盟、奥地利的奥地
利自由党、荷兰的皮·福图恩团体以及最近的格特·维尔德
（Geert Wilder）右翼民粹主义政党自由党。这些政党在各自的国
家都曾是处于体制之外的右翼反体制政党，但最终却都逐渐被吸
收到各种温和的政治联盟中。最新发生在德国的例子则是 2001 ~
2004 年，汉堡市的基民盟与右翼政党政治结盟的情况。

　　这些反体制政党逐渐被政治驯化的例子反过来验证了民主政
党制度的整合能力，但是，这种整合过程在将来只会变得越来越
难。在过去，种种社会冲突是在漫长的历史演变中形成发展而
来，各种社会抗议运动也有着坚实的社会基础，在其演变过程
中，各种起源于工业化年代的旧的社会政治运动也不断演变成在
阶级与宗教派别基础上产生的具有大众整合性的政党。但是，众
所周知，现在这种旧的社会**裂痕**已经被修补完毕。新的**裂痕**、新

的能够以相同的推动力塑造明确的社会基础的政治抗议运动，至少从目前来看还没有登上历史的舞台。从社会抗议运动中产生的政治运动政党将会吸收各种社会抗议运动的诉求，这些政党也会与一定的社会群体保持长期稳定的政治联系，从而形成具有明确社会阶层归属关系的社会利益基础，这只是政党发展在历史上存在的一些经典模型，并也只是历史上的模型。

被左翼党吸收的"另一选择"党也只是在其活动早期才显示出其与特定阶级和社会阶层具有密切社会联系的情况。海盗党的选民在 2011 年 9 月至 2012 年 5 月成功地将海盗党送入了四个州的州议会，在 2012 年夏天的一次星期天的民意调查中，该党甚至与左翼党的支持率相同，海盗党支持者的社会构成也非常复杂：主要是男性和受过良好教育的公民，其中既有失业者也有独立工作者。这些人反对互联网上的各种"审查"活动，其政治参与形式是一种"流动的民主制"，它们通过互联网联合起来，同时采取直接与代议民主的方式。通过这些特征，海盗党更多地表达出了年轻一代的生活态度。在左—右的政治谱系中，海盗党的政治立场可以粗略地被认为是中间偏左。[18]海盗党作为混合抗议政党和主题政党的各种特征的政党产生发展的同时，是否最终会成为在整个联邦范围内的第六股稳定的政治力量，对此下一定论还为时尚早。

此外，随着现代化进程的推进，出现了越来越多的所谓现代化的失败者，这些失败者的存在孕育了新的反体制政党，构成了新的选民团体。但是，这些失败者代表的是一种组织非常分散的社会群体，这种分散状况使政党很难在这些社会碎片中形成长期稳定的政治联盟。相反，这些社会碎片会成为催生反体制政党的温床，但是，相对于反体制政党历史上的前辈，这些反体制政党的生命周期更短，其政治能量也更小，结果就不能步其前辈的后尘，首先对既存的政党制度从外部发起挑战，然后通过对自身一步步地逐渐调整来不断对自身进行改革。民主政党国家将来在其政治整合能力上面对的挑战会大得多。

八、不再是当然正确的：政党政治对议会活动的主导地位

政党在议会活动中拥有自己的特权，这已经是政党国家的一条铁律，但是，现在这条曾经的铁律也在摇摇欲坠。在议会制的运作中存在着一种传统政治分工：在普选结束后只有政党和政党政客才会脱颖而出。但是，目前在市镇层面上，没有政党背景的选民团体和独立候选人在整个国家范围内如雨后春笋般涌现出来（见第三章第七节的详细论述）。职业团体、各种具有经济性质的协会或联合会也不再推选自己的代表。相反，现在这些团体、协会或联合会却试图在各个党的竞选名单中塞进自己的代理人。但是，联邦和各州的选举法都规定，只有当各党的竞选名单都是由各党自己决定时，在选举结束后才可以根据这些名单来分配议会席位，从而实现政党的垄断代表地位。49

但是，目前政党的这种垄断代表地位正受到方方面面的挑战。这种挑战一方面间接地来自于非政府组织，这些非政府组织认为自己在代表社会整体利益时具有完全自主且不受限制的权利；另一方面则来自于那些不具有政党背景甚至对政党具有敌意的公民自发组织，它们就像吸血鬼一样不断地从市民社会的中间群体中汲取着自己的支持力量，并成为市镇甚至地区层面上活跃的政治组织。

市民社会中的这两种活动组织形式都在揭示着我们所处的这个时代对政党政治越来越冷淡的态度。这是否真的预示着政党国家的危机？为了对目前发生的各种情况进行准确评估，我们首先需要对历史进行深入的探讨。早在 1920 年代，在魏玛共和的许

多地方就出现了建立在职业联合会和不动产协会基础上的、没有政党背景的候选人团体，这些团体活跃在市镇选举活动中。在魏玛共和的民主政体中，这些候选人团体的存在反映出社会在面对发达的政党组织和活动时普遍存在的"中产阶层的恐慌"（语出海因里希－奥古斯特·温克勒，Heinrich－August Winkler），这是魏玛民主政体最终走向解体的结局在市镇政治活动中的先兆。

这些具有经济背景但没有政党背景的候选人团体的成功只是历史上的一个小插曲。但是在 1945 年以后，没有政党背景的市镇选民团体很快就以一定的政治影响力成为市镇议会中一股稳定的政治力量，在较小的市镇中这一现象尤为明显。这种现象在德国南部的一些州中表现得更加典型。1990 年代以来，在市镇选举制度改革后，它们进一步成为整个联邦范围内的普遍现象。虽然这些选民团体的政治纲领经常表现出德国社会对政党的传统排斥态度，但这些团体在处理市镇"事务政治"时的表现却不可以与魏玛共和晚期中产阶级对政党的强烈反感等量齐观。而且，自从德意志联邦共和国成立以来，这些市镇层面上的选民组织虽然和它们在魏玛共和时期的类似组织有许多相似之处，但是，目前这些选民组织的所作所为已经表明，它们还是满足于将自己的活动范围限制在议会政治之内，对政党在联邦和州的各种政治活动中占据的主导地位也是抱着肯定和承认的态度。

这种已经持续了很长时间的井水不犯河水的情况如今也在发生改变。目前，在州的选举中也开始出现一些自由选民政党，这些政党通过从市镇选民团体中挑选吸收其头面人物以形成自己的核心领导人。此外，通过对新一轮的市镇选举结果的分析人们可以看到，有越来越多的政党和政治团体进入了市镇议会。这些情况显示，随着没有政党背景的候选人团体的增多，市镇议会的分裂又重新严重起来，这是市民社会中的中产阶级在城市政治活动

50

中更加活跃的表现。市镇议会的分裂主要使得大党在获得选票和议席时面对的压力越来越大。

接下来我们再来讨论另一类挑战者：非政府组织。这些组织都是一些服务于私人利益但是没有商业目的的组织，"独立于国家，且不是通过国家间的协议创造"，[19]例如医师协会、律师协会和人权组织，其中最著名的有绿色和平组织和课征金融交易税以协助公民组织，这两个组织因为它们独特的公共运动而引人注目。通过"国际法政治中的游说活动"，[20]这些组织非常成功地在国际层面上推动了与贫穷、侵犯人权现象作斗争的运动，或者在解决发展问题、保护环境方面发挥出了重要作用。世界气候大会、世界贸易组织和八国峰会都是这些非政府组织活跃的舞台。

概括来说，过去的十年是非政府组织"在影响和规模上成功的十年"。[21]在国际舞台上，这些非政府组织经常在一些重大问题上被征求其专家意见。但是，这些非政府组织并不满足于只是对国际政治生活发挥作用的一些规范或者标准施加影响，相反，它们希望通过一系列的"游说"和合作，使得"国内层面中的技术官僚可以接受这些标准并将其转化成具有约束力的国内法律制度"。[22]按照公民社会基本理论思想的看法，这些非政府组织在国内层面上还能够发挥在社会边缘地带和政治权力中心之间进行"中介沟通"的特殊作用。"它们可以通过与大众媒体的合作，使得政治权力中心注视到一些原本被它忽视的社会问题，将这些问题转化为政治讨论的议题。随之而来的对这些争议的公共讨论可以由政党和议会来推动，并最终转变成政治决定。"[23]

通过对非政府组织发挥的这些功能的描述，人们几乎可以看到一个活脱脱的政党，这些组织承担的种种公共职能恰恰是政党的本分（在下文第三章第八节我们会对此有更详细的讨论）。但是，这些非政府组织从事的各种活动却会引发这些组织是否经过了民主委托这一严重问题。"与议会不同，在非政府组织这一子系统中并不存在着统治者；它们的活动范围也是不确定的……它其实是一种事实存在。它们是一些作用时大时小的行动人，既无合法身份也无确切地位。"[24] 在无明确民主委托的情况下，这些非政府组织却可以绕过各种选举产生的国家政府组织和制度，与各种将决定国际化管理措施或国际标准的组织机构直接接触。

如果政治决定在世界范围来看显得不够公正，那么以"普世的公正标准"为名，议会（以及议会内的政党）在政治过程中的主导地位将始终面对着事实上的质疑，这也是人们对议会活动经常提出的一种苛刻要求。随之而来的是公民主动进行民主监督的政治道德意义大大提高。在非政府组织合法性的问题上，有人也许会说，"社会组织的社会价值"在于代表整个社会的公共利益，使得社会更加关注这些公共利益。在议会民主政体中，如果该政体受到了工业组织或官方游说集团的控制，那么，"因为政治经验表明，来自经济领域的个别利益会利用其经济实力影响政治意志的形成，为了对抗这些经济利益，这些非政府组织的影响不仅应存在，而且更是真正实现民主制的不可或缺的因素。"[25]

还有一个问题是，如果正式的国家政治活动忽视了国家未来一代的利益，那么与非政府组织不同，这些正式的国家活动是否就因此欠缺必要的正当性基础？[26] 按照这个思路思考下去，人们就会提出，因为所有的国家权力都来自人民，而各种人权都在宪法和法律中得到了规定，当这些人权变得非常活跃时，从中就会产生一种不证自明的责任。此时，政治与政府应当在紧密的联系中作出各自的决定，这将不再是一种空洞的政治套话，来自公民社会的行动人将会对议会和政党主张自己最终的决定权，虽然这是一种非正式的决定权，更是一种没有得到宪法规定的决定权。结果是政党国家的制度结构原则和道德问题再一次处于自相矛盾的境地。

九、政党与国家：理性的政治联姻

从现在开始，政党国家的国家因素就将进入我们的研究视野。到目前为止，我们都主要在关注政党与社会的各种关系。我们已经对"委托人"和"代理人"间各种典型的松散或紧密联合方式进行了描述。我们采取这种讨论方式是考虑到政党最初的社会起源以及社会最初对政党活动的各种政治委托，这些委托也主要是在社会之中形成的。

换一个角度看，政党制度却并不是一个自给自足的封闭系统，并非仅仅是社会自我组织活动的结果。正像在本书开始部分提到的，几乎所有的政党活动、所有的目标都指向国家。按照前文引用的联邦宪法法院在 1951 年的判决意见，今天"所有的民主政体都无疑是政党国家"。在普选活动中，所有的议席和政府职位都将在政党候选人中重新分配。《基本法》第 21 条将政党地位上升到宪法组织的层面，政党"不仅像其他社会组织一样面对着国家"，也将更进一步实质性地参与国家意志的形成，这也是政党国家这一概念传递出的基本思想，它得到了联邦宪法法院诸位法官的相同阐释。

无论是民主理论还是对有能力的国家制度的要求都赋予了政党在民主国家中的特殊地位。当制度设计理论中的特殊地位运用到政治现实中，当宪法对政党的特权地位提供持续保护时，随之而来的却是政党究竟在多大程度上可以推进民主政治的疑问，这是宪法持续保护的一个副作用。有些批评意见认为，政党国家早就成为政党过度"绝对权力"的象征，政党已经将"国家变成了自己的猎物"。政党研究学者彼得·迈尔（Peter Mair）和里夏德·卡茨（Richard Katz）曾经提出，"政党和国家已经越来越像是一枚硬币的两面"，这已经是很长时间以来的发展趋势，即使对于那些看到了"成为政党猎物的国家"这种令人惊愕现象的人们来说，他们也会同意这两位学者的意见。[27]

十、对政党的敌视态度的典型情况

对政党的批评意见最终表现为对政党的敌视态度，这是在整个欧洲范围内都存在的一种普遍现象。不过前文也已经指出，这种敌视态度在德国却有着自己非常强的文化基础。无论是过去还是现在，反政党的思想都弥漫在德国社会的各个层面上。政党是社会政治化的产物，是政治社会的养子，但市民社会的中间阶层早就习惯了自己与政党不和谐的关系。这就造成了德国政治文化中一幅自相矛盾的画面：一方面是对政治尤其是对政党政治的疏远态度，它几乎成了德国政治中司空见惯的现象；另一方面，许多德国之外的研究者，如美国学者加布里尔·阿尔蒙德（Gabriel Almond）和辛德尼·维巴（Sidney Verba）曾经有些令人惊讶地指出，即使在联邦德国成立之初的经济腾飞年代，在那个政治气氛并不浓厚的时期，具有历史原因的政党政治联系和敌视情绪却依然发挥着实质性影响。例如，在被问及如果自己的子女与来自另一政党阵营的对象结成家庭时，是否会对自己具有重要意义，当时的许多德国人对此给出了肯定的回答。[28]

政党政治联系将成为个人在构建其社会关系网时的筛选标准，这曾经是德国社会的习惯，但是，这种习惯的影响力现在也已经开始显著弱化。在这种弱化过程中产生的却是对政党更加顽固的疏离态度。在德国的公共生活中一直存在着一股躲避政党组织与活动的暗流，这股暗流不仅对政党政体的各种具体低效之处提出了苛刻的批评，更是从本质上就不认同甚至厌恶"政党思想"。

这种内在于社会、对政党组织与活动的疏离态度有着深刻的社会文化思想的模型背景。社会和谐与唯一的整体性是具有悠久历史的社会理想，这一理想也影响到社会公共生活。对社会和谐的渴望自然会对政治生活提出自己的要求。从这种每个个人与整体的和谐统一思想中就会萌生出对任何政党活动的排斥态度：那些寻求"个人"利益且不达目的不罢休，并且最终"表现为政党"的团体，将被视为破坏社会安宁罪魁祸首，是公共利益的敌人。

在这种对社会和谐的普遍期待中，通过各次民意调查人们发现，大多数德国公民今天依然总是站在政府反对派的立场上，他们对政府总是在政治上提出各种各样的反对意见，但是在政府面对难关时却不会提供最大忠诚度的支持。[29]因此，当德国政党在公众眼中显得"争执不休"时，这对政党来说是一个非常不利的公众印象，随之而来的将是其民意支持率的不断下降。像格哈德·施罗德（Gerhard Schröder）这样的老练政党政客就会利用超党派的基调来吸引民众感情，例如，施罗德在 1998 年的联邦议会选举中大张旗鼓地宣扬："国家第一位，政党第二位。德国需要团结和共同精神。"[30]许多与政党有联系的公民在对"政党纷争"感到不快的同时，却会为了个人的特殊利益不遗余力地活动，这恰恰是德国政治文化最自相矛盾之处。因此对政党来说，政治活动也不是一件简单的营生。

有观点认为，对各种政治问题只应当提出"事实"而非"意识形态"上的解决方案，也只有前者才是适当的问题解决方式，该观点活跃在各种反政党的思潮之中已经很久。认为事务政治与政党政治不可调和的思想，从传统上说在市镇层面上就很有市场。将政治与"事务"和"事实"紧密联系起来，再加上市镇层面上的政党组织一般都比较薄弱，这两种情况使得在市镇层面上无政党背景的选民组织一直都有着比较强的影响力。面对潜在的质疑，为"纯粹事务"政治辩护的人们会提出，在政治生活的各

54

个层面上，甚至在对单个具体事项作出决定时，根据利益导向思维，决策的中心问题不仅是对面临的问题提出**单个**最好的解决方案，更是在多个可能的解决方案间进行取舍。

个别具体利益会削弱整体利益的实现，这种思想不仅有着自己深刻的民粹主义思想根源，甚至在近现代的一些民主理论中也能看到它的影子。卢梭在 18 世纪提出了统治者与被统治者的身份应当统一的思想，这一思想时至今日还显得很有吸引力。这种针对双方身份关系的思想可以追溯到卢梭 1762 年在其《社会契约论》一书中提出的著名的社会契约论，但是，该构想对社会现实的看法在现实中却被证明是站不住脚的。而且，卢梭的这种思想与政治代表制——以及政党制度——有着不可调和的矛盾。

我们可以这样概括卢梭的主要思想：全体公民以人民的身份集合在一起，实现自身的利益。他们只听从属于全体公民讨论结果的公意。在这种平等的集体自愿服从中，"所有人只听命于自身"，没有人会是不自由的。卢梭强烈地反对"国家内部的部分结合"，他认为这会歪曲"公意真实的表达"。从理论上说这种思想体系本身就有问题，因为它没有对少数群体提供保护。但是，从实践上说，这也是一个很难执行的思想，因为要求每个人都服务于他人的利益并且要自愿放弃自身的利益，这是不符合人类生活经验的。

但是，卢梭的自我统治思想在其身后却获得了很多回应。在防止"政府"过度侵犯"人民"时，将统治者与被统治者统一起来的思想可以对这些防范措施提供许多理论基础，这种两者统一的思想也恰恰来自卢梭理论中蕴含的政治道德要求，它是现代民主理论中经常讨论的话题。为了实现政党国家充分的自律，政党国家需要多少"基层民主"，这是在对联邦德国的政党国家国体的研究中经常出现的充满争议的问题。在对该问题的讨论中出现

55

了许多值得注意的针对政治实践的建议，它们遵循卢梭的思想，认为在政治代议制中应当大大提高"基层"民主的影响。这些建议有时甚至到了夸张的程度：在议席分配时应当采取强制委托与轮流制，政党内的职务与当选的政府职务不可兼得，将把人事与政治纲领的决定权交给由所有政党组成的全体会议。

十一、民主精英统治的民主赤字

不过，即使意识到卢梭独特的民主思想中蕴含着许多不足，也不能使我们回避讨论民主制在实际运作中存在的各种民主赤字，这些赤字同样存在于根据代议制原则建立的政党国家中。政党国家不可避免地会带来民主的精英统治：即使有任期和政治竞争的限制，政党权力和影响还是会交给一些政治领导人，或者说精英代表手中。

政党国家模式的确也会带来人们不希望的副作用。在政党和国家的这些精英代表中，人们常常可以发现各种来自于制度结构的民主赤字现象。例如，顽固的寡头统治结构；为个人目的滥用权力；选拔提升的标准不是个人素养和能力，而是明显的政治忠诚度，这些会严重破坏政治职业生活中的机会平等。

当前政党国家发展中的这些病态现象之多已经到了难以计数的程度。这些病态现象使得人民一方面想将这些掌握特权的人甩在一边，另一方面更想突破自己目前的角色定位来亲自掌权。这些怀疑和想法也不是完全没有道理的。虽然在民主政体中，掌握政治权力的人经过一段时间以后就要交出自己的权力，但是，这依然会对政治活动甚至对通过不断的交出政府职位和选举而产生的领导阶层创造一种特殊的子系统，这个子系统有自己的运作逻辑。该逻辑的部分表现形式是，在政党的内部组织活动中，一些担任领导职务的个人会以"自由裁量"的方式行使一些约定俗成的权力，而这些权力是具有垄断性的，但是局外人却看不到这些内部操作的情况。在普通公民的眼中，这种政党领导方式只能用高深莫测和不可捉摸来形容。

在像联邦德国这样的"内部组织盘根错节"的国家中，作为政权代理人进行统治的政府体制给予了掌握权力的核心领导人员在参与政治决策时利用前文提到的各种方法规避委托人严格控制的可能。在执政联盟的内部或者在联邦政府与联邦参议院之间，当两者寻求妥协方案时，经常会达成一些一揽子政治协议或具有经济内容的额外补偿方案（side payment），这些解决政治问题的方式常常并不符合个别甚至整体政治委托人的想法，但却是政治生活中经常发生的现象。

在今天的这种"协商国家"里，秘密活动与事实上的合作关系都是它的实际运作方式。但是，对不明就里的局外人，尤其是对大部分人民群众来说，这种政府治理方式只会助长"那些上面人"和"我们下面人"之间越来越强的疏离和不信任感。即使是政党内部的一些中下层领导人，虽然他们也有一定的政治影响力，但是面对政治领导层，如控制政府、议会党团和政党最高领导职位的领导人作出的政治决定，他们也总觉得自己只能接受一些既成的事实。回过头来检讨施罗德政府最终失败的原因，我们就会发现，该政府在提出它 2010 年有争议的改革方案时，却忘记了在社民党内部进行及时的传达，这是造成该政府垮台的一个重要原因。

在政党内部，不同成员获得信息的可能性是不平等的；在决策过程中，经过政党、议会党团和政府层层环节之后，决策的等级性也会越来越强，这两方面的情况使下层党员参与决策的机会微乎其微。这种参与能力上的等级现象以及随之而来的民主赤字问题是任何代议制度以及政党国家都需要认真考虑的问题。

对此，民主理论针对精英统治的利弊有许多讨论。在约瑟夫·熊彼特（Joseph Schumpeter）对民主制度非常著名的定义中，他将民主制视为政治统治的一种方式，根据这种方式，相互之间存在竞争关系的政治人物将被选举担任国家重要领导职务，该定义背后的思想是认为政治参与本身具有推动民主制不断发展的价值的思想。熊彼特曾解释说："民主制的原则简单来说就是，在个人或团体的竞争中，如果有一方获得了相对另一方更多的支持，那么就应当将控制政府的缰绳交到这一方的手中。"这或许是该思想的核心理论最关键的几句话。但是后来，另一位学者彼得·巴哈拉赫（Peter Bachrach）对此提出了反对意见。他认为："只有当大多数个人都积极参与共同体有意义的决策过程时，他们才能获得政治上的自觉并更好地发展自己的能力。这也应当成为任何民主理论的前提和基本原则。"[31]

政治参与本身具有民主价值，这种思想当然有其正确的成份，但是，人们也不应当过高估计它的分量。因为对大多数公民来说，民主制也只不过是一种正在发挥作用的秩序而已，该秩序的好坏应当主要根据其能力进行衡量，即对公共物品在最大范围内并且以最公正的方式进行分配。意大利的政党研究学者乔万尼·萨托利（Giovanni Sartori）曾提出："对于大部分公众来说，人民民主并不真的要求人民应当直接掌握权力，相反，人民民主意味着人民的愿望和要求应当被满足。"[32]

在保证政治制度提供这种"产品"的过程中，职业政客的角色会再次受到质疑。政客职业化的部分表现形式就是政党活动的职业化。按照这个思路讨论下去，我们又要回到民主政党国家的精英统治问题上去。尽管有些社会学家认为选举过程更像一个劣币驱逐良币的过程，为那些"钻营和溜须拍马者"（西比勒·滕尼斯，Sibylle Tönnies）敞开了大门，但是，如果没有获得政党基

57

层党员的支持和信任，想在政党内部的升迁路上往前走几乎是不可能的。在民主的政党国家中，没有大多数人的支持（至少是形式上的支持），就没有精英的统治。

有些半路出家的政客虽然从表面上看可以打破"守旧的外壳"，借助一些非传统的观念带来一些清新的政治风气这也是一种技术专家治国的政治思想，它想把政治生活的舞台让给那些私人企业的管理层或一些博学多才之士，但是，这种尝试注定会失败，因为民主制最本质的特征使得职业政党活动人比这些半路出家的技术专家更能胜任相应的工作。作为记者的黑里贝特·普兰特（Heribert Prantl）曾经写道："政客不一定要是经济学家。"这种看法很有见地。用运营公司的方式来统治国家会带来许多大麻烦。普兰特认为："政客也是专业人员，并且最主要的是针对政治责任问题的专业人员。"[33]

十二、在不确定的背景条件中运行：今天的政党国家面对的老问题

联系到政党国家的未来，我们可以对我们目前已经讨论过的各种问题再进行一次梳理：许多由制度设计决定的因素和制度本身的不足经常会招来各方面的批评，看起来像是政党政治正在走向衰败的新证据，但是，这些因素和不足本身是在历史上曾获得普遍信任的政治活动运作模型的结果，受到了该制度模型运作逻辑的影响，即使在今天政党国家的身影中也经常能看到历史留给它的痕迹。德国政党国家的基本特征都有着自己的历史渊源，政党在德国政治中承担着重要的中介功能，但是，该中介功能是政党国家最引人注目也是最具有争议的方面，也正是该中介功能指引着德国坚定地走向了民主和议会制，并且影响了后两者目前的组织和结构。政党国家这些有争议的特征包括民主的精英统治、政党与国家的密切关系以及在"委托人"和"代理人"之间始终

存在的紧张关系。社会对立和冲突将引发政治抗议并最终不断地推动政党体制的变化。社会运动会催生（新的）政党，这些政党最终又会融入更大的体制中去，政党制度发展的这种特征一直到今天都存在。即使是在将近一个世纪的时间里都存在的"政党制度凝固"的现象也同样在今天德国人民政党的组织结构中有所反映。

同时，人们也需要承认，政党国家今天的组织构造也不再仅仅是历史模型的重演。德国的政党国家在历史上和今天表现出不同的形象，对于这种令人不快的模糊形象，德国的一家地区报纸曾经以非常准确的方式加以描述过："同过去相比判若两人——但是随着时间的推演有些东西却从未改变。"实际上，在过去十年的时间里，政党面对着更大的改革压力，其中涉及其作为具有统治权的政治行动人的角色。政党政治的行动人显然已经意识到，为了保持政治统治行为的理性化，在给定背景条件下，越来越多的不确定情况已经对其造成了越来越大的压力。1990 年代以来，"协商国家"不再只通过议会内的多数作出各种决定，它进一步将自己的决策平台扩大到其他领域，引入了各种协商合作的行动人，表现为"协商国家"对新情况试图进行掌控的努力。这就使得政党在公共与私人行动人之间发挥着重要的协商作用（见第三章第八节的论述）。

各种社会利益组织正在分裂成更小的专门协会，如卡车司机、飞行员或导航员工会，或者更细致的奶农协会，而且这些分裂过程还在不断地发展，这也对政党国家提出了挑战。无论是政治舞台上的表演者的自主化倾向使得协商国家将这些表演者联合起来面对着更大的挑战，还是社会利益组织的碎片化，都对政党尤其是人民政党在维持自己的社会基础时可以发挥出的整合能力进行着考验。

在这个过程中，对政党的忠诚度正被黑洞吞噬，这种现象不仅发生在德国，在整个欧洲范围内，这种现象更为严重。政党政治正在为所有的"国家欺骗"现象背黑锅。面对政党与国家发挥的各种功能高度重合的情况，这种代替承担责任情况的发生其实也是不足为奇的。社会保障制度和取消各种社会服务的决策引起了严重的危机，因为在德国人民中，历史上就广泛存在着期待"分配正义"的思想，这些危机使得德国政党制度运作的回旋余地变得很小。

政党在政治活动中得分的下降也直接影响了政党核心成员的形象。在政党外部，它们面对着两方面的挑战：一方面是反体制政党，另一方面是非政府组织。尤其对于非政府组织来说，它们致力于服务公共利益，在自身没有民主支持基础的情况下却在服务公共利益的过程中主张自身普遍的政治代表力。政府通过议会活动来获得自身统治的合法性，但是在前述的内外交困中，政党在这种政府统治模式中的主导地位实际上已经被削弱了。

此外，国内政治的欧洲化也对德国和其他欧盟成员国的政党国家制度提出了新的挑战。现在，政党需要在整个欧洲范围内的各个层面上，也就是超国家层面上开展自己的活动，在跨越"柏林和布鲁塞尔"的政治舞台上进行表演。国内议会权力的削弱会直接影响到议会内的政党。政党国家的活动范围已经超出了其国内活动范围，这是欧洲层面上的制度建设众所周知的结果。在国内政治活动中，民主政党制度是政治中介制度最主要的基本组成部分，欧洲一体化的进程正考验着政党制度的整合能力、代表能力以及维持政权合法性的能力。此时，德国面临的各种问题已经不再是德国的特殊问题，而是欧洲各个国家普遍面临的问题在德国的反映。

第二章

发展：德国政党制度从兴起到
现代的各种发展阶段和类型

一、政党的各种类型差别

（一）构造类型的意义与目的

在21世纪的头十年，德国的政党数量
一直在90到110之间浮动。在此之前，德国
的政党数量则经历了一个剧烈的变化过程。
档案记录表明，1969～2007年，在整个联邦
范围内曾经出现过384个政党，其中大部分
政党的规模都非常小。[1]更早以前的德国政
党的情况就不是很清楚了。如果人们只考察
1980年代以来参加联邦、州和欧洲议会选举
且在其中某个层面的选举中获得了至少0.5%
的选票的政党，那么这些政党至少有82
个。[2]目前，活跃在联邦和各州议会中的政
党虽然非常少，但在研究过程中却是根本不

能被忽视的。

为了对这种现实中的多样性进行简化，政党研究从一开始就利用了**类型化**的研究方法。实证研究归纳了政党的各种特征，某个政党类型会集合其中一定的特征，并以某种具有区别性的形式或形象表现出来。通过研究过程中可以获得的各种资料，包括政党针对自身纲领的宣传活动和有关其纲领的数据、政党组织、内部结构、社会基础以及每个政党在整个政党体制中所处的位置，研究者将获得这些具有类型化意义的特征。在这些研究分类的基础上，多个政党将被归入某个特定的政党类型之中，这也是一个概括的过程。

这种类型构造的分类方法可以追溯到社会学家马克斯·韦伯（Max Weber）。在他的类型化理论中，韦伯将这种分类称为"理想类型"。这种理想类型将某种研究对象的各种经过理想化描述的特征汇总起来。[3] 在现实生活中，这种理想类型因其是完全、"纯粹的表现形式"，所以是不会存在的。相反，这种理想类型是通过"对现实因素纯粹思辨提炼"而获得的概念构造产物，自身不存在矛盾之处。[4] 借助这种方式，理想类型就与现实拉开了距离。不过，这种抽象概念化的过程也还是需要对现实对象进行认识和承认的。通过构造这些"纯粹"类型可以简化研究的复杂性，即对现实中各种可以比较研究的复杂情况进行综合。这种类型构造的方法不仅可以将现实中的各种政党归纳到各种具有概括性的政党类型中，在"清晰说明政党发展方向的同时"，这种类型构造的方法也具有自己不可小觑的优点。[5]

因为政党和政党制度是长期历史发展趋势的产物，所以从发展的视角对其进行研究具有自身优势。类型化的研究方法在考察**政党变迁**时会考虑时间维度，即不同的政党类型如何在历史上先后出现。在某个特定的历史时期某种特殊的政党类型会在政党制

度发展中占据主导地位，新的类型从旧的类型中产生并被打上旧
时代的烙印，这也是本书进行类型化研究的一个指导思想，而新
旧时代类型也会在很长的一段时间里共存。

旧政党类型消亡、新政党类型兴起的过程也是社会变迁的过
程，这些社会变迁的节奏有的平缓，有的激烈。随着工业化、现
代化的推进和政治制度的变化，德国历史上不仅出现过经济、社
会结构、文化价值观和政治组织的相应调整，甚至政党的政治谱
系也随之产生了持续的变化。当旧的政党因为人员流失或者因为
高居权位过久而变得平庸，或者这些旧的政党在社会已经发生变
化却无力应对新的政治议题或社会冲突时，这些旧的政党将逐渐
失去自己的影响力，这也是在政党类型的变迁过程中比较明显的
一条规律。从历史上看，19 世纪出现的各种社会问题和 20 世纪
晚期出现的各种生态环境问题都曾造成过政党制度在整合能力上
应对不足的现象。

（二）经典的政党类型：贤人政党、大众整合政党与普世
政党

从时间的维度，或者说从历史发展的视角对政党进行类型化
研究的方法同样也可以追溯到马克斯·韦伯。韦伯的政党类型设
想以第二帝国后期的情况作为研究起点。他将政党发展的过程划 63
分为三个阶段。首先，历史上那些老的贵族政党已经被改组为
"贤人政党"。这些贤人政党虽然还是保持了它们过去以精英为主
要吸纳对象且采取精英统治的模式，但已经开始吸收一些具有
"财产和教育背景"的市民，就像韦伯所说的："神职人员、普通
教师、大学教授、律师、医师、药师、富农、工厂主。"这些政
党的组织松散，它们的政治事务主要还是交给兼职性质的议会党
团来打理。[6]

按照韦伯当时的看法，政党"在现代国家可以根据两种截

然不同的内在思想原则进行组织"：政党或者可以根据"公职恩赐制"组织起来，或者这些政党将自己定位成"世界观政党"。不过绝大多数时候这两项原则会同时发挥作用。这些政党致力于一些"事务政治"目标，与此同时又努力给自己的追随者争取一些公职岗位。[7]威廉二世统治后期，在贤人政党的基础上开始出现了一种新的政党时代类型，韦伯将其定义为"平民政党机器"。这些政党机器主要通过一些基本职业化的政党干部来操控，以保证"机器"运作正常。其内部组织以在选举中获得成功为目标，相应地催生了"政党活动的理性化：出现了政党职位、政党纪律要求、政党金库、政党出版社和政党宣传活动"。为了在选举活动中取得成功，普通党员服从于党魁的指挥，"这些党魁掌握着大众的嘱托与信任，并且通过各种大众鼓动活动来获得权力。"[8]

官僚化是"现代生活秩序理性化"的主要推动力，但是在推动这一理性化的过程中官僚化同样发挥出双刃剑般的作用。韦伯认为这是适用于任何历史发展阶段的普遍现象，从该观点出发，韦伯构造了其"机器"般的现代政党类型。这台机器需要穿透官僚机构的组织来获得自己的原动力。为了控制这台机器各种装置的运作，就需要一位有着很强执行能力的"领袖"，这位领袖因为"大众"基于平民主义的支持而获得自己的合法性基础。"事实"证明"这种领袖选择过程是一种创造帝王的过程"。在任何情况下，"民主化与大众鼓动活动总是相伴而生的"。[9]

在韦伯的眼中，社民党是受到"阶级决定的大众组织"，中央党则是在宗教派系的基础上组织起来的有天主教世界观的政党，这两个政党都是前述现代政党类型的代表。[10]在明显借鉴韦伯的阶段模型的基础上，西吉蒙特·诺伊曼（Sigmund Neumann）

在他 1932 年首次发表并在 1955 年修订的著作中对魏玛共和的政党活动进行了结构分析，将这些政党定义为一种新类型："整合政党"。这些政党通过宗教派系或者社会阶层产生的社会整合力量获得自己的群众基础。在现代大众民主中，"为了将个人吸收到社会中来，政党普遍承担着越来越重的义务和责任。""公共生活领域的扩张"自然而然地带来了政党整合功能增强。在这种情况下，"民主整合政党的存在成为了普遍现象"。这些政党与"集权整合政党"截然不同，后者以斯大林主义、法西斯主义和国家社会主义政党为代表。[11]

在奥特·基希海默尔（Otto Kirchheimer）于 1965 年发表的一篇论文中，他针对时代的变化提出了一种新政党类型：**人民政党**，从而发展了政党类型学。基希海默尔的研究是基于 1945 年以后的社会发展趋势，其中首先表现为福利国家的建立和阶级对立的退烧，其次表现为意识形态影响力的下降和国家生活的世俗化，在国家经济和政治基本秩序上也已形成了普遍共识。在这个日益去意识形态化的世界里，展开政党竞争的舞台已经被扫清，在这些竞争活动中，政党根据对"经济利益"的理性计算来确定自己的行动方针，即为实现自身最大利益而追逐选民，选民则"根据最大效率原则来理性地选择那些会提出最好方案的政党"。[12]

两次世界大战之间的时间是整合政党一统天下的大好时光，现在，人民政党开始取代它的这个前任政党典型模型："大众整合政党产生于阶级界限严格、宗教派系分立明显的年代，但在这个过程中，这些曾经的大众整合政党正在转化为普世政党（catch-all party），或者说正在转化成真正的人民政党。"[13] 基希海默尔提出了人民政党的五种重要特征：①它们将意识形态的争执抛在一边，取而代之的是对短期政治策略问题的重点考虑；②政党内部的领导职位进一步得到加强；③普通党员的作用下降；④政党纲领以整体人民为主语；⑤此类政党试图与"相互之间差异巨大的利益团体"同时建立联系。[14]

在基希海默尔1965年发表的论文中，人们还可以进一步找到人民政党的其他特征线索，以此来进一步解释此类政党模型：不同政党间政党纲领的差异不大；党员来自不同社会阶层且党员数量庞大，但是党员与政党的联系薄弱；开支浩大的选举活动；跨越不同社会阶层的选民基础；在资金上的要求越来越高，并且越来越多地需要通过国家财政来补助；在政策的（几乎）任何方面都有可能结成政治联盟。[15]

诺伊曼和基希海默尔具有强烈模型解释力的描述在对整个20世纪的各种政党类型进行探讨时已经建立了一个很好的阶段模型。按照汉斯－于尔根·普尔（Hans－Jürgen Puhle）的观点，过去的大众整合政党代表着某种确定的社会阶级或宗教思想，或者按照M·赖纳·莱普修斯著名的定义，代表着某种确定的"社会道德社群"，这种政党的代表是当时的社民党和中央党。更新一点的政党类型是人民政党，它从整个欧洲范围来说都是从过去的大众整合政党中产生的，跨越了过去曾经限定这些整合政党的阶级、宗教和社群界限，正是这些不同区分了这两种不同的大众65 政党。[16]

（三）类型构造的新产物：卡特尔政党

1990年代，里夏德·卡茨和彼得·迈尔对其所处的新时代提出了一个新的政党类型"卡特尔政党"。[17]从精英政党到大众政党再到普世政党，这是人们早已熟悉的政党发展链条，现在，卡茨和迈尔针对1970年代以来的时期对该链条加上了新的一环，引入了卡特尔政党，将其视作西方民主政治发展历史的新篇章。卡特尔政党至少具有以下特征：政党党众影响力有限，党众的参与少得可怜，只不过是政党外部活动中的群众演员；政党的政治活动由一些职业化的政党精英来操控，这些精英以权力和政治职业目的作为自己的行动目标；政党对政府公共政党资助的依赖度越来越强；政党内部组织结构中不同层面之间的距离不断拉大，这种政党内部组织的上、中、下层政党精英"三足鼎立"的情况为不同层面的政党精英提供了更大的自治权，"因此每个层面都觉得自己受到了鼓励，可以摆脱其他层面的控制。结果就是三足鼎立的局面。"[18]

作为各政党逐渐向卡特尔政党转变的结果，政党竞争也开始发生相应的变化。现在，政党之间的竞争虽然还存在，但是竞争的激烈程度已经大为缓和。因为这些政党精英们非常清楚，在保持自己政治生命力的问题上，他们是一条船上的蚂蚱，在获得国家的公职岗位和财政利益时，他们也有共同的分配利益。[19]

按照卡茨和迈尔的观点，政党始终是市民社会的一分子。但是，在人民政党的黄金年代，政党与政府的紧密纠葛已经形成，这种纠葛在卡特尔政党开始占据主导地位的时代进一步加强，它明显削弱了政党传统上的社会联系。在政党看来，它们已经被政府包养起来，不再需要自身的物质与社会基础的支持。相反，它们已经成为"国家的一部分"，尤其表现为这些卡特尔政党发挥着"国家代理人"的作用。[20]

卡特尔政党作为一种新的引导政党研究的政党模型，在延续了政党类型学长久以来的研究方法的同时，也面临着政党研究对其提出的许多问题甚至反对意见。在研究"偏离大众政党模型"的现象时，在新的政党类型上也有一些别的学术建议，这些建议不仅在概念用语上与卡特尔政党不同，它们甚至进一步对卡特尔政党的分析方法本身提出了质疑，像克劳斯·冯·拜梅就曾提出"职业政客政党（表面政党）"的概念，而卡斯滕·格拉博

（Karsten Grabow）则提出了"选举职业政党"的概念。[21]

对卡茨和迈尔的观点不仅有概念上的不同意见，也有因为这两位学者实证研究数据的不足而对其提出的批评意见。像克劳斯·德特贝克（Klaus Detterbeck）就认为卡特尔政党的概念"被塞进了太多观点"。[22]胡特·科勒（Ruud Koole）曾批评说，在整个政党制度的范围内以单个政党的情况抽取出"卡特尔"的概念，这是一种不适当的研究方法。而且在政党比较研究过程中，放弃一种具有主导地位的政党类型、另立门户的模型化研究方法的代价实在太大。相反，通过综合不同的政党类型获得一种新的政党类型，或许是一种更可行的类型化研究方法。[23]

卡特尔政党类型的核心观点包括政党对"国家资金"的依赖，为了弥补政党与社会联系削弱的情况，政党与国家的联系不断紧密，对于这种观点，政党学者托马斯·波贡特科（Thomas Poguntke）对西欧 11 国的 78 个政党情况进行了比较研究。[24]波贡特科发现，一方面，目前的确存在政党的社会基础不断被削弱以及随之而来的政党越来越依赖国家资源的情况；但另一方面，政党与传统上的"外围组织"，或者说前沿组织之间的联系程度却值得注意地保持了稳定，而这些"外围组织"维系着政党与其重要的选民团体之间的联系。而且，政党精英也没有发展到可以轻而易举地推行政党领导层意志的程度。为了维持党的领导群体与党内组织不同层面之间的团结，政党的内部活动还是需要不断进行的各种妥协和磋商。在政党内部组织不同层面间的"三足鼎立"现象、政党利用某一种目标的实现来弥补其他未实现或未完全实现的目标以及政党竞争受到来自政党上层的限制，这些卡特尔政党类型提出的看法在实践中并没有表现得那么明显。[25]

因此，卡特尔政党这种新类型的适用性还是有问题的。实证研究对真实的政党生活给出了另一幅画面。政党内部真实的权力重心和决策过程明显与卡特尔政党类型描述的情况不同，这也削弱了卡特尔政党模型构造的能力。因此，卡特尔政党是否可以成为对当代政党制度进行研究的指导型模式，人们对此还是应当存疑的。

（四）欧洲现有政党制度面对的信任危机以及新政党类型的兴起

如果卡特尔政党**不是**从人民政党脱胎而来的政党的新时代类型，下一个问题就是，旧的模型在自我再创造上有多大的能力，或者说这些旧的模型可以被怎样的新类型替代。在最近的一些研究政党制度变迁的文献中，许多作者都在讨论人民政党的"萎靡不振"。实际上，政党制度的这种慢性病从整个欧洲范围来看症状也是非常明显的：越来越多的选民或者在不同的选举中将自己的选票投向不同的政党，或者索性不去参加选举。传统"社群"已经流失殆尽，政党与一些利益团体曾经在数十年的时间里维持着一种天然的联盟，但是现在这种联系也在松动。政党的党员数在不断地下降，其年龄结构也在老化。因为人民政党一直在为政党国家的问题解决能力有限甚至各种错误承担着责任，人们将这些责任归咎于人民政党也不是没有道理的，对此，人民政党也付出了沉重的政治代价：信任的流失。腐败、"内部组织官僚化"和裙带关系也给公众造成了很不好的印象，在选民之中"广泛存在着理想破灭的感觉"。[26]

在许多欧洲国家，政党民主政体正在经历的信任危机给其他政党组织的兴起提供了良机，这些政治组织汇集了民众的各种忧虑和抗议情绪，以激进和民粹主义的政治主张为特征。目前，正在挑战老党地位的这些政党组织有各种右翼激进、右翼民族主义、右翼或中间民粹主义政党，例如，法国国民阵线、奥地利的奥地利自由党、瑞士的瑞士人民党、英国的英国国民党、意大利的北方联盟以及荷兰的皮·福图恩团体和最近的格特·维尔德的自由党。甚至在北欧的民主政体中，虽然它们在很长的时间里都保持了高度稳定，但是民粹主义的病毒也在侵袭着这些政体。

68

选民行为重大有时甚至是激烈的变化已经造成了普遍选举活动严重碎片化的后果，选票和议会席位的分配也随之变得更加分散。选民的选举偏好转向"外人"的现象在有些欧洲国家的地区层面上表现得尤为明显。荷兰就是一个很好的例子：皮·福图恩团体和维尔德党都曾经首先利用市镇选举作为自己从下至上挑战既有政党体制的练兵场。当时，社会保障制度面临的危机以及在地方层面上不断严重的种族冲突使许多选民觉得自己成了"国家欺骗"的受害人，正是这种被害思想的存在使得这两个政治组织初试牛刀就大获成功。此时，在多层级的民主国家制度中，市镇选举已经不再仅仅是地区政治事件了。

从整个欧洲范围来看，对政党制度的各种批评的最大受益者，是那些针对人民政党（与此同时也包括卡特尔政党）组建起来的完全不同的政党类型。为了从这种"术语上的混乱"中（卡斯·穆德，Cas Muude）恢复部分的秩序，**抗议政党、反体制政党、反制度政党**和**反政党政党**这些不同的政党类型术语逐渐涌现出来。在现实中，这四种政党类型会以不同方式混合表现出来，从而使这些政党在意识形态的左—右分野中处于不同的位置。不过，民粹主义的政治诉求从来都是利用各种可能利用的话题。

抗议政党通常会利用某些极具争议的话题，这些话题已经引起了公众广泛的忧虑和不满。它们通常将自己扮演成那些在现代化过程中失败者的代言人，表述出这些失败者对失去社会地位和影响力下降的忧虑之情。它们也会利用一些像正义和秩序之类的哗众取宠的口号来表述隐藏在社会生活中的对安全的渴望。它们否认体制内政党有能力解决什么政治问题，把政党竞争活动称为敌我冲突，将自己的道德制高点无限抬高。[27]

反体制政党将自己定位成对既有政党的挑战者，无论这些既有政党是执政党还是反对党，也不管这些政党具体有什么政治主张。这些反体制政党经常利用"体制"和"人民"之间的紧张关系作为自己政治主张的理由，并且认为自己才是人民真正的代表。[28]

反制度政党会提出推翻整个民主宪法秩序的激进政治主张。其中通常会包括反多元主义、人民民族主义、极权制和排外主义在内的各种政治思想。这些政党的政治立场通常位于极右翼的范围内。[29]

在**反政党政党**的大旗上，通常写着对政党政治组织和活动方式的基本排斥态度。以政党的组织形式来反政党，为了调和这种自我矛盾的政治方针，它们通常或是拒绝采用"政党"的表现形式，或是称自己是"好"政党，相对于其他政党而言都更优秀。[30]

这些五花八门的政党在选举中获得了或多或少的选票，其造成的后果就是使大多数西欧国家的政党体制显得更加分散。在这些国家已经开始出现"联盟解散"的现象，原来曾经稳固的政党联系开始出现大范围的松动，这在影响政党政治力量对比状况的同时更对传统大党形成了很大压力，如比利时、荷兰、意大利、奥地利和瑞士的情况。那些大党曾经非常受益于这种稳固的政治联系，可以从中安享中坚选民的支持。

那些已经有了很长历史的大党，它们曾经被打上人民政党或者卡特尔政党的标签，在选民流动的大熔炉中，它们依旧没有消失得无影无踪。也许在一些国家，这些大党代表的政党类型已经失去了它历史上在政党制度中的政党类型主导地位，不过，英国和德国的情况还是有些不同。面对长久以来就在发生的社会变迁和新的政党组织形式的冲击，这些大党早就承受着改革的压力，并最终作出改变。汉斯－于尔根·普尔曾经提出，这些变化包括组织结构稳定性的下降。此外，面对新的社会运动，既有的政党觉得自己尤其需要在其市镇和地区层面上进行调整，"以此保证自己的开放状态，将政党需要优先处理的问题序列进行不同的排布，在自己的政治纲领中引入新的话题并且相应地对自己的组织形式和参与渠道进行调整。"[31] 在普尔看来，政党的民主危机并没有造成整个制度的崩溃，相反，这种危机正在对由政党活动主导的政治制度进行再平衡性调整。"我们看到的其实是一个已经改变并进行了重组的**政党国家**，其中是一些已经改变并进行了重组的普世政党。"[32]

70

（五）"全新的人民政党"——一种有希望的视角

在普尔看来，现代的普世政党类型已经进化到可以被称为新的普世政党的阶段。这种政党类型是已经存在了很长时间的第三波政党构建过程的最新产物。这种全新的人民政党的标志是"它们的制度性、结构固定性和组织性都有所下降"。从这些政党的纲领看，虽然它们更强调纲领的导向性，但是，对这些纲领的执行会更多地采取一些更关注微观问题和短期影响的方式。[33]

在普尔看来，只要这些新的普世政党可以对政党的传统使命加以新的表述，那么它们就可以使自己将来在选民市场上一直保持主要政治货币的地位。但是，这些新的普世政党需要扮演不同的社会诉求中介甚至是掮客的角色，尤其是在对政治制度，包括对政党制度自身的控制与改革中，这些政党也应当发挥出先锋的作用。[34]

　　现在我们终于可以肯定地说，借助政党类型学，政党与政党制度的发展阶段可以更明显地被区分出来。因为在西欧的政党历史中，从其长远的发展趋势来看连续性还是占了主流，只在非常少的情况下才出现了历史的跳跃与断裂，引起政党类型在发展方向上的变化或转向，正是因为这种情况的存在，在对政党发展路径进行类型化研究时，路径依赖理论将再次证明自己的适用力。

　　不过，如果对人民政党的例子进行深入研究的话，前述结论的适用性会受到一定的限制。人民政党已经在很长的时间里保持了其作为政党时代类型的地位，它们使得政党国家的发展路径一直"保持在正道"上，并且凭借其作为影子内阁的角色而获得充分的道德信任，这些人民政党与其关联的社会群体稳固且政治情绪丰满的政党联系以及在表述其追随者利益的过程中更有能力实现其追随者的利益，正是这些特点，使得沿着这条路径前进的政党可以实现自身利益的最大化。但是，随着政党政治的形象正在变差，人民对政党政治的信任度也在不断流失，各种社会危机越来越快地涌现出来，再加上国家的照顾义务范围已经明显地缩小，这使得政党政治的方方面面都出现了放弃原来的路径依赖模式的倾向。这种倾向经常被批评为"路径不忠"（"背叛政党的理想"），从中产生了并还在产生着各种有利于其他政党类型的政治形势。这些新的政党类型或是鼓吹一种有些偏离既有路径的新的政治活动方式，或是相反要求承认目前已经"被背叛"的旧的发展路径，以此充分利用人民与人民政党之间的紧张关系。

71

二、德国政党发展的五个阶段

按照本书已经提出的类型化研究方法，对德国政党制度从其起源到其现代情况进行研究会得到丰硕的研究成果。其实，人们完全有理由期待这种丰硕研究成果的出现，因为韦伯、诺伊曼和基希海默尔在建构他们的政党类型时都认真考虑了其所处时代的现实情况。即使是卡茨和迈尔在考察北欧、奥地利和德国的民主政体时，也注意到了在这些国家里从传统上就存在的国家对政党的慷慨支持情况，以此作为分析有利于卡特尔政党发展的各种背景条件。[35]

即使从今天的视角来看，人们也有理由认为德国政党制度的发展经历了五个阶段，每个阶段都有一个标志性的政党类型。代表某种政党类型的政党，其寿命也会相应地受到这些发展阶段的限制。有些政党只会存在很短的时间，例如，在魏玛共和晚期，将保守中产阶级动员到政治过程中来的经济党，以及德意志联邦共和国初建时期的难民党“被流放国外和剥夺权利的群体”（Block der Heimatvertriebenen und Entrechteten，简称 BHE）。但是，也有一些政党经历了所有这些发展阶段，例如社民党，如果人们将中央党和具有高度联邦主义色彩的巴伐利亚人民党与现在的联盟党的政治血缘关系考虑在内，联盟党也可以被视作这种长寿政党之一。某个发展阶段会对这些政党的类型打上深深的烙印，当这些政党共存于政治活动中时，它们也会采取其他受到当时制度影响不深的行为方式，这也成了这五个阶段中每个发展阶段的特色。

在图 2 中我们对德国政党发展的各种类型和时期进行了一个归纳。在这张图中，我们对不同的发展阶段在政党活动舞台上发挥作用的、来自社会和国家的各种因素进行了剖析。

框架条件/外部影响因素　　　　　　　　　　　　　政党类型

第一阶段(1918年以前)

- 工业化
- 社会碎片化
  (联邦/州，
  劳动力/资本，
  旧/新的经济形式，
  国家/教会，
  主流/边缘)
- 议会制的确立

贤人政党	利益政党
·保守主义者 ·民族自由主义者 ·自由主义党 ·渐进改革政党	种族性，地域性 ·波兰党 ·德意志汉诺威党 ·阿尔萨斯党 ·丹麦党

建立在阶级和宗教派系基础上的政党
社会民主党，中央党

第二阶段(1933年以前)

- 经济与社会结构的变化；
  第三等级的地位上升，旧
  的中产阶级地位的下降
- 金融不稳定化(通货膨胀)
- 1929年世界经济危机
- 左翼与右翼的政治极端
  主义

民主大众整合政党	中间及右翼政治运动政党
社会民主党，中央党/巴伐利亚人民党	德国民主党，德国人民党，德国民族人民党

中向反体制政党
中产阶级帝国党(经济党)

极权大众整合政党
德国共产党，德国民族社会主义工人党

第三阶段(1945至1970年)

- 战后重建
- 冷战与两大阵营对立
- 世界范围内与德国国内
  的各种制度竞争
- 东德地区的现实社会主
  主制度
  土地改革
  社会主义改造
  计划经济
  统一社会党国家
- 西德民主政体的确立
  社会市场经济体制
  政治多元主义
  社会生活的现代化
  (移民，精英组成的变
  化，服务型社会)

联邦德国	民主德国

小规模的利益政党	在1946年3月，社会民主党和德国共产党被强制性地合并之后： 在由统一社会党领导、集合了各种卫星党的民族阵线中，统一社会党是具有绝对领导地位的国家政党，而其他卫星党包括：基督教民主联盟，德国自由民主党，德国国家民主党，德国农民民主党
·地区性：南施勒苏益格选民协会，德意志党，巴伐利亚党 ·社会性：经济建设党，全德党/BHE	

小规模的政治运动政党
·宗教性：中间党
·民族性：全德人民党
·世界观性：自由民主党，它
作为自由主义政治运动党和
发挥实际政治职能的政党出
现在各种政党联盟中

人民党(善世党)
基督教民主/社会联盟，社会
民主党

小规模的极端世界观政党
极左翼：德国共产党
极右翼：社会帝国党，德国
民族民主党

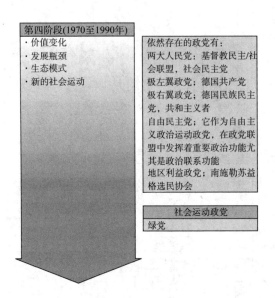

图 2　德国政党制度的发展阶段和类型变化

　　三、在议会制确立的过程中政党组织与活动的发展：1918 年之前的第一个发展阶段

　　在德国政党发展史的第一个阶段，即 1918 年之前的发展阶段中，作为大众政党政治组织的社民党和中央党在劳动者群体和天主教教众中逐渐发展壮大。当时，俾斯麦政府与天主教会的神职人员在有关民事诉讼的审判权和教师培训的问题上展开了激烈的政治斗争，结果引发了社会文化冲突，再加上当时工业化进程的推进，都使得这两大政党获得了充分发展的条件。随着 1871 年第二帝国的建立，政治制度的议会化程度不断提高，帝国议会的选举制度中也确立了普选权，意识形态高度对立的社民党和中央党可以在影响整个国家的政治舞台上展开自己的表演，在整个国家范围内传递自己作为当时的政府体制反对派的各种政治信号。

　　社民党和中央党（其中包括在巴伐利亚的分支党巴伐利亚人

民党）都是根据相应的社会政策冲突而形成自己的组织，政治社会学家里普瑟特和罗坎（Pousset & Locan）曾将这种社会冲突描述为"裂痕"（见本书第一章第五节）。[36]在威廉帝政时期，这些**裂痕**也同样作为经济与文化现代化的结果显现出来。社民党将资本与劳动力的冲突作为其意识形态的核心要素，中央党则在国家与（天主）教会的冲突中收获了它的宗教政治支持。

社民党和中央党具有大众政党和世界观政党的各种典型特征，在这两个政党之外，帝政时期的德国政党体制中还有许多右翼和左翼政党（民族自由主义者、渐进改革政党和自由主义者），它们是资产阶层的代表。此外，还有一些保守主义政党（保守党、自由保守主义者），这些保守政党反映出旧的社会精英对君主制的支持。即使在这些政党之外也同样可以看到经济利益冲突和社会政策对立的影响。在这一时期，各种**裂痕**同样从旧的重工业以及农业同新的、出口导向性的经济部门之间的对立，以及联邦政府与州之间的冲突中表现出来。在帝政时代，主流与边缘的冲突同样是一个非常重要的**裂痕**。主流与边缘冲突的具体表现由一些小政党的活动反映出来，它们是代表一些地区（例如德意志汉诺威党）或少数民族利益（例如丹麦党、波兰党、阿尔萨斯－洛林党）的利益政党。

75

在自由主义与保守主义的政治阵营中，各个政党当时还是表现出强烈的由精英主导的贤人政党色彩。但是，随着普选权的确立，政党竞争的民主化程度也不断提高，为了提高自己的组织程度和参与政治活动的能力，这些政党同样有必要学习它们在社会政策和宗教派别中的竞争对手、各种大众政党和功能性政党的政治行为模型。

四、有着反体制政党派系的极化政党体制：1918～1933 年的第二个发展阶段

在接下来的第二个发展阶段即 1918～1933 年的这段时间里，德国的政党活动与组织明显日益走向了一个极化的多党政党体制，在该体制中存在着反体制的极左与极右翼政党，这些极端政党使得当时的政治气氛和政治冲突的处理方式都朝着敌我尖锐对立的方向不断发展。[37] 即使在 1923～1928 年这段短暂的经济相对平稳发展时期，魏玛共和的政党活动也没有进入平稳航道。此前的通货膨胀和此后从 1929 年开始影响德国的世界经济危机都对公众心理造成了严重影响。居高不下的失业率、由于战争造成的各市民阶层的普遍贫困化现象以及所谓的"凡尔赛之耻"，都在侵蚀着民主政体的合法性基础。相反，这些因素却为极左翼和极右翼的政党提供了发展壮大的良机。为了建立一个无产阶级专政或者一个独裁的民族社会主义的领袖国家，这些极端政党想方设法地要推翻当时的民主宪政国家。

在这一阶段，当时同样危机重重的社会形势也对政党体制的发展产生了相应影响，其中一个比较典型的情况就是来自中右社群的贤人政党在加快向成员政党转变。在阶级与宗教派系的基础上，各种大众整合政党开始登上历史舞台，脱胎于过去来自无产阶级或天主教会信众的大众政党，这些大众整合政党现在成了该阶段的主导政党类型。在 1920 年代，这类大众整合政党又演变分化为民主或极权的整合政党。当时的社民党和中央党属于第一类型，德国共产党和德国民族社会主义工人党则属于第二类型。尤其是德国共产党，它是 1918 年社会主义政党集团分裂的结果，当时，德国共产党从社民党中分裂出来后成立了独立的极端政党。西吉蒙特·诺伊曼在 1932 年对这些极权整合政党的活动方式进行描述时写道："这种整体政党要求公民无条件的绝对服从。

76

它不仅夺去了支持自己的选民和追随者在选举活动中才会相对存在的自由，更排斥了政党间的任何政治联盟或妥协的可能。它的目标就是完全攫取且不受限制地行使权力，实现对某种意识形态无条件的接受和一种整体的统治权。"[38]

在社会冲突形势不断稳定发展的情况下，作为两大民主整合政党的社民党和中央党与劳动者和忠诚于教会的天主教徒结成了稳定的社会联盟，而这两大社会群体在当时都被称为所谓的社会改革群体。按照政治社会学的看法，当这些政党与特定的社会群体形成联盟关系后，"这种联盟关系越是建立在组织层面上，越是有着明确的意识形态目标，且这些意识形态的目标是对整个社会提出一定的组织设想，而不是为了维持或扩大某些特定的社会群体的利益，那么这种政治联盟就越稳固"。[39]

在各自整体主义的"政治意识视角"（语出弗良茨·乌尔班·帕皮）中，作为整合政党的社民党和中央党推行着各自的政治纲领，并以这种方式保证接受其政治领导的"社会群体"相对较高的内部团结性。在社会学家 M. 赖纳·莱普修斯（M. Rainer Lepslus）看来，这些社会组织的形成应当归功于德国第二帝国成立之后到 1920 年代后期之间德国稳定的政党制度。按照莱普修斯著名的定义，人们需要根据特定的社会群体来理解某种社会共同体，这些"社会共同体是各种社会结构维度相互作用的结果，其中包括宗教、地区传统、经济地位、文化认同（以及）涉及的各个社会团体特定阶层利益的整合。"[40]

德国在两次世界大战之间的政党体制从整体上看是建立在由四个社会群体构成的四大社会支柱上，其中一个是保守主义的，另一个是自由主义的，[41]另两大团结程度明显不如前两者高的支柱是工人阶级和天主教徒群体。只有两大整合政党才可以将自己称为在各自社群中发挥领导职能的"政治行动委员会"（莱普修

斯语）。即使是德国共产党与独立社民党的左翼派系在 1920 年底
融合组建了第二大左翼大众政党，并在接下来的时间里同社民党
人在其社群内部展开了带有明显敌对色彩的竞争活动，也没有影
响这两大整合政党发挥的作用。选举制度研究学者于尔根·法尔
特（Jürgen Falter）曾做过统计，1924～1932 年间将选票投给两
个左翼政党中的一个政党的工人一直保持在 40% 到 45% 这一相对
稳定的水平上。社民党更是可以从中产阶级中争取到自己三分之
一以上的选民。[42]

社会历史学者里夏德·洪特（Richard Hunt）提出，魏玛共
和的社会民主主义者是："一个内部相当团结且独立的社会单位。
它们有着自己的'政府'，自己的社会保障、教育和文化组织机
构，自己的大众媒体和准军事组织，甚至自己的金融体系。活跃
的党员连同他们的家庭可以对自己和自己家庭的生存情况做出放
心的安排，不需要跨出自己所在的社会运动一步。"[43]

在赖纳·莱普修斯的眼中，当民族社会主义者在 1933 年 3 月
攫取了魏玛共和的政府权力时，民主政党的末日就已经正式到
来。但是，在这一末日到来以前，支撑政党存在的各种传统的社
会群体基础因为其内在的自相矛盾之处就已经崩塌。从外部看，
存在泾渭分明的意识形态与政治对立的社群冲突会影响到民主共
和国的一般制度安排，虽然这种制度设计中的内在矛盾并非不可
克服的缺陷，但是它却最终成为了现实。

**五、传统背景下的民主重建以及人民政党的统治：1945～
1970 年代间的第三个发展阶段**

政治传统对德国政党制度的影响从第二阶段一直持续到第三
阶段，这种影响在 1945 年使德国民主得到重建——至少在德意
志联邦共和国建立后都明显存在。在对州层面上以及从 1949 年
开始对联邦层面上的选民选举行为进行分析后人们会发现，受到

过去的社群背景影响的政党偏好再次浮现出来。对 1949 年第一次联邦选举的分析表明，历史上的"社会经济社群"，例如得到组织的天主教徒和工会成员，在经历了 1933～1945 年两次制度变迁后还是继续存在。[44] 作为传统选民的庇护政党，基民盟/基社盟和社民党在继续扮演它们传统角色的同时进一步发展成为新的政党时代类型，并以人民政党的形式表现出来。于尔根·法尔特 78 认为，联盟党和社民党在 1949 年的选举中表现得尤为成功，它们保住了自己的前辈政党在其各政治中心的影响力。[45] 过去，当政党还在扮演"政治行动委员会"的角色的时候，它们已经指导着各种社群的政治活动，并对直到魏玛共和末期德国政党的发展打上了鲜明的时代印记，1949 年后的政党也是踩着它们先辈的脚印前进的。

在跨越 1945 年到 1970 年代的第三阶段，新的（西）德国政党制度的参与人不再反对新的国家、经济和社会秩序，相反，它们积极参与各种重建工作的设计与组织，这也成为第三发展阶段的结构特征。新的制度秩序与参与制度设计的各政党分享的政党政治基本价值观之间存在着紧密的联系，这种紧密联系影响了当时联邦德国的时代特征。作为联盟党成员的基民盟和基社盟以人民政党最早的表现形式登上了历史舞台。十多年后，当社民党在 1959 年批准了自己的巴特戈德堡纲领后，它也步入前两党的后尘而转变成了人民政党。

当我们考察在这个时间段里决定德国政党及其制度发展的各种制度框架条件时，我们可以将其划分为两个阶段。从第二次世界大战结束之后到 1950 年代晚期是第一阶段，战后的岁月里首先存在着缺乏各种基本生活物资和各种严重社会危机的问题，这些物资缺乏的现象和危机发生于社会生活的方方面面。为了克服基础设施瘫痪造成的危机，为了在经济上重建德国，为了激活劳动力市场并恢复大众的购买力，以及为了应对最艰难的任务：接纳上千万的难民和逃亡者，不仅要为他们提供住房，更要在社会和职业生活中将他们吸纳到德国社会中来，这些都对当时的德国提出了极大的挑战，这些挑战直到 1950 年代才得到充分应对。

当人们在德国重建和新秩序产生的最初阶段看到各种社会现代化标志逐渐产生出来时，人们同样会发现，这在很大程度上也是社会从社会价值上贬低甚至从社会道德上否认各种旧的社会地位特征的过程：许多老式精英，例如军官、东易北河地区的大地主、大银行与大企业的领导层，他们或是因为曾经是纳粹政权的帮凶而声名大损，或是因为两德的分裂而失去了自己的物质财富基础。随之而来的是联邦德国精英构成的大规模重组。[46] 与此同时，在经历失去社会地位的痛苦后，许多难民被激发出极大的积极性和动力，为重新站到社会领导的位置上而努力奋斗。西德社会的生产力因此得到了大大提升，不仅促进了经济的现代化，更推动了传统社会阶层结构转变成"被拉平的中产阶级社会"（赫尔穆特·舍尔斯基语，Helmut Schelsky）。

在 1950 年代晚期到 1960 年代的第二阶段，相互影响的可以自主独立发展的经济增长方式、重新得到平衡的社会结构和对技术进步的信任成为该阶段的时代特征。当时的德国从工业社会不断向服务业社会转变的过程"明显削弱了教会的社会联系能力和宗教思想对个人行为的影响"。[47] 此外，当时许多德国人认为，这个国家正面临着"教育上的灾难"（格奥尔格·皮希特语，Georg Picht），因为国家对那些有天分的学生关注太少。在对这种危机的自我反思和批评以及社会生活世俗化的深入发展的过程中，国家教育体制的全面改革被推动前进，这种改革的目标是通过向各社会阶层打开通向学校的大门以更好地发挥教育部门的潜力。

与社会变迁同时进行的是新国家秩序的构建，该构建过程表现为新的中央政权和各种准国家机构的建立。在构建该新秩序时有五个关键性的政治决定值得人们注意，它们决定了联邦德国接下来的发展路径："莱茵资本主义"、福利国家、依法行政、联邦主义和社区自治。莱茵资本主义的一些基本特征包括利益形成与表述以及政治活动引导方式中的新社团主义模式，在该模式下，无论各种冲突是产生于劳动力市场还是社会或经济政策的领域，处理冲突的一般规范都是利用各种广泛存在的自治规则，让组织化的劳动力与资本在"国家的阴影中"对话与活动。

这些制度设计中的路径思想自然与德国的历史传统有着密切联系。不过，旧的制度和行为模式要在重建过程中成为新制度的组成部分还需要满足一定的前提条件，其中包括它们需要与各种民主价值和宪法秩序能够基本稳定、和谐地相连，这些民主价值和宪法秩序在当时德国的"经济奇迹"和社会公众认同的"文明带来的舒适感"，在人民生活水平的提高、现代交通工具的利用化程度不断提高、更好的住房条件和更多的自由支配时间中得到了体现，[48]并且最终在德国人的日常生活中找到了自己的文化基础。

到了这个时候，德国的官僚阶层已经有义务对宪法效忠。与魏玛共和时期不同，此时，人们对官僚阶层的要求已经不再局限于对合法性单纯的形式主义的要求，例如只需要满足法律文本的要求，相反，当法律与民主合法性存在冲突时，官僚阶层现在要拒绝执行这样的法律。

在劳动关系领域，雇主协会和工会已经建立了一种社会合作关系，它约束了该劳动关系领域始终存在的一种离心倾向，在魏玛共和时期，这种离心倾向使得劳资双方轮流提出自己的单方解决方案，结果却离宪法基础越来越远。

80

联邦德国新组织秩序的大厦已经将整个社会变迁和社会发展过程笼罩在内。1933 年以前，当时的体制中存在着各种会引发危机的着火点，它们也的确不断引起了各种危机。进入联邦德国时期以后，在各种制度的共同作用以及社会变迁的影响下，国家的发展已经走上了通过三重保险来化解这些危机的道路：对于资产阶级与劳动者之间的**社会**对立，通过建立并维持社会国体的运作，社会的纵向流动性得以加强，这种社会冲突因此相应地被缓和；至于资本与劳动力之间的**经济**对立，通过确立劳动者对企业生产经营活动的参与决策权，以及广大受雇群众在久已存在的劳资争端解决过程中的发言权，这种劳资争端从货币改革起到 1960 年代中期一直伴随着经济增长而存在，这种对立得到了一种社团主义的仲裁方式的处理；至于"资本主义"与"社会主义"民主之间的**政治**对立，则是通过基本法中的一些宪法妥协性设计而从宪法上被消解了。各个政党、各种社会力量对该新国家秩序达成了一致，正如维尔纳·泽格尔（Werner Sörgel）所言，这种共识在基本法中的表现是对所有重要社会力量的利益保障。[49]

（一）作为人民政党先驱的联盟党

人民政党的出现与一些适合其发展的先决条件的存在分不开。按照基希海默尔的定义，这些有利条件包括：纯粹意识形态原则的影响力不断下降以为务实的政治考虑让路，超越特定阶级或宗教派系的选民基础不断扩大，与尽可能多的各类利益群体的接触联系，党员表现出越来越强烈的有意识的消极态度，放手让政党领导层去处理各种政治事务，既存的政治、经济和社会秩序在社会中也获得了基本的承认和支持。[50]基民盟和基社盟成为人民政党的先驱也不是偶然的。它们在宗教派系间联合的思想在当时是具有一定创新性的，因为按照这一思想，过去曾经对立统治的政治化的天主教运动和新教运动被联合起来。在这种联合的背

81

后是忠诚于教会的天主教社群的联合。而且，天主教会的主教们也利用自己职位的权威对联盟党投下了非常有份量的支持票，这在人民政党的发展过程中也发挥了重要作用。当同样得到重建的纯天主教的中央党参与到天主教社群的内部政治竞争中时，这些背景立刻对这种竞争活动产生了影响。在政治竞争的发展过程中，中央党很快就沦为一个无足轻重的小党，只在一定的时间里在北威州地区保证了一定的地区和基层影响力。

　　甚至在工会组织中发生的各种事件也帮助基民盟与基社盟确立了其人民政党的地位。在德国工会联合会的大旗下，1933 年以前因为与不同政党的政治联系或与不同宗教派别的宗教关系而被分割组织的各工会现在也融合成了一个统一的组织。虽然在总工会和各专门工会中看到的主要还是社民党人的身影，不过，在工会内部组织活动的中高层中，基督教政治运动的影响也是存在的。虽然它们只处于一个少数派的地位，但是依然得到了多数派系对它们相应成比例的影响力的承认。这一方面保证了联盟党在工会内部政治意愿形成过程中具有一定的影响力，另一方面也有助于在整体联合过程中创造形式上的超党派性，它使得基民盟/基社盟与以工会形式组织起来的雇员阶层可以建立一种政党政治色彩不那么强烈的联系方式。[51]

　　作为执政党获得的各种利益、"总理民主"中各种错综复杂的决策机制也对联盟党走向人民政党发挥了重要的推动作用。在康拉德·阿登纳（Konard Adenauer）当政时期，各种制度就已经被建立起来。按照政治学家卡尔海因茨·尼古劳斯（Karlheinz Niclauß）的定义来理解，这是一种非常特殊的政府治理方式，它是以政府首脑个人及其职位为中心而建立起来的。这种总理民主的突出特征有：①总理在政府制度中突出的权力地位；②总理个人的威望和魅力；③总理职位与党的领导身份的个人统一；④联邦总理对外交政策的实质干预；以及⑤在竞选过程中剧烈激化的政府首脑与反对派领袖之间的冲突。[52]现在，各政党具体扮演什么角色已经不再重要了，因为利益的多元化发展已经使得出现在大众整合政党时期的政党政治中的敌我矛盾思想失去了市场。[53]

尼古劳斯（Niclauß）写道："选票日益集中到个别政党尤其是总理政党之上，这是在当时的发展情况中最引人注目的地方。"[54]实践中，1953~1957年之间，联盟党在1953年的联邦选举中的得票率上升了16%，其后进一步从1953年的45.1%上升到1957年的50.2%，从而在议会中获得了绝对多数地位，这在联邦德国的历史上是绝无仅有的。

（二）小的利益政党昙花一现的政治意义

在与教会有着紧密联系的中坚选民中，联盟党从各个社会阶层中收获了自己的选票。在此期间，基民盟和基社盟对那些存在于1945~1949年间的若干小党产生了吸收效应，使得直到1950年末期这些政治竞争对手都被排挤在了幕后。不过，在政党组织日益集中的发展轨迹一旁还是存在着一些属于利益政党类型的政党，它们代表着某个特定的地区和社会群体。在联邦德国体制运作的头十年时间里，像德意志党、经济建设党、巴伐利亚党和"被流放国外和剥夺权利的群体"这样的团体只拥有过昙花一现的政治意义。但是，也有一些政党保存了下来，其中有南施勒苏益格选民协会，它一直活跃在施勒苏益格－荷尔斯泰因地区，代表着当地作为少数族群的丹麦人的利益，并且在州的选举法中获得了特殊对待，即被排除出了门槛条款的适用范围。[55]

经济建设党的地区政治中心在巴伐利亚州。它的创建者和领袖阿尔弗雷德·洛里茨（Alfred Loritz）一度将自己扮演成"小人物的护民官"。在战后最初的十年时间里，经济建设党一直在"做着一种无谓的抗议，反映出中产阶层对纳粹政权战败后各种后果，以及民主化和代议制确立过程中各种制度安排的不满。"
这些抗议首先反映出的是农民阶层、难民和流亡者的各种不安和
惶恐。1948 年后，经济建设党很快就烟消云散了。[56]

在德国政党的政治谱系中，全德党和"被流放国外和剥夺权
利的群体"（GB/BHE）在战后岁月里是作为东德流亡者的"社
会主义政党"出现的。[57]该政党的组建努力一直被向后推延，因
为当时的占领军政府直到 1949 年才批准成立一个独立的难民党。
在表述其选民诉求的过程中，BHE 的选民中有 90% 都具有难民身
份（剩下的选民则是因为战争带来的其他原因而处于弱势地位，
例如，在轰炸中受到了损失），因为 BHE 致力于解决各种社会问
题，如住房紧张、平衡社会负担等等。尽管登上政治舞台的时间
比较晚，但 BHE 还是取得了值得人们关注的部分政治成就，例
如，在 1950 年施勒苏益格 - 荷尔斯泰因的州议会选举中的成功。

BHE 的政治立场从整体上看是与体制合作的，自其产生之日
起，BHE 就表现为一个天生的政治联盟小伙伴。在联邦层面上，
它与阿登纳政府建立了政治联盟，在难民数众多的州，则与基民
盟/基社盟或社民党变换建立着政治联盟。在将作为"第四等级"
的难民和流亡者融入德国社会的过程中，BHE 一直非常重视如何
获得有政治意义的政治权力。党主席瓦尔德巴·克拉夫特
（Waldemar Kraft）对本党在政治联盟可能上的开放性直言不讳：
"我们基本上时刻准备着与任何人合作……从中产生的问题就是，
所谓的右翼、左翼或者中间政党的区分对我们来说是否都是毫无
意义的。"[58]

在作为独立政党的社会主义政党 BHE 给人们带来的这段长度
有限的小插曲中，人们看到的是流亡者在"共同命运"推动下被
吸收进德国的政党体制中的过程。BHE 作为利益政党的成功之处
事实上也在推动着它最终放弃了政党地位。那些代表难民利益的

政治家很快就发现了这一趋势。按照流传下来的记录，1955 年一位担任领导职务的 BHE 代表非常担忧地指出，当初的那些流亡者，当他们在经济上站住脚后，"自己就投向了那些既得利益者的怀抱，从此就不再关心任何政治活动"。[59] 这种担忧也得到了现实情况的证明：弗良茨·诺伊曼（Franz Neumann）在描述 BHE 的发展历程时对流亡者的行为进行了归纳，他说："当这些流亡者在新房子里和好的工作岗位上安顿下来后，他们就抛弃了自己的党。"[60]

对于当时超过一千万的流亡者和难民来说，他们构成了一个庞大的没有社会基础的群体，对于该群体无法简单地利用历史上的社群联系或存在于特定地区的政党忠诚来约束他们，因此，在该群体中也会存在不可小觑的反体制倾向，但是，BHE 的兴衰和被大党吸收的历史却生动地证明，1945 年后得到改革的联邦德国政党制度有着很强的调整能力，完全可以将像流亡者和难民这样的群体成功地吸收到自己的体制中来。从历史发展的整体趋势来看，"新公民"被成功地从经济和社会上吸收到德国社会中去的历史也构成了德国两大人民政党成功历史的一部分。一方面，这种成功使得"难民问题"没有成为被社会民粹主义的主张利用成为进行政治讹诈的口实；另一方面，基民盟/基社盟和社民党不仅从难民群体中获得了可观的新选民，更将自己信任的人输送到各种难民利益团体的大量领导岗位之上，其中包括半国家机构性质的难民委员会中。[61] 面对大范围的社会变迁运动，对西德战后社会结构进行"翻修"，并在整个社会范围内将重组后的社会结构确定下来，两大政党在推动这一过程成功进行的同时也进一步巩固了自己的人民政党的地位。

与经济建设党和 BHE 形成鲜明的对比，德意志党和巴伐利亚党则代表了小党中那些土生土长的类型。这两个党都有自己悠久的历史传统。德意志党从历史上看是北德地区的一个乡土政党。它的前身——1945 年成立的下萨克森州党是更早的德意志－汉诺威党的政治继承人。在联邦层面上，通过与执政党结盟，它保证了基民盟政府在议会中的多数地位，并将自己定位成奉行新教思想和民族保守主义的政治纠正力量。在 1957 年的选举后，虽然联盟党在议会中获得了绝对多数地位，但是，德意志党还是在内阁中保留了一席之地。"从那以后，德意志党的选民、党员甚至最终连领导层中的大部分人员都在实质性地不断流向联盟党，因为联盟党与德意志党的政治理念已经几乎不能再区分开来。"[62]

巴伐利亚党则是与基民盟相伴随而存在的"联邦抗议政党"，它有时会造成基民盟选民的严重流失。在巴伐利亚这个共和国里，巴伐利亚党在一些年份里会从小农阶层以及中下阶层中获得实质性的支持。[63]伊尔塞·翁格尔（Ilse Unger）——德意志党的党史作者——将该党描述为"君主主义者、地方主义者和联邦主义者的聚集地"。它的活动区域主要集中在老巴伐利亚地区，与教会的联系非常脆弱。巴伐利亚党的崛起是在 1947～1948 年间，当大量的难民涌来时，当地人对此的反对和排斥态度也相应地不断加强。在当时还广泛存在着一种看法，即认为巴伐利亚州的利益在当时的西德联盟中没有得到很好的代表。[64]

1950 年以后，巴伐利亚党从在联邦层面上代表地区利益的利益政党回归到"传统的乡土社团"。"在不断萎缩为乡土政党的同时"，该党也在加快走向解体的终点。1954～1957 年，当时的巴伐利亚党与社民党、GB/BHE 和自由民主党结成了四党政治联盟，当基社盟成功地将巴伐利亚党从这一相当脆弱的政治联盟中排挤出去后，巴伐利亚党的政治命运就已经被决定了。基社盟早已实施的"吸收战略"在 1957 年的联邦选举中终于获得了成功。[65]

（三）作为巴伐利亚州霸主政党的基社盟

从与巴伐利亚党在巴伐利亚州内部的十年萧墙之争中胜出

85

后，基社盟在巴伐利亚州的统治地位就已经被基本确立了。阿尔夫·明策尔（Alf Mintzel）曾在其专著中对基社盟的发展历程以详实的资料和深刻的思想进行了描述。[66] 按照他的看法，基社盟是在 1945 年以后"影响力不断增强的政治传统政策"中作为一个州政党从巴伐利亚州发展起来，在巴伐利亚州内部存在着老巴伐利亚地区、施瓦本地区和"法兰克 – 新教走廊"这三个传统上相互独立的地区，这三个地区也鲜明地反映了该"政治传统"的政治地理分布情况，基社盟的存在与活动更是进一步强化了这一区分。在明策尔看来，基社盟远非一个跨宗教派系的联盟，相反，作为一个天主教的整合政党，基社盟在很早的时候就确立了保证其稳固多数地位的政治基石。巴伐利亚党的出现曾经造成了天主教政治运动的分裂，当这一分裂被克服之后，基社盟也向其后的霸主政党地位迈出了坚定的第一步。[67]

基社盟在巴伐利亚州有着几十年的执政历史，这一执政地位仅仅在 1954～1957 年的四党联合时期被暂时打断过。利用该执政地位，基社盟成功地将自己表述为工业社会现代化理念的体现者，例如，对有前景的大工业技术的有意识支持，像航空航天业，并将其与"较小形式"的政治结构结合起来，这样就可以充分考虑到州的中型规模。[68] 由于政府的积极干涉，经济结构调整获得了成功，基社盟不仅可以将其内部各种高度多样化的派系逐渐融合起来，更可以将作为竞争对手的各小党排挤出政治舞台。1950 年代，除去巴伐利亚党，在这些被排挤的小党中还有 BHE 在当地的分支、民族民主党以及部分自由民主党人。在当地作为一个社会群体的难民主要是来自苏台德地区的德国人，这些"巴伐利亚的第四个部族"在国家机器的帮助下也被吸收到了基社盟的阵营中。[69]

由于作为反对党存在的社民党在巴伐利亚州的政治影响力远

不如其在联邦的影响力强，在走向现代人民政党的过程中，在一些组织结构特征上，基社盟甚至比它当然的兄弟党基民盟更早地实现了这种转变。社会构成广泛的党员和选民基础，在参与政府政治活动与内部决策过程中得以确定的"长远社会政策方案"，吸收考虑了工业、农业、从事中小工商业的中产阶级以及雇员阶层的利益以及覆盖整个地区且有着专职工作人员支撑运作的政党组织，所有这些因素都推动着基社盟转变为一种"大众与机构政党的现代类型"。[70]

在基社盟的各种政治方案中还涵盖了各种地区传统政治政策冲突，即代表了反抗"帝国"的老巴伐利亚－天主教运动和激进联邦主义的政治立场。不过，这种"巴伐利亚堡垒综合症"（明策尔语）并没有以一种代表着历史倒退方向的方式在德国现代政治的语境中保留下来，相反，它成了表述基社盟特殊政治身份的重要标志，使得基社盟一方面成了巴伐利亚内部唯一的"国家与秩序政党"而享有最重要的权力地位，另一方面又通过与基民盟在联邦议会内部的党团联合成为了在联邦层面上表述巴伐利亚州利益的联邦政治分支力量。[71]借助这种双重角色，基社盟对德国新政党体制从整体上表现出的整合功能进行了一个很好的阐释。当基社盟在 2009 年的州选举中失去了在州议会中的绝对多数地位后，基社盟才第一次面对着失去整体统治地位的风险。

（四）走向社会民主主义人民政党之路

无论是其政治纲领还是自我政治理解，西德地区的社民党摆脱过去的大众整合政党定位的过程都要落后于联盟党。战后幸存下来的社民党领导人在 1945 年对基层党组织和整个西德地区的中央党组织都进行了重建，他们的重建工作要比同时代基民盟和基社盟领导人的工作出色得多。这些元老级的政治战士还在用过去对社会现实的看法和思维方式来继续推行其过去的阶级斗争政策。战后重建时期的社民党的政治精英有战后第一届党主席库尔特·舒马赫（Kurt Schumacher）以及其继任者埃里希·奥伦奥尔（Erich Ollenhauer）、工会活动家弗里茨·亨斯勒（Fritz Henssler），在地区层面上则有巴伐利亚州的威廉·赫格纳（Wilhelm Högner）、柏林的恩斯特·罗伊特（Ernst Reuter）以及不来梅的威廉·凯森（Wilhem Kaisen）。

另一个值得注意的现象是，早在魏玛共和时期，社民党就致力于在州和市镇层面上承担起政治（共同）责任，以推行一种务实的政治方针，该方针的目标是使广大民众的劳动和生活条件不断提高。1945 年的时候，社民党与工会在历史上就存在的政治联盟关系达成了新的表述。不过，当工会运动最终选取统一工会作为自己的组织形式时，正如前文提及的，这同样向基督教政治运动的阵营敞开了自己的大门。当时的社民党和工会组织中的左翼派系一直在积极推进各种反资本主义的制度改革，其中包括对基 87 础产业的社会主义改造，并将其在很长的时间里作为自己的官方纲领坚持着，即使当处于议会多数地位的资本主义政党已经转向市场经济政策，从而对这种社会主义改造方针形成了政治事实上的严重阻碍时，它们也没有放弃该方针。不过要社民党在战后初期就突然放弃已经成为历史偶像的阶级斗争思想，也的确是行不通的。被社会主义思想感召并被吸收到社民党人阵营中的许多社会群体，依然构成了社民党内部强大的成员群体，当时要他们放弃旧的意识形态，这些人很有可能是不会答应的。

直到 1950 年代中期，社民党都将自己表述为当时的资产阶级政府的社会主义替代选择方案。作为一个反对党，它在当时最多曾获得了 30% 的支持率，但是，即使是在身为反对党的这段岁月里，社民党也开始对其后它将启动的在政治纲领上由大众整合政党向人民政党的转变埋下了伏笔。社民党的这种嬗变首先发生在社会学意义上。尽管党的中上领导层对魏玛共和时代的经历依然记忆犹新且在这些人中奉行正统社会主义教义的人员依然占据了主导地位，但当时的社民党已经向出生于战争年代或者在希特勒当政时代还是年轻人的那一批德国人敞开了大门，这些年轻人虽然不是民族主义者，但还是有一定的民族主义思想，而且厌恶联盟党的教权主义作风。库尔特·舒马赫充分利用自己的权威推动社民党向这类社会群体敞开大门。这不仅使得社民党赢得了新选民，更使它吸收了许多活跃党员，这些党员在社民党即将启动的后马克思主义自我革新运动中发挥了重要作用。[72]

与联盟党在中右政治群体中获得的成功一样，社民党也将各种代表中左政治思想的小党收归帐下。到了 1950 年代末期，基民盟、基社盟和社民党瓜分了 GB/BHE 的选民基础和议会议席。早在 1956 年德国共产党被取缔以前，德国共产党的绝大多数选民就已经投向了社民党的阵营。甚至由后来的联邦总统古斯塔夫·海涅曼（Gustav Heinemann）创立的、反对阿登纳和基民盟政府重新武装德国政策的全德人民党，也在 1957 年自行解散后被社民党吸收。资产阶级的新教政治运动中一些不可小觑的知识分子群体因此也成了社民党的一员。

（五）德国政党制度的集中过程

对于 1950 年代到 1980 年代初，联邦德国政党制度发展的第三阶段，各种文献在描述这一阶段时使用的都是集中、聚合这样的概念。在分析选民偏好分布的情况时，人们发现，在该阶段一种两极化的竞争模式开始显现出来，即所谓的"两个半政党体制"：在此期间，在两大政党基民盟/基社盟和社民党一旁，只有自由民主党才能在政治舞台上保留自己的一席之地。该自由主义功能政党的这种特殊地位表现为，当某个大党想要获得多数地位时，它就需要和自民党结成不同的政治联盟。在扮演这种政党角色时，自民党就有资本在选民市场上宣布，自己同时是抗衡基督教人民政党的世俗政治力量和纠正左翼人民政党的市场经济力量。伴随着1980年代绿党的兴起以及两大人民政党与各社会群体稳固政治联系的断裂，自民党也相应地失去了它的这种优势政治地位。

在经历了1953年联邦选举中令其措手不及的失败之后，社民党在联邦层面上依然扮演着反对派的角色，并在获取政府权力的漫长道路上缓步前进。社民党的得票率从1957年的38.1%上升到1969年的42.3%以及1972年的45.8%。在此期间，两大人民政党的得票总数是反映政党制度发展中的集中趋势以及人民政党影响力的一个极好指标。1957~1987年，两党的总得票率一直保持在80%以上，1972~1976年甚至达到了90%以上（见图3）。

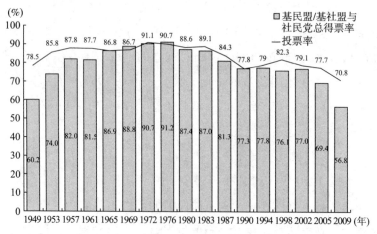

图3　1949~2009年选民向两大人民政党的集中与投票率百分比

虽然联盟党与社民党走向人民政党的发展历程是不一样的，但是，两党在这一发展过程中的各种活动和调整措施的方向却都是一样的，即在德国民主重建以后都向着人民政党的目标逐渐前进。不过，这种在政党重构过程中相互类似的理念和技巧却是人们在事后才清晰地看到的。在持续到 1950 年代末的西德政党制度的形成过程中，人们在运用这些政党重构技术时并非受到什么高瞻远瞩的战略规划的指引，而是平衡各种根深蒂固的政治思想和运用高度灵活的务实主义政策的表现。在根据这些不成文的指导原则推动自我发展、走向人民政党的过程中，基民盟/基社盟和社民党表现出的只是程度上的差别。为了稳住组织内部那些观念保守的派系，这三大政党当时都利用了一些有助于动员这些群体的意识形态文化模型。而且从一开始，这些大党都强调自己与国家的紧密关系。政治生活中，政党与国家的紧密关系也构成了人民政党发达的标志。政党对国家生活的渗透已经成为民主政党国家中一个越来越被人们认为理所当然的现象。

现在，我们首先来考察一下传统文化模型中的政党建构作用。第二次世界大战之后，基民盟/基社盟和社民党首先考虑的是作为自己中坚支持者的社会群体。当时，各党采取的政治立场在意识形态上的纷争又回到了过去的政策冲突上。作为大张旗鼓的政治竞争的形式推动力，社民党又利用了过去经济民主化进程中各种传统的左翼政治话语，要求对核心工业部门进行社会主义改造。基督教政党则提出了保持教会学校制度这种非常有吸引力的竞选口号。社民党的各种政治联盟伙伴有工会和在企业内部的工人代表大会。在 1945 年后重启的文化冲突中，天主教会的主教们成了政治斗争的先锋，他们在教会群众中广泛鼓动不满情绪，尤其是当占领军政府对学校制度进行世俗化改造时，他们对 90 这种改革进行了大范围的干涉："当人们发现，被引入的统一学校制度在官方制度设计中依然为宗教课程保留了大量课时，推动学校制度改革的各种力量显然决定要立即将学校制度向反基督教和反教会控制的轨道上推进。当统一学校制度出现在德国以后，这不仅代表着一些政党的纲领，更是一种新的世界观！"[73]

基督教保守主义者与社会主义世俗主义者关于制度建设目标的意识形态之争，在 1945 年以后通过基民盟/基社盟和社民党的政党竞争表现出来。这种对过往政治使命的忠诚使得过去的政治活跃分子在新的政治舞台上获得了新生，此前他们一直蛰伏在各自的传统社群中。在接下来四分之一世纪的时间里，两个政党在小心翼翼地考虑各自的政治委托人感受的同时，都对本党的政治世界观进行了去意识形态化的改造。从那以后，诸如"公共利益"、"社会民主"之类的政治口号开始登上历史舞台。但是，政党的这些用语上的不同对于认识这些政党的实际政治面目其实并没有什么帮助。

当社民党在 1969 年终于分享了联邦政府权力后，在其社会政策改革方案框架内，它进一步努力推进劳资决策权的平等（联邦议会通过的立法草案最终被联邦宪法法院撤销）。至于 1970 年代将宗教师范院校吸收到宗教上中立的大学师范教育中去的改革措施，在联盟党居于领导地位的州，甚至巴伐利亚州，也得到了执行。

这些大党最初曾激活了具有旧意识形态色彩的政治文化模型，以在各社会阶层扩大自己的社会基础，从而放弃了那些普通的政治话语。在这个过程中，那些具有政党建构作用的人民政党特征及其与国家的紧密关系也随之得以加强。需要注意的是，与国家的紧密关系并非只是人民政党的独特标志。从现代政党组织和活动出现在德国之日起，所有的政党无一例外都与国家走得很近。出现这种现象的原因在于从历史上发展起来的国家活动的各种普遍形式，这些形式在不同的国家制度中都得到了体现，即从集权国家年代父权主义统治的严格控制和照料安排，到今天民主政体中的生存照顾和社会国体中，社会活动和个人生活安排的方方面面几乎都会受到国家活动的影响。

在政党的历史发展趋势中，它的行动方针设计始终都以国家为目标，这种政党的国家化过程目前在联邦德国的政党国家体制中正处于最高发展阶段。政党政治的国家化一般以四种方式表现出来：首先是法律上的，其次是个人层面的，再次是以国家干涉表现出来的，最后是市镇层面上的政治活动方式。现实中，这四种方式是共同作用的，不过为了更清晰地分析这些方面，我们将在下文分别讨论。

《基本法》第 21 条确定了政党的特权地位，德国的最高司法机关在评价政党时也将其抬高到了"宪法序列"中的政治行动人的地位；至于在普遍法律层面上，政党法为政党资助以及政党在各种选举活动中垄断候选人名单的提出权也制定了各项规则（见第三章第三节），这也是对前述特权和评价的具体化规定，它们共同构造了目前政党与国家的**法律关系**。此外，无论是联盟党、社民党还是绝大多数小党，除去诸如德国共产党和社会帝国党之类的极端派系政党，这些政党不仅将自己的活动基础建立在新的民主国家秩序的基础上，更在《基本法》生效以前就毫不犹豫地以重新获得并继续占有既有国家机关的权力为目标，以实现自己的政党政治目的。为了在市镇层面上获得制定各种规章的权力，各种各样的法律可能性都被利用了。

在联邦德国的政府体制中，就像在任何代议民主制政体中一样，当选代表和担任政府职位的人员都是根据其政党归属关系而获得相应的职位，但是在德国，政党与国家这种共存关系中的**个人维度**并不仅限于此。在这种共存关系之外，在联邦德国政党政治中担任各种领导职务的精英们更是与各种非政府精英，例如大众媒体和经济界的领导人物保持着密切的人员交流关系，甚至政府的官僚组织也承认，政党政治是政治活动中应当优先得到考虑的内容。造成行政机关思维方式改变的原因不仅是因为它们认识到，在公务员行列中党员比例相对于整个公共服务部门中的比例要高得多，而且 1970 年代中期人们在对政府行政部门的研究中也首次发现，1945 年以后，在进行个人评价时，根据人们对政府部门中政党因素的作用性质变化的体会，这些官僚已经从过去的"传统官僚"转变成了"政治官僚"。罗伯特·普特纳姆（Robter Putnam）最先提出了这种官僚类型的差异，他将传统官僚对自己岗位职责的理解定义为一种强调自己有义务根据法律字面意义照章办事的官僚，而且，这些官僚相信需要对各种问题按照事实客观需要提出解决方案。这种类型的公务员与各种利益集团和行业协会都保持谨慎的距离。相反，政治官僚则认为，在行政决策的过程中各种相互之间存在对立冲突的群体利益考虑从原则上说都是正当的，其行事方式也是"以问题或政治纲领为导向的"。[74]

政党活动中的**国家干涉主义导向**又是通过两个关键问题表现出来的：社会国体和政治活动中对经济和社会结构的积极调整政策。《基本法》第 20 条、第 28 条针对社会国体原则提出了积极国家的要求，它尤其对立法者规定了立法义务，以"平衡对立的社会利益并努力确立一个公正的社会秩序"。[75]各种基本权利因此确定了国家的社会照料义务，[76]尤其是某些"个人或社会群体"，如果他们因为个人情况或社会不公而无法实现自己的充分发展时，国家应当积极履行自己的这种义务。[77]

在这种情况下，法学理论中的国家已经"随着时间的推演越来越多地在扮演着对整个社会的计划、发展和服务的全面代理人的角色"。[78]无论是在各种社会部门，还是像基础教育、职业培训、能源、供水或交通等公共服务领域，越来越多的人认为，他们有理由期待国家"对这种基础服务发挥出一种保障功能"，这几乎已经成了一种理所应当的事情。[79]在德国长久以来的历史传统的影响下，这种保障义务同样适用于那些**非**国家的公共服务提供者，例如，慈善机构、教会以及越来越多的私人性质的公共服务提供者，这些组织也同样承担着各种基本生活保障任务。[80]

在联邦德国社会国体的具体制度安排中，对公共服务的各种要求相对来说与公民在职业生活中的地位有着密切的关系，它也经常被定义为现代福利国家的"保守"类型，对职业生活的关注也是立法者需要优先注意的问题。[81]这是因为立法者在保证并实现公民社会参与权的过程中，他们更多的是考虑维护并改善公民的财产状况，议会活动的主要形式因此就表现为各种物质利益的分配冲突，而这些相互冲突的利益同时也是一些组织起来的社会利益。类似的情况也发生在其他政治活动领域。只不过在这一领域，国家与经济部门的私人协会以及第三部门的合作形式更加多样。[82]但是，无论在何种具体活动形式中，在将各种利益表述输送到议会活动以及衡量各种公共利益和它们的变化情况并反映到立法活动的过程中，政党始终扮演着一种关键角色。

无论是基民盟、基社盟还是社民党都没有独享《基本法》规定的政党特权地位。不过，因为这些人民政党的规模、组织能力和它们在所有地区都受到关注的事实，与较它们规模小的政治竞争对象相比，人民政党在政党特权确立之初就可以更充分地利用政党特殊法律地位所带来的各种便利，例如，政党资助和联邦与州议会选举中的门槛条款。甚至在政府部门的人事安排中，时至今日大党依然保持着自己的优势地位。这些大党不仅掌握着那些经选举产生的代议机关中的绝大多数席位，在公共行政部门的高级公务员的人事安排中，这些大党也发挥着实质性的决定作用。只有当它们在满足其政治联盟小伙伴的要求或者已经超越了公众忍耐极限的时候，这些大党才会有所收敛。

93

在联邦德国成立之初，人民政党与国家的关系就非常引人注目。当时的社民党因为其历史传统还在坚持自己的左翼政治纲领形式，其政治目标是利用各种国家手段对社会组织进行改造，这是一种国家干涉主义的基本政治立场。甚至对联盟党来说，它们在 1945 年也对基本法的社会国体条款投下了赞成票，也承认了国家对经济与社会活动进行社会政治性质干涉的权力。[83]无论是 1950 年代指导国家发展方向的社会政治发展计划，如平衡不同社会群体的负担、公共住房建设以及复杂的退休金计算方式，还是 1967 年第一次大联盟时期生效的《经济稳定与促进发展法》，它们都是在同时得到了两大人民政党首肯的情况下才获得通过的。

因为基民盟/基社盟以及紧随其后的社民党不仅在政治上服务于作为其中坚选民的传统社群的社会、经济和文化方面的政治诉求，甚至也向其他社会群体的各种利益诉求敞开大门，无论在其政治纲领还是实际政治活动中都尽可能地占领各种有影响力的政治阵地，这使得各种利益团体成为受到这些人民政党青睐的表述各种政治愿望的政治伙伴。至于那些小党，它们或者将自己定位成某些社群的政治代理人，如自民党在中产阶级中积极招揽支持者，或者将自己定位成某一政治话题政党以提升自己的政治形象，如绿党在成立之初就是将自己定位为环保主义政党，这些小党在扮演这种"壁龛功能"的同时，也通过扮演政治联盟小伙伴的方式分享了国家权力。小党的这种活动方式也成为政党国家基本制度的一个组成部分。

第四个强化人民政党与国家联系的因素可以被称为**市镇层面**因素。不过，按照德国行政法的法律定义，市镇的自治组织从严格的法律意义上说并不享有国家权力，但是，这种法律定义并不会影响我们的讨论。虽然从法律上说，市镇议会只是"行政机关"的组织部分，而不是真正的议会组织，但是，这种看上去非常古怪的法律定义同样不会阻止人们得出结论：市镇层面上的政治意志的形成、政治协商的方式和程序同样是按照某种类似于议

94

会政治的制度展开的。

在 1945 年"零时"这个全新的开始之后，政党进入正式国家政治生活的发展过程首先是在市镇层面上展开的。在战后最初的岁月里德国并不存在中央政府，因此，政党活动首先在州、地区和市镇的公共权力部门中展开。对发生在市镇政治这个小型政治舞台上的林林总总进行观察，就像在放大镜下观察即将登上历史舞台的人民政党，考察它们的各种典型政治方向之争和相互之间活动与组织形式的日渐接近的情况：在 1940 年代晚期出现的有关学校制度的激烈争论最初是从对市镇学校与基础教育学校的学校形式的讨论开始的，它们最先也是从地方层面上展开的，因为维持学校运行的义务人就是市镇。在魏玛共和时期曾经对整体政治氛围造成过严重不利影响的地方政治生活中的一些特殊情况，在这一时期终于不复存在了。德国共产党在 1945 年以后依然在一些市镇代议机构中拥有一定的席位，但它不再将社民党斥为工人阶级的叛徒并与其作斗争，至于那些资产阶级政党的表现也与它们在 1920 年代晚期的所作所为有所不同，它们不再简单地拒绝与社民党在市镇政治活动中进行合作。[84]

当时政治形势的发展表现出与魏玛共和时期完全不同的情况：当盟军政府决定对市镇活动进行民主化改造，但却要在事实上阻止政党政治渗透到市镇行政活动中来时，基民盟/基社盟和社民党达成了行动一致原则，要尽可能地阻止任何实现该目的的制度改革。当占领军政府在英占区根据英国模式为当地市镇政府体制安排引入了一个**政治性**的委员会和一个**非政治性**的行政机关时，这些大党成功地利用该制度实现了上述阻碍改革的政治目的，而这是与英占区的制度设立目的相去甚远的。虽然，如果这些大党在某些市镇处于少数地位，它们就会对当地的人事安排完全从"政党名册"中优先挑选人员的作法大为不满，但是，在那些它们处于多数地位的市镇里，它们就会毫不犹豫地将自己信任的人员安插到选举产生的市镇公职岗位上去。[85]

但是，人们也会发现，市镇政治的各种背景条件也对其政党政治化设定了限制。当战后初期社会生活中存在的各种沉重负担逐渐减轻消失，市镇生活又慢慢恢复到常态时，这些限制就会表现出来。一项关于 1975～1982 年住房建设政治投入的研究揭示出，在当时西德的各大城市中，社民党政府**并不会**在住房建设上比其他市镇投入更多的预算，该研究成果可以作为我们考察市镇政党政治活动限制的一个比较研究的参考材料。"政党的支配地位表现出了自己影响力的有限性。"[86]相反，起决定作用的是它们的经济与财政实力以及这些城市的长远开支计划。不过，如果将住房建设中政治投入最大的五座城市排除在外，人们还是会从租房需要与相应政党的制度设计关系中发现比较微弱的政党政治联系：在社民党当政的城市中，在公共租房建设中会有更多的支持措施。[87]

在市镇预算政治活动中，政党政治的差别显然就更明显，具有财政意义的关键问题成了政策变换的中心话题。1980 年的情况已经证实，联盟党执政的城市会更重视投资活动，而社民党执政的城市则会在劳动力成本和促进市镇就业上有更慷慨的投入。[88]

总的来说，因为立场的不同，即使在市镇层面，这些政党也会在政治舞台上表现出相互之间的不同。但是，政党国家的扩张在市镇政治生活中也撞上了自己的障碍物：虽然在战后几年的时间里，这些大党在解决长达几年的物资匮乏问题的过程中扮演了非常积极的角色，并因此为自己解决实际事务的能力赢得了赞誉，但是，德国民众对政党政治有一种根深蒂固的看法，即认为政党政治的形式并不适于解决市镇生活中的各种具体问题，这种思想目前依然在德国民众中大有市场。不过，市镇政治生活对政党国家的限制在不同地区还是以不同的方式表现出来：在德国西北部，英国人在该地区引入了一套市镇议会宪法制度，根据该制度，在市镇选举中政党因素还是保持了自己的影响力。在巴伐利亚州和巴符州即德国南部市镇议会宪法的适用地区，该宪法的制度设计前提与德国西北部的情况不同，在选举中个人的因素有更大的活动空间，这就使得没有政党背景的市镇选举团体能够很早就扩张自己的影响力。在一些小的市镇，这些选民团体甚至成为了当地政治舞台上一支举足轻重的政治力量。

1970 年代的地区划分改革之后，政党可以收复自己曾一度丢失的一些政治阵地。但是，在此期间历史的天平又一次恢复了原来的平衡。因为在市镇选举中，选民的偏好日渐分散（"碎片化"），这种发展趋势对大党在赢得选票和议席时造成了更大的政治压力，相反却使得那些没有政党背景的候选人团体获得了更大的优势（见第三章第七节的详细论述）。

现在，我们可以对到目前为止的讨论进行一个总结：一直持续到 1970 年代末的联邦德国政党制度的发展阶段，以两大人民政党的兴起和扩张为其显著特征。基民盟/基社盟和社民党走向人民政党之路又表现为两个阶段：行走在这段道路上的最初一段时间里，两大政党都还是遵循着过去相互之间存在冲突的政策立场，这些政策立场早在 1933 年以前就被作为各党中坚选民的社群立场所决定。对两党来说，在这一阶段，两党过去的意识形态思维模式获得了复兴。在此之后的第二阶段则一直持续到 1970 年代末期。在这一阶段，互相对立的政治方向冲突虽然还是存在，甚至在当时的两个半政党体制下还出现了一定的极化发展趋势，但是，造成政治争议的各种话题，例如，重新武装德国、融入西方社会以及后来的德国内部改革和勃兰特/谢尔时代确定的新东方政策，这些话题都没有造成新的**社会分裂**。而且在这几十

96

年的时间里出现的重要政治争议话题，都没有与过去的社会政策发生冲突。

在这段时间里，社民党和联盟党都试图在对方的支持者或新的社会阶层中扩大自己的社会基础，在实现该目标的过程中，双方在不同的时期有不同的成功表现，而且，这些成功总是得益于两党对自己的政治纲领及时的调整和改变。但是，这种转变过程和结果与基希海默尔对各政党类型的描述是存在矛盾的，因为当时的两大人民政党在任何时候都没有发展到在其意识形态和政治内涵上可以互换的程度，没有发展到可以将自己定义为普世政党的地步。阿尔夫·明策尔在 1980 年代就发现，当时联邦德国的各大政党"在世界观上有着明显不同的'努力方向'，它们的社会联系有着各自特殊的关联结构，思维方式和政治主张也在其各自政治纲领的意识形态上表现出自己的特征，而且相互之间的组织形式也差异很大"。[89]

在较长的时间跨度内对各政党纲领进行分析后，分析结果将支持明策尔的判断。该分析结果表明，到了 20 世纪末的时候，不同政党的政治纲领立场从内容上看已经具有"高度的可兼容性"。这意味着"与其他西欧政党体制相比，德国政党体制的极化程度要低得多"。[90]不过，虽然德国政党体制中的各种政策冲突还是处于比较温和的范围内，但是，通过对联邦德国第一个 50 年里不同政党相互接近与区分的程度进行分析之后，人们还是可以看到这些联邦政党在其政治纲领的大致轮廓上有着明显的区别。德国统一后，各政党的政治纲领诉求甚至在各个政治方向上都表现出了更强的区别。目前，造成政策冲突的最大领域是经济和社会保障政策领域，甚至在实现社会公正的问题上，不同的政党也开始表现出自己的差别。[91]

六、价值变迁与新的社会运动：1980 年代的第四个发展阶段

现在，我们可以回到我们的政党制度和政党类型发展的阶段性模型。标志着第四个发展阶段到来的各种经济和社会结构先兆早在 1970 年代就已经浮现出来。后工业化的服务部门的兴起、1974 年的石油危机强化了人们对增长模式瓶颈的认识，环境问题越来越引起人们的重视，国家债务越来越高，社会价值也从过去的追求物质享乐主义向后物质主义转变，这些情况都对政党国家的发展提出了各种新的外部挑战。对北约中程核导弹系统的更新升级活动的讨论，也成为 1970 年代到 1980 年代在基本社会立场上产生冲突的一个直接导火索。

在这些背景条件下，社会文化结构的变迁也会给政党体制运作的各种维度带来相应变化，面对这些变化的影响时，人民政党承受的压力尤其巨大：一方面，受到社会解放运动的推动；另一方面，作为对一些有争议的政治调整措施的抗议运动（这些措施被认为对人类的生存状况或人性堕落都具不可忽视的作用），新的社会运动随之而来。按照通常的划分，这些新的社会运动首先是公民动议运动和保护生态运动，然后是女权主义的妇女运动以及环境保护运动，凡此种种运动都有着自己各不相同的目标，"以通过自我组织的形式，务实地直接实现劳动者和共同体成员期待的社会变革"。[92]除此之外的第四类运动是一种新形式的青年抗议运动，其立场可以在一定程度上表述为追求一种"无政府享乐主义"，这些运动拒斥传统的生活方式，并且在一定程度上成为那些强占房屋居住的年轻人所代表的反传统文化中激进且好斗部分的组织表现形式。[93]第五类运动则是和平运动，当北约在 1979 年 12 月通过了双重决议，决定部署可搭载核弹头的中程导弹后，反对这项举措的运动立刻产生并发展起来。1986 年的切尔

诺贝利核事故发生之后，在和平利用核能的反对声中产生了第六类新的社会运动，即新的反核运动。

虽然这些新的社会运动的目标和要求各不相同，但是它们却分享了共同的成长背景，即联邦德国社会文化结构的变迁。就像在西方世界的其他福利民主国家发生的事情一样，当时，西德社会的这种变化其实是社会价值观从"物质主义"向"后物质主义"转变的表现。美国社会学家罗纳德·英格勒哈特（Ronald Inglehart）最早提出了这些概念。[94]按照英格勒哈特的看法，在一些后工业化社会里，社会稳定、秩序、工作岗位的安定性、稳定的商品价格之类的物质需要对新生一代来说已经得到了充分的保障，因此，新生一代会更加关注其他需要——非物质化的价值需要。对他们来说，更重要的是公民权利、公民社会的参与权、对自然环境的保护以及个人的解放与发展。

这场"静悄悄的革命"（英格勒哈特语）是否在物质主义与后物质主义两极之间的价值谱系中创造了新的**裂痕**，在学术界，这还是一个众说纷纭尚无定论的话题。在那些不承认这是一种新裂痕的批评者看来，后物质主义的追随者的社会背景并不统一，无论从空间还是社会阶层上都无法确认其为一个清晰的社会群体组织，这些支持者内部也没有一个具有共同体建构作用的意识形态。不过，随着社会价值的变迁，人们对政党甚至对选举程序的各种基本观点也发生了相应的改变，对这一点人们却是可以肯定的。这些新的政策冲突已经在一定程度上全面冲击着各体制内政党的传统支持者的利益和传统立场，因此，这些政党必须正视这些新的政策冲突，相应地也要承受很大的自我调整压力。但是，那些被彼得·格洛茨（Peter Glotz）称为"巨型坦克"的人民政党却无法进行迅速调整、对自己的政治方针进行快速转换。例如，它们不愿也不能牺牲自己与国家纠葛甚深的关系，或者向那

些反体制的、对国家政治生活持批评态度的新政治运动中的各种
政治观点无条件地敞开大门。恰恰因为德国的人民政党并非是一
些不讲原则的普世政治掮客，对他们来说，仅仅依靠纯粹的权术
或选举策略就完成对这些新的社会思潮的让步是一件非常困难的
事情。这一点在社民党身上表现得尤为明显，但是，对基民盟/
基社盟来说，虽然程度要轻一些，相同的情况却也是存在的。

除此之外，与前十年诸如重新武装、融入西方和新东方政策
等话题不同，这一阶段出现在社会内部的各种争议已经不再与传
统的社会裂痕无涉了。结果，"物质主义者"和"后物质主义　99
者"、"新政治"与"旧政治"[95]之间的对立和冲突已经不再限
于社民党不同支持者阵营之间，相反，它已经深深触及久以确立
的政党忠诚，受到这种忠诚的约束，社会民主主义者曾一直将自
己定位成通过工会组织起来的雇员阶层的利益保卫者，其在政治
价值倾向上则表现为更重视社会平等和团结。

在这种情况下，人们发现，1980 年代人民政党的凝聚力日益
衰弱，而与此形成对照，作为德国政党体制中新行动人的绿党却
逐渐发展到了一定的规模，这其实是不足为奇的。选举研究学者
乌尔苏拉·法伊斯特（Ursula Feist）和克劳斯·利佩尔特（Klaus
Liepelt）的研究结果表明，过去的两个半政党体制已经向四党体
制转变，虽然当时的绿党基本上还属于一个有原教旨主义倾向的
反对党，但还是被这种新的四党体制吸收在内，两大人民政党现
在有了两个"卫星党"。1987 年的联邦选举也第一次显示出"两
大政党整合能力的不足"。[96]基民盟/基社盟和社民党的总得票率
也回到了 1957 年的比例（见图 3）。尽管在这次选举过程中，各
种传统政党联系组织（"其存在基础是代代相传的传统社会政策
冲突"）在四分之三的选民中争取到了稳定的选举行为，但是，
在一些大的大学城或者服务业中心城市，如慕尼黑、汉堡、法兰

克福，社民党却还是令人吃惊地丢失了大量选票。因此，法伊斯特和利佩尔特得出结论："绿党从学术界和技术专家中新的受教育阶层中获得了对自己各种活动的支持。"[97]

在德国政党体制发展长河的这个第四阶段，在新政党类型的形成过程中，绿党一直发挥着自己独特的作用。绿党崛起之后，政党研究界再一次以新的热情对这种新的政党进行类型化的归类。在对绿党组织结构和功能变化进行研究的过程中，在对该党整个发展过程的充分深入分析的过程中，人们看到了各种不同的类型定义建议。在 1980 年代初期，绿党首先被建议归类为当时在西欧广泛存在的"反体制政党新类型"这一政党家族。[98]费迪南德·米勒–隆美尔（Ferdinand Müller–Rommel）认为，该类型涵盖了那些新的社会运动中两个完全不同的政治力量源泉，其一是"解放运动"，它由民权分子、妇女运动和反教条主义的左翼政治力量组成；其二是"反抗运动"，它由保护生态与和平反战这两大运动组成。这两大政治力量共同推动着社会价值转向的"新政治"观。[99]

在对"绿色方案候选人团体"的内部组织生活的变化进行观察之后，博多·措伊纳（Bodo Zeuner）提出了一个有争议的论断，它认为绿党无论是从其精神还是运动目标上说，都在向"'政党'的形式"发展转变。[100]

它的理由是，政治运动与政党实际上是一枚硬币的两面。作为一个运动政党，绿党同时也是一个"反政党"政党：它在文化上是革命的，并且反资本主义，争夺政治权力只是该党的诸多政治目的之一。[101]

目前，人们对绿党的整体描述又向我们提供了另一种再次与过去不同的政党类型定义，与前一定义相比，它的出现晚了大约十年的时间，按照该定义，在学术讨论中基本上可以将绿党作为政党对待。[102]由于绿党本身是社会变迁的表现，因此，它可以"对政党形式进行必要的改变"，而对那些大党来说，所谓的改变"只是其旧体制的退化表现"，这一论断并非没有道理。在没有任何现实机会转变为成员政党的情况下，作为具有"能动的政党思想"的"职业框架政党"，绿党为政党发展提供了一幅新的模式，"而且绿党本身成为了实践这种新模式的先锋"。因此，作为一个"框架政党"，绿党恰恰使"松散的'政党'"组织形式成为了适合其发展的形式。绿党在组织上的松散性并没有对其造成多少问题，因为虽然这种松散性影响到了它的成员数量，但却使它"对各种社会运动的代表团体、公众组成部分和选民团体保持了相对更强的认知、社会整合和政治动员能力"。该党的这种"自我限制"恰恰是"主流观念的一种批判性基本观点在组织方式上的表现模式"。[103]

但是，我们在这里描绘的模型却与2012年绿党的实际情况相去甚远，因此远称不上一种符合现实的政党类型定义。现在的绿党，在其党内生活中，权力问题已经不再是需要小心翼翼处理的问题。目前，绿党在考虑是否加入执政联盟的问题时，其判断标准已经回归到一些务实的普遍政治标准上，例如客观政治收益（**政策目的**）、政治人事安排（**政治职位目的**）以及对联邦政治活动的一些战略性安排。对该党来说，曾经神圣不可侵犯的党内基层民主、领导职位轮换制以及受这些制度和原则决定的强制委托代表制（"命令性"）都已经是该党的历史了。从职业化的程度看，目前该党的政党机关和政党精英都已经与其他政党没有太大的差别。

当绿党最初进入德国的政党系统时，当人们试图描述该党的政党类型时，"运动政党"或许是最佳的概念。但是，随着历史的演进，绿党显然已经渐渐地摆脱了该类型的束缚。只有在非常

特殊的情况下，绿党才会重新扮演政治传送带的角色，将一些社
会运动的诉求直接传送到政党政治竞争的场景中。像针对高度争
议的铁路建设项目——斯图加特 21 号的抗议运动，这是一场引
起高度关注的公民社会抗议活动；再如，针对戈尔莱本的核废料
临时贮藏地有着象征意义的抗议运动，这也是绿党历史的部分延
续。在这些情况下，绿党的上述角色才被重新激活。[104]

但是，绿党在这些高度激化的社会抗议活动中回归其政治本
色的频率却是相当低的。相反，作为议会和政府工作的普通参与
者，绿党的自我定位已经发生了改变。它在政治活动中对各种活
跃的社会运动的诉求进行评判，然后决定这些诉求是否与自己的
政治委托人的利益存在关联，而不再是不加取舍地就将这些诉求
纳入到自己的政治主张中来，相反，要对这些诉求与公共利益的
关联性进行权衡判断。正是因为目前绿党在作出各种政治决定的
过程中也承认并受公共利益原则的约束，因此人们现在可以说，
绿党也成了德国政党国家中一位理性的政治行动人。

七、德国统一的大事件：1990 年以来的第五个发展阶段

德国的统一是对德国政党制度的发展带来深远影响的大事
件。它推动着德国政党制度的发展进入了第五阶段，并首先表现
为在 1990 年代促进东德地区建立了民主化的政治体制，德国政
党制度发展的这个最新阶段也是在前东德地区"孵化"民主的时
期。其实，早在 1989 年，这一转变的各种迹象就已经显现出来，
其中，有三个相互交叉且互相重合的作用因素值得注意：第一个
因素是当时东德地区以统一社会党领导的并有各个卫星党参与的
一党体制向民主政党体制的转变；第二个因素是在东德地区的政
党组成活动对整个德国政体制度造成的回馈性影响；第三个因素
是 1990 年以前发展轨迹的继续演进。这些因素对东德和西德地

区影响力的不同在历史发展过程中以不同方式逐渐失去了其差别。其中，前两个因素受到了两德统一的影响，但是第三个因素则没有受到此影响而保持了自己的连续性，并且在两德统一的过程中或是得到强化，或是受到削弱。

（一）与统一社会党一党体制的决裂及向民主政党制度的转变：公民运动、卫星党和新政党

1989～1990 年，东德地区的政治和经济制度变化也使东德的政党和政党制度发生了巨变。利用在制度变迁研究中经常被使用的一对概念来描述这一转变过程，我们首先看到的是一个过渡过程（Tansition），然后是作为发展阶段的转变过程（Transformation）。"过渡"意味着与过去的独裁体制的决裂式变革。在这一过程中，人们看到的是对当时还在掌权的政权独裁体制方方面面的"毁灭性打击"，[105]表现为组织内部的绝望情绪日益强烈、公信力的迅速下降和解体的节奏越来越快。

在民主德国最后的岁月里，新旧体制的转变过程从以下情况中清晰地反映出来：旧的政权已经完全失去了自己的各种道德信用；在民众自发组织的具有"创造性破坏力"的抗议行动中，旧政权中具有高度代表性色彩的机构首当其冲地成了抗议的针对对象，例如，国家安全部门的各种机关。统一社会党的领导地位和在意识形态上的垄断地位也开始崩溃，各卫星党开始与其保持一定的距离。那些与统一社会党没有联系的东德公民开始将自己与西德的政党体制建立虚拟的身份认同关系，这种认同关系虽然在东德的影响力有限，但是在各种媒体中却拥有长期存在的信任。[106]

向新时代的跳跃式发展代表着一个过渡阶段，其后的发展将进入一个转变阶段。在两个阶段之间，制度层面的大动作是中央机构的重组：在两德统一的全面推进过程中，各种制度和机构也经历了全面改革，而且，这些改革是立足于战后德国民主重建过

程中著名的五大支柱基础上的，它们是：联邦主义、依法行政、社区自治、"莱茵资本主义"和福利国家。其中，后两者是社会主义市场经济体制的政治标杆。西德政党制度在前民主德国地区的扩张适用、对前民主德国地区各种新旧政党的吸收（其中不包括统一社会党和民主社会主义党）代表着制度变迁的另一个维度。图4揭示出前民主德国地区制度变化的两阶段过程。

过渡	转变
·旧政权道德信用的崩溃 ·临时起意、自发的行动，有意识的违反规则行为 ·"创造性破坏"（例如，改变领导干部，解散秘密警察） ·统一社会党失去了统一党的领导地位和意识形态上的垄断地位 ·旧的国家机器应对机制的僵化和调整 ·"民族阵线"代表的政党制度的崩溃 ·东德人与西德政党制度的虚拟身份认同 ·制度上的过渡性解决方案（公民委员会，圆桌会议）	·不断引入并实施各种新的制度结构、标准和规则（得到保障的"制度转变"；基于社区自治的社会主义和联邦主义法治国家；社会主义市场经济；基于工团主义方式进行调控的劳资关系，有时不涉及对工资的决定。 ·新的法律秩序的实行展开以及部分已经进行的"恢复性立法" ·对新的政治决定的法制化（例如归还财产、对过去的债务人的救济） ·统一进程的"发展路径"得到确定（其中包括对"具有指导模型意义"的解决方案扩大化的不断重复适用）

图4　民主德国制度变迁的阶段模型

注：民主德国的制度变迁远非沿着一条不断上升的路径努力发展的过程。相反，两德统一的过程对其同时带来了促进和阻碍作用。

原民主德国地区政党制度的的改革过程也是一个"从非竞争性的霸权体制向民主多元体制转变的过程"，[107]这一过程在一年的时间内就完成了。它开始于1989年的秋季，结束于1990年两德统一后德国历史上第一次整个联邦选举开始之前，而且是以政党政治竞争活动的形式表现出来，并且完成了整个变迁过程的第一阶段。在描述政党制度的这些变化时，研究者通常利用四阶段模式，其中，前两个阶段在时间上与整个制度变迁的过渡阶段重

103

合。在第一阶段，公民运动导致了统一社会党权力垄断地位的崩溃，它的政治能量来自于各种反对派组织。1980年代，这些反动 104
派组织在教会的庇护下组织集合起来。1989年5月7日市镇选举中舞弊现象的抗议活动是其后由下至上推动的民主化进程的导火索，当时，这些反对派组织都走上了街头。不过，后来事态的发展表明，这些公民运动并非大众抗议活动的领导者，相反，"这些组织只不过是在看到东德人民开始走上街头，开始以一个政治行动人的身份决定东德政治发展的方向和节奏时，它们开始做出相应的应对性反应"。[108]

在1989年5月的选举之后自发组织起来的公众反对运动进入第二阶段时，各种外部事件也对其发展起到了推动作用。1989年的夏天，大量难民开始涌入西德在布拉格和布达佩斯的大使馆，这一事件最终促使放开了对使馆避难人员旅行签证的控制以及匈牙利与奥地利之间边界管理。在东德苟延残喘的日子里，一种新的政党制度也开始浮现出来。尼德迈尔·施托斯（Niedermayer Stöss）从第二个发展阶段中梳理出各种组织形成和发展的三个脉络：第一个脉络是各种反对运动开始分化为不同的组织和思潮，它们已经反映出在接下来的政党组建过程中会表现出来的对政党的接近与排斥态度；第二个脉络是新政党的成立，这些新政党与"1989之秋以前的事件并没有直接联系"；第三个脉络是各卫星党开始摆脱统一社会党对其的看护。[109]

在这个过程中，公民运动的分化在很早的阶段就开始了。1989年6月，"民主觉醒"（Demokratische Aufbruch）成立；9月9日，"新论坛"（Neue Forum）成立；10月7日，民主社会党（Sozialdemokratische Partei）发布了成立宣言；11月5日，绿党（Die Grüne Partei）成立；同月，"左翼联合"（die Vereinigte Linke）成立。11月底，统一社会党放弃了自己作为国家政党在制度形式上的领导地位；12 月 10 日，它将自己的名称改为统一社会党 – 民主社会主义党（1990 年 2 月起，它只称自己为民主社会主义党）。12 月 1 日，东德人民议院宣布废除《德意志民主共和国宪法》第 1 条，该条款规定了统一社会党的领导地位。一个星期以后，在柏林举行了中央圆桌会议，它由来自统一社会党和各卫星党以及 7 个反对派团体的各 15 名代表组成。[110]

　　民主觉醒、德意志论坛党（Deusche Forumpartei）和绿党都"选择了组建成政党的道路……至于'当即民主'（Demokratie Jetzt）、'和平与人权倡议'（Initiative Frieden und Menschenrechte）、'新论坛'和'左翼联合'则保持了自己的文化导向性而非权力导向性倾向"。[111] 1990 年 2 月初，"当即民主"与"新论坛"、"和平与人权倡议"的部分成员合并，组成了 90 联盟。有些公民运动的代表性组织则有意识地拒斥自己向政党形式的转变过程，因为在它们的眼中，任何"政党的领导权"都会带来强化官僚主义的倾向，并将政治权力集中在这些政党的手中。1990 年 2 月 22 日出版的《哈勒改革报》中，一位与"当即民主"运动关系密切的作者对这种对政党抱以警惕的保留态度进行了形象的描述：

　　　　"到目前为止，没有一个政党可以摆脱官僚僵化、腐败和滥用权力的命运。我也没有看到目前在民主德国出现的各种政党有可以摆脱这些命运的保证。……公民运动是对政党民主一个必要的纠正力量。公民运动的立足之处是个人与社会真实和时时刻刻都在进行的互动关系。公民运动应当维护自己的这种反意识形态色彩，而不能落入政党政治的窠臼与僵化模式。"[112]

　　1989 年 11 月 28 日，所谓的"各政党与群众组织民主联盟"

解散。不久之后，所有四个卫星党：基民盟、德国自由民主党、德国民族民主和德国农民民主党都退出了民族阵线。在民主德国存续的时代，这些卫星党的使命是在统一社会党霸权的阴影中，将各种市民和农民阶层从思想和组织上都吸收到当时的"现实社会主义制度"中来。尤其是德国农民民主党和德国民族民主党，都是在 1948 年由苏联占领军政府推动，为了实现这种吸收目标而建立的，其对象就是有着"民族感"的特定群体。

在统一社会党的党国体制中，所有的卫星党都承担着一个相同的政治使命：将"有小资产阶级民主性质"的人民群众纳入到"发达社会主义社会"的主流群体中来。[113] 为了避免加入统一社会党，许多民主德国公民成了这些卫星党的成员。卫星党也成功地利用这种夹缝壁龛功能实现了自己作为政党的政治价值。从这种体制安排的特性上说，这些卫星党拥有的剩余权力和对政权运作的辅助功能则是需要人们对其认真思考的，下面的引文对此进行了非常恰当的描述：

> "卫星党是被排除出政治决定的决策过程的。根据民主社会主义原则，所有的卫星党都承认统一社会党的领导地位。对统一社会党来说，这些卫星党不过是在保证其权力地位的同时，一些装扮其政权多元主义表象的因素罢了。作为一条'传送带'，这些卫星党可以使那些社会统一党在传统上无法接近的社会群体也可以被整合到社会主义社会中来，而且在执行统一社会党制定的政策的过程中起到重要的支持作用。只有在非常有限的空间里，这些卫星党才可以代表不同社会群体的利益，并将这些利益诉求传达进执政党的小圈子。这种统一社会党不容置疑的政策决定权和卫星党的传达义务间的政治任务分工，直到民主德国的最后岁月里都被维持着。"[114]

106

在东德政党体制发展的第三个阶段，卫星党开始转变，东德的各个反对派组织也开始向西德政党制度中各种优先代表其利益的政党靠近，东德政党制度的变迁相应地也进入了"转变"阶段。在1990年1月还存在的150个新成立的政党和政治团体中，[115] 如今开始启动了对政党阵营的重新划界过程，"以登上原有的联邦德国政党体制的快车"。[116]

当1989年12月7日，东德人民议院新的选举日期被确定在1990年5月6日时（后来实际的选举日期是5月18日），波恩共和的政党政治竞争活动的扩张展开过程也因此被加速。在1990年2月中旬新选举产生了自由民主政党委员会后，德国自由民主党、东德自由民主党和德国论坛党决定联合组建"自由民主主义者联盟"。德国民族民主党在3月底决定加入自民党。基民盟决定支持西德基民盟在东德的分支组织，并与其在东德的兄弟党、"民主觉醒"和德意志社会主义联盟组建了"为了德国联合会"。奉行社会民主主义宗旨的民主社会主义党在1990年年中的时候将自己更名为社会民主主义党。在东德的绿党、左翼联合和其他民权运动组织则暂时组成了具有过渡性的公民运动联盟。[117]

在东德政党制度形成的第三阶段，"联邦德国政党制度运作中存在的竞争因素已经开始发挥越来越明显的外部引导作用"。[118]西德政党制度在东德的这种影响力的存在，不仅是因为前者具有的组织能力、经验丰富的政党干部和它在两德统一前的数月时间里就为东德带来了各种民主红利，而且也得益于随着时间的推移，东德地区基本政治氛围的重大改变：1989年11月底，在东德民众中，对两德统一持支持与怀疑态度的观点都还具有一定的份量；到了1990年1月底、2月初的时候已经有80%的东德民众支持两德统一。在接下来的几个月时间里，支持统一的多数

107

意见更保持了稳定。[119]随着在整个联邦范围内第一次全国选举日期的临近，东德和西德的各政党决定在 1990 年夏天融合组建为整个德国范围内统一的政党。这就完成了东德受到两德统一影响的政党体制发展过程的第四阶段。图 5 描述了东德在制度变迁阶段中各政党的发展轨迹。

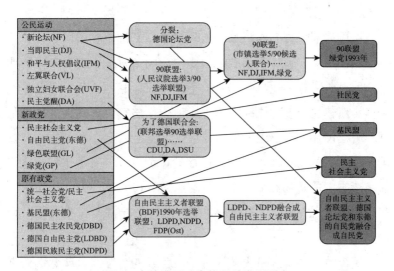

图5　东德地区政党体制的发展历史

资料来源：nach Holtmann, in: Jun/Haas/Niedermeyer (Hrsg.): Parteien und Parteien-systeme in den deutschen Ländern, Wiesbaden 2008.

注：* 1990 年 3 月 18 日的人民议院选举；**1990 年 5 月 6 日的市镇选举；***1990 年 12 月 2 日的联邦选举。

（二）民主社会主义党在东德政党制度形成过程中扮演的特 108
殊角色

在东德政党体制的变迁过程中，民主社会主义党（以下简称"民社党"）曾扮演过非常特殊的角色。在该变迁过程中，它最初以防御性的姿态代表着一个后共产主义的世界观政党，是一个代表东德的地区利益、反对两德统一进程及其各种制度后果的反体制政党。在失去了它曾经的独特政治地位后，直到

1990 年的 2 月，统一社会党－民主社会主义党在其政党名称标记中还在使用东德国家政党的党徽，这表现出该党无视 1989 年底以来该党已经实质性失去政治权力和政治意义的情况。该党的成员数量也不断下降，在 1989 年秋天时有 230 万人，到了 1990 年初为 140 万人，该年上半年时为 35 万人，到了年底就只有 28.4 万人了。[120]

在成员不断流失的同时，该党的组织基础也在不断萎缩，这一情况在那些受到经济制度结构变化影响的企业中表现得尤为明显。而且，所有其他政党都明确拒绝与民社党结成政治联盟。在对自身新建立的政党体制中的边缘地位作出符合现实情况的分析判断后，民社党将自己未来的政治立足点定位于"强大"且"立足于社会"的反对派。当时，民社党在萨克森·安哈尔特州人民议院选举中的首席候选人罗兰·克劳斯（Roland Claus）在选举前自嘲地说："到目前为止，我们是唯一不排除与民社党结成政治联盟的政党。"[121]

到 1990 年 10 月州选举的时候，曾经的东德国家政党的解散命运已经明显无法避免了。但是三年之后，该党却又迎来了缓慢的复元过程。民社党在东德社会主义政党的旗帜下可以东山再起，这要归功于各种社会主义政治文化甚至社会文化本性的影响。在东德已经成为历史以后，1945～1989 年在东德成长发展的"充满官僚主义色彩并具有新的社会等级内涵的等级社会"却作为东德历史的遗产在很大程度上被保留下来。政党研究学者奥斯卡·尼德迈尔（Oskar Niedermayer）对两德统一的十年后发展情况的分析表明，统一社会党在党组织内部、经济部门和行政部门曾经的领导干部，现在成了民社党的中坚选民。另一个值得注意的现象是该党的支持者对该党的强烈身份认同感。例如，在 1994 年的萨克森·安哈尔特州的州议会选举中，该党支持者的身份认同度高达 3.3（0 表示完全没有联系，5 表示联系相当紧密），同其他政党相比，这种认同度是相当有特色的（例如，90 联盟/绿党为 2.8，社民党为 2.5，基民盟为 2.5，自民党为 2.1）。[122]

　　对许多深受过去社会主义体制影响、在"两德统一过程中精神上的失意者"（法尔特/克莱茵语，Falter/Klein）来说，制度的变化就是对其职业生活的打击，他们相应地也成为了民社党的支持者。在这些支持者之外，民社党又想方设法在各种反体制的选民中扩大自己的支持者群体，这些选民依然认为自己是过去的东德人，并且认为当时的社会和经济改革并没有带来什么积极效果。从中，尼德迈尔发现了存在于德国社会内部的一种新的主流与边缘的冲突，而民社党就是该冲突的职业政党政治代理人："在面对各种经济问题和社会断裂现象时，从希望落空的失落，对现实悲观的看法，觉得自身受到了不公对待、被排挤和被殖民的感受，对东德时代怀旧般的描述叙说，对西德民主体制的有限接受以及最终是对各政党甚至国家的不信任中，部分东德地区的公民形成了自己的观念模式，这种观念模式与社会主义思想的各种标准和价值观有着高度的身份认同感，并且完全支持社会主义思想的核心观念。"这些反西德并且具有高度社会主义意识形态色彩的观念模式，在"那些从主观上认为自己是两德统一失败者选民的身上表现得最为明显，并且在选举中造就了一个真正的来自东德的社会主义政党。"[123]

　　实际上，时至今日民社党在一些人口密度高的大城市依然拥有稳定的具有选举意义的选民基础，该选民基础已经具有了莱普修斯所定义的社会基础中的特定社群联系作用的各种属性。这种空间上的选票来源分布和成员组成表现出的是社会文化上的认同感。在这种认同感中，除了上文所称的对党的身份认同感之外，还有宗教观上的认同感（民社党的选民在过去和现在都基本上没

109

有任何宗教背景），以及民社党的支持者对民社党扮演的反对党角色的满意。[124]

（三）东德对整个德国政党制度的影响

在目前，整个德国的政党制度中有多少东德的遗产被保留了下来？这种继承与接受现象中最明显的一个标志是：作为一个有着世界观基础并且将自己的重心置于某个地区的社会主义政党，民社党还是继续存在着，它甚至在 2007 年后以新的名称"左翼党"登上了德国政党政治的新舞台。在民社党存续与发展的过程中，政党研究最开始对它能否生存下来是抱有怀疑态度的。例如，1990 年代初期，人们对于过去的具有旧社会主义意识形态色彩的特定社群能否继续存在并成为一个稳定的选民基础是不确定的，该社群在政治转型之后就立即被民社党加以利用。[125]人们更倾向于认为，民社党在德国的政党制度中的地位不过是"只会在短期内拥有议会议席的边缘政党"。[126]

此外，西德对东德政党体制"领地的接收"看上去在很早的阶段就完成了。实际上，正是因为西德各伙伴政党吸收东德各种新旧政党的事实，使得原来的联邦德国的政党体制无论从组织上还是从政治纲领上说，都因此染上了一些东德的习气。社民党和绿党在东德的分支，相对于它们在西德的分支来说，无论从成员数量还是基层组织活跃度来说，自一开始都处于远远落后的地位。后来，这种在组织规模上的弱点也一直没有得到改变，结果对于它们的母党来说只不过是母党在东德的飞地罢了。不过，对基民盟和自民党在东德各州的分支来说，它们与前东德卫星党在组织上的融合曾为这两党带来了成员数量的可观上升（见表1）。例如，自民党在两德统一之年其成员数量上升到 17.8 万人，几乎增加了三倍。

表 1　东德卫星党的成员数量

单位：人

时间 党派	1970 年	1977 年	1985 年	1989 年 9 月	1990 年 3 月
基民盟	95 000	115 000	131 000	141 000	134 000
德国农民民主党	84 000	91 000	110 000	125 000	99 000
德国自由民主党	68 000	75 000	92 000	113 000	110 000
德国民族民主党	81 000	85 000	98 000	112 000	约 50 000
总计	328 000	366 000	431 000	491 000	约 393 000

资料来源：Dietrich Staritz/Siegfried Suckut, "Strukturwandel des DDR – Parteiensystems", in Oskar Niedermayer/Richard Stöss (Hrsg.), Stand und Perspektiven der Parteienforschung in Deutschland, Opladen, S. 211 ~ 229.

　　但是没几年，这些政党又失去了这些新增加的成员。例如，在萨克森·安哈尔特，自民党的成员数量从 1990 年的约 2.38 万人又重新下降到 1992 年的 0.84 万人。[127] 到了 1990 年代中期，自民党的成员数量又回到了它在过去整个联邦范围内的成员数量，即 6.5 万人。[128] 在统一过程中，那些资产阶级政党同样也在成员数量上经历了一个明显的东西部流动再平衡的过程。原民主德国各卫星党遗留的领导干部被基民盟和自民党悄无声息地吸纳。"原来支持统一社会党领导地位的基督教和自由主义民主主义者成功渡过了政治转折期。凭借新的领导者、依然具有行动能力的政党机器以及只进行了部分调整的党工团体，在被各自的西德兄弟党吸收的同时，这些东德政党在两德正式统一以前就已经成为它们的西德兄弟党在东德的分支组织。"[129]

　　东德的大部分民众在两德统一以前就已经借助各种各样的西德媒体形成了许多政治观点，但是，这种先入为主的政治观点并没使他们的选举行为模式有什么明显的独特之处。1990 年成立的耶拿社会科学学者组织在当年将自己的定位调整为与"政党保持

111

密切关系"，但"直到'1989 之秋'以后，该组织才形成了真正的政治规模并且开始影响选民的选举决定"。[130]实际上，东德选民的选举行为只在非常短暂的时间里出现偏离传统模式的情况，例如，在 1990 年的州选举中，基民盟在下层劳动者中获得的支持率要高于社民党。但是，最晚在 1994 年的时候，东德选民的选举行为已经回归到早已被联邦德国选民确认的传统模式上：绝大多数与各种教会有着密切联系的天主教和新教教徒都倾向支持联盟党，自主就业者更多地将选票投给基民盟和自民党，而社民党在雇员阶层中相对来说具有更强的群众基础。[131]

如果不将民社党考虑在内的话，那么人们在考察东德各州政党吸收成员的情况时，至少在一开始并没有发现什么"具有历史意义的、新的吸收成员的模式"，相反，这些东德各州的政党更多地只是模仿其西德兄弟党的各种行为模式。从其成员的社会构成情况看，东德各州的政党并没有表现出自己的独特之处。[132]对各地区特殊情况的个案实证分析同样证实了"两德地区"之间的这种相互类似性。一项有代表性的对党员的调查研究表明，虽然在 1994 年 5 月，萨克森州各党的党员构成情况"与西德各党有着显著的差别"，但是，两者在结构上的相似程度却越来越大。而且，这些萨克森州政党与其他社会组织的"关系网络"也与老联盟各州政党的情况表现出很大的相似性。[133]

因此，如果有人说，在统一的十年之后，从政党研究者的视角看，整个德国政党制度的变化只不过是西德制度的巩固过程，这并不是一个会令人惊讶的结论。"制度的变化非常有限，制度的转变实际上并未发生。"[134]从尼德迈尔的观点出发，在这个时间段中人们看到的是一个"流动的政治制度"，其中有五个具有区别作用的特征："①依然程度有限的碎片化和极化情况；②随着有利联盟党的社群构成不规则化程度越来越小而产生的两大政党的公开竞争；③由于三个小党在当时的政党制度中还无法找到自己清晰和稳定的定位，三个小党之间的公开竞争情况；④由于绿党和自民党在东德，民社党在西德只是一些边缘小党，这就带来了东/西德之间的不一致；⑤随着各政党，尤其是绿党和民社党基本上被吸收到体制中来，曾经严重碎片化的政党体制恢复了一定程度的统一性。"[135] 112

图6说明了从1990年统一之年开始一直持续到今天的德国政党制度发展的第五阶段。

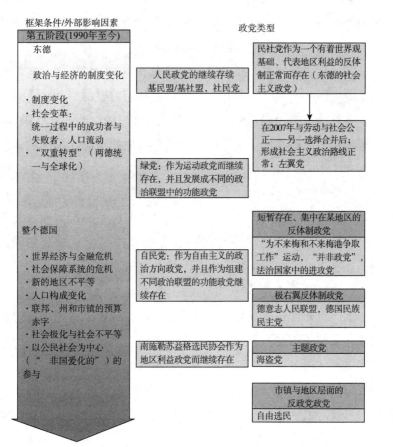

图6　德国政党制度的发展阶段与类型变化 II 114

（四）接近与个性：当今德国政党国家下的原民主德国地区

十年之后，在即将进入 21 世纪的时候，德国整个政党国家制度在原民主德国地区的实践无论是从其地区特色还是其与整体制度接近的趋势上说，都表现得更加明显。造成这种现象的原因有三：首先，各种外部框架条件对政党政治中各种行动人的行动方式发挥出更强的影响力；其次，民主德国政党制度在历史上的特点开始越来越多地显现出其对现实的影响，人们通常用民主德国政党政治的"殖民化"来贴切地描述这种现象；最后，这两种实证研究因素的出现也带来了研究分析中的进展，政党研究中的各种区分标准也相应地得到了极大改善。

东德社会制度方方面面的变革带来了许多危机效应，在影响东德政党制度发展的各外部因素中，这是最重要的一种：受到两德统一直接影响的经济和社会变革同人口构成上的变化相叠加，甚至强化了这种变化，这种相互影响与叠加的情况在不同的地区或许有所不同，但是从整个东德地区来看是普遍存在的。造成这种人口构成变化的原因是东德居民数量的萎缩、老龄化以及人口的不断迁出。这些内生的要求作出调整甚至改革的压力在相互作用，它们还进一步受到世界经济和金融秩序变化甚至危机的影响，并在这种影响下不断调整自己的形式和要求。

对东德的各政党而言，这些不利的框架条件对其造成的困境要远远大于西德各政党面临的麻烦。与活动在联邦德国的各政党相比，东德政党在为其基层和州分支机构吸引新积极党员时面对的困难要大得多。疏远政治的态度已经成为东德地区的特色，它表现为民众在政治上的无力感，对政党和政党国家机构的不信任，对政府活动的满意度非常有限以及在联邦和州的选举中选民的投票率都非常低。[136]

如果选民的投票率不断下降，那么其将是民主政体正面临危

114

机的信号，它已经成为人们公认的看法。[137] Infratest Dimap 在 2009 年联邦选举前的一次民意调查显示，对政治的冷漠以及认为自己的诉求无法得到任何政党表述的观点，在选民作出拒绝投票的决定时起到了决定性的作用。[138]

1990 年以来，原民主德国地区在整个德国政党体制中的独特性已经日渐影响到选民的选举行为，其深远影响之一是造成了政党体制的进一步碎片化，有时甚至会造成政党内部的代际冲突。 115 两德统一以来，东德选民对政党的身份认同感一直要低于西德选民 10～15 个百分点（见图 7）。因为除去民社党，其他东德政党在东德历史上并没有什么传统社群基础。因此，在两德统一之后的两德选举中，东德地区选民的投票行为表现出相当大的流动

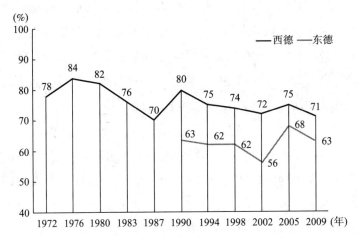

**图 7　1972～2009 年各联邦选举年中选民对各政党
身份认同程度的百分比**

问卷内容（示例，在个别案例的研究情况下会有所不同）："在联邦德国，许多人在比较长的时间里都倾向于支持某一政党，虽然有时他们也会选择其他政党。那么您的情况是怎样的呢？从整体上说，您是否也倾向于支持某一政党？"调查结果：被问卷调查人中倾向支持某政党的人数的比例。

资料来源：Oscar W. Gabriel/Frity Plasser（Hrsg.），Deutschland，Österreich und die Schweiz im neuen Europa. Bürger und Politik，Baden - Baden 2010.

性，换句话说，这些选民很快就改变了自己对不同政党的偏爱。而且在最近几次的选举中，这种流动性已经被稳定下来，甚至有进一步增强的趋势。

1998 年的联邦选举导致了从科尔到施罗德的权力更替，对这次选举的研究也表明，"东德地区，就像从 1990 年以来一直的发展趋势一样，开始对选举结果发挥实质性影响"。[139] 在 2002 年的联邦选举中，东德选民的多变选举行为发挥了类似的决定性作用："当时在西德地区已经形成了一个支持资产阶级政党的多数，只不过因为东德地区的选举结果才使得红绿联盟可以继续执政。"[140] 在 2005 年的联邦选举中，东德选民再一次对整体选举结果发挥了决定性作用，只不过这一次它带来的是红绿联盟向基民盟/基社盟与自民党政治联盟的权力更替：虽然基民盟在西德地区失去了 2.9 个百分点的支持度，但是在东德它的支持率却上升了 4.5%。与此形成对比，社民党在新的联邦各州支持率的下降程度甚至要高于其在旧州的下降程度，并且第一次成为在东德地区联邦选举活动中排名第三位的政治力量。[141]

此外，自 1990 年代以来，德国政党制度在州层面上的碎片化程度也在不断地提高。在这种碎片化程度不断提高的过程中，在德国的两个地区却是由不同的政党类型在推波助澜。在西德地区，共和主义者曾经两次进入巴登·符腾堡州的州议会（分别为 1992 年与 1996 年）。在巴伐利亚州，自由选民也曾经在 2008 年获得了仅有的一次成功；在东德地区，极右翼政党已经进入了五个非城市州中的四个州的州议会，例如德意志人民联盟在 1998 年进入了萨克森·安哈尔特州的州议会，在 1999 年和 2004 年两次进入了勃兰登堡州的州议会，德国民族民主党在 2004 年和 2009 年两次进入了萨克森州的州议会，在 2006 年和 2011 年两次进入了梅克伦堡·前波莫瑞州的州议会。

随着极右翼政党出现在州议会中，州政党制度的极化程度也明显增强。对民主政体实际运作情况和政治活动实际表现的不满、认为自己受到了不利对待的感受，这些情绪在东德地区远比在西德地区强烈。这些情绪相应地助长了一种政治失望，这种失望或是通过越来越低的投票率表现出来，或是转化成一种政治抗议行为，即通过"惩罚式的选举"推动反体制政党的发展。[142]在 1998 年萨克森·安哈尔特州的州选举中，德意志人民联盟的选民中有三分之二的人可以被归为反体制选民。[143]在 2009 年萨克森州的选举中，支持德国民族民主党的人绝大部分都属于"社会发展过程中的失败者"。[144]各种政治不满情绪或是带来了对极端政党的支持，或是抑制了选民对选举活动的参与积极性。但是，在政治不满情绪发挥不同作用的过程中，各种"主导性因素"究竟会发挥怎样的决定性作用，在这一问题上人们到目前为止都还没有找到确定性的答案。[145]

不同政党在东德与西德的党员数量也表现出了差异。2008年，基民盟、社民党、自民党和绿党在东德分支的党员数量分别大约占到了各党总成员数量的八分之一、二十三分之一、八分之一和十四分之一。这相应地反映出各政党在东德地区吸收新成员能力的有限性，即东德人口在整个德国人口中所占的比例要远远高于各政党在当地的成员数量与各政党总成员数量的比例。[146]

虽然从党员数量上看，两德之间长期存在的不平衡现象已经成为德国政党制度中一个独特的现象，但是，在考察各党的内部组织，尤其是分析不同代际成员的政治立场与成员构成的社会结构时人们可以发现，德国各政党在两个地区的差别正在日渐缩小。1998 年 5 月，一项对萨克森·安哈尔特州有代表性的研究表明，当时像基民盟、自民党和民社党这样的老党在当地的党员中，还有 80% 的成员是 1989 年以前加入该党的老党员（基民盟

61.4%，自民党 77.8%，民社党 91.8%）。[147] 至于新成立的两党，社民党和绿党，在其成员中，1991 年以后加入该党的新成员已经占到了 63.5%，如人们预期的已经超过了两党在 1990 年成立时加入该党的成员比例（36.5%），从而占据了党内多数。目前，基民盟、社民党和左翼党在东德的分支组织中，在东德时代就加入这些政党的成员应该已经成了党内少数。

党内不同年龄段成员间的差别是另一个值得人们认真研究的问题。例如，在加入政党的动机方面，党的新旧成员之间的差别也非常明显：新的成员会更多地提出一些"政治手段"般的动机，即这些新成员愿意在政治上表现得活跃，或努力获得一个议会席位。最新政党研究表明，这种"选择性的、着眼于过程的"加入政党的动机，从整个联邦范围来看，在年轻一代的党员身上表现得更为明显。[148] 这些继承一代对自己所在的政党也常常表现出批判性的态度，即表现出一定的反抗性。[149] 对萨克森·安哈尔特州的研究表明："新进党员的所作所为并不会受到该党本质类型的约束，相反，各新党成立时的成员或者各老党党员的政治行为与该党的本质类型要求会表现出更多的相似性。"[150]

为方便研究而产生的"政党代际"这一概念暗含着另一个问题：当过去的卫星党在保持了自己最表面的形象但是已经从本质上经历了民主蜕变之后，如何对这些政党的老党员依然存在于这些政党内部，并仍旧发挥影响力的情况进行政治道德评价？无疑，当东德的政治变革到来之后，在基民盟和自民党内部，"东德的老党员"和"新来者"之间存在着激烈的冲突。对这两个政党来说，"出于选举策略的考虑，它们很快就做出决定接收从政党功能上看还在发挥作用的各卫星党的政党组织结构，但是这样做的后果是将各种人事与组织遗产也接收了下来。这就导致了各党在东德分支存在着老党领导与新的改革者之间的冲突。"[151] 这种党内的紧张关系是否因为"西德雄心勃勃的新的党领导干部的到来而激化",[152] 对于该问题，研究者还没有给出定论。至少对于萨克森·安哈尔特州各党的领导层来说，"从西向东的精英输送过程并没有发生过"。[153] 不过，人们至少可以说，因为各政党内部代际冲突的根源在于东德过去的人事安排，这些冲突的最终弱化和消失只不过是一个时间问题。

两德政党制度究竟是在互相靠近还是相互疏远，仅仅依靠目前对整体态势的局部研究并不能找到清楚的答案，甚至借助于像选民投票行为这样的硬性指标也做不到。选举研究学者卡斯帕（Kaspar）和法尔特在研究 2005 年联邦选举时，对选民参与选举和挑选政党的各种数据进行分析后总结说："两德的情况正在走向逐步的同一化。"不过与此同时，"至少对目前来说，两德统一以来的各种差异依然存在"。[154]

（五）在东西领地上的政党制度中的社会政策冲突

在分析今天的整体情况时人们看到：德国的政党制度在 1990 年以后并不是在两个完全不同的地区分化发展。当德国统一的历史已经进入第三个十年时，政党在整个德国的形象已经表现出互相类似的基本模式。不过，这种互相类似的基本模式在整个国家的东部与西部地区还是以不同的"雕像"展现出来。原民主德国地区的政党制度作为整个德国政党制度的组成部分，其与整个制度在程度上的不同依然清晰存在。这些程度上的不同显然一方面与人民政党的活动范围和规模有关；另一方面又上升到了价值观导向的层面，从而带来了社会政策上的冲突（见图 8）。 118

因为民社党及其继承者左翼党一直强调自己是东德政党竞争活动中的三大党之一，如果人们承认在东德的政党竞争活动中也存在着人民政党因素，那么人们可以不把自己的考察视野限制在基民盟和社民党身上。哈勒大学曾经对基民盟、民社党和社民党

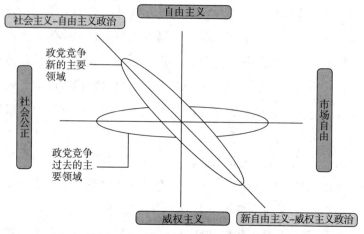

图8　德国政党制度的政治冲突结构

资料来源：Oscar W. Gabriel/Oskar Niedermayer/Richard Stöss（Hrsg.），Parteiende-mokratie in Deutschland, Bonn 2001[2].

进行过地区层面的实证比较研究，在进行理想化的类型分析之后，研究者得出结论："所有三个被研究的萨克森·安哈尔特州的政党都在发展为人民政党的类型。"[155]因此，认为东德的政党在形式上是排斥人民政党外观的观点是站不住脚的。不过，这三个被研究的政党都在向人民政党这个"纯粹"类型转化，其方式则各不相同。根据各种判断因素来考察民社党在当地的分支：政治纲领、组织、结构、在社会生活中的定位和政治参与过程。初看起来人们也许会有些惊讶地发现，它与人民政党这一理想类型有着相对来说最大的差异。这首先是因为当时的民社党显然是一个世界观政党（而不是远离意识形态的"普世政党"），而且在它联系紧密的各种社会网络之外，就几乎不存在与其他任何社会伙伴的合作交流形式了。[156]

面对这种价值观导向上的差异，罗纳德·英格勒哈特（Ronald Inglehart）发展出了一套对政党政治价值观进行定位的指数体系，它围绕着一条以物质主义和后物质主义为端点的轴线展开。

但是，1980 年代兴起的各种右翼极端主义政党和右翼民粹主义政党代表的世界观则无法在英格勒哈特的评价体系中得到说明。考虑到这种不足，来自柏林的政党研究学者格罗·诺伊格鲍尔（Gero Neugebauer）和里夏德·施托斯（Richard Stöss）进一步将德国的政党制度发展为具有四极的政策冲突模型。在对赫伯特·基奇尔特（Herbert Hitschelt）早期的模型草案进行调整后，诺伊格鲍尔和施托斯认为："政党竞争的主轴"是在"一个具有相当社会主义和自由主义导向色彩"和一个"具有相当新自由主义和威权主义导向色彩的"两个端点间形成的（见图 8）。

　　沿着这条主轴就可以对不同政党选民的政治价值观进行相应的排布。"社会主义"代表着社会公正，"自由主义"代表着市场经济，"自发性"代表着个人自治和自发性，"威权主义"代表着一种等级森严或者说父权主义的基本政治思想。在社会主义—自由主义这一端点附近存在着绿党，而 1994 年活跃在新自由主义—威权主义一端的则是自由主义者。其他政党则位于两者之间，社民党靠近社会主义—自由主义一端，联盟党更靠近新自由主义—威权主义一端。[157] 在对各政党成员进行问卷调查后，诺伊格鲍尔和施托斯将不同的政党排布在一个根据不同的政策冲突而形成的立场矩阵中。[158] 2003 年更新的研究结果表明，不同政党在该阵列中所处的位置只发生了微小的变化，这再一次证明，个别政党的政治价值立场保持了相对稳定（见图 9 和图 10）。

　　对东德与西德的不同情况进行考察，人们将发现，在 1990 年代中期德国政党政治的舞台上，民社党扮演着一个非常独特的角色。此外，在对东西德的情况进行比较分析时人们也会看到，两德地区的政策冲突情况是大致相同的。按照诺伊格鲍尔和施托斯的观点，真正的差别"存在于主要的政策冲突情况"中。简单来说，西德各政党的支持者表现出更强的自由主义—市场经济主义色

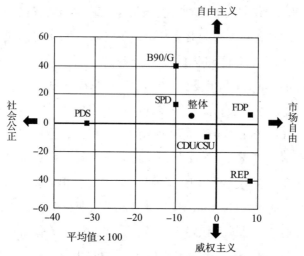

**图9 根据各党支持者价值观倾向确定的各党在
政策冲突中所处的位置（1994 年的情况）**

资料来源：Gero Neugebauer/Richard Stöss，Die PDS. Geschichte. Organisation. Wähle-r. Konkurrenten，Opladen 1996．

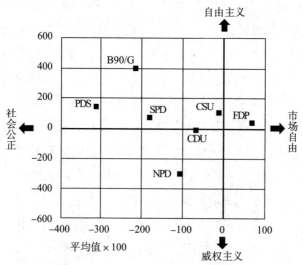

**图10 根据各党支持者价值观倾向确定的各党在
政策冲突中所处的位置（2003 年的情况）**

资料来源：Gero Neugebauer，Politisches Milieus in Deutschland，Bonn 2007．

132

彩，而东德各政党的追随者则更倾向于威权主义—社会主义的政治
价值观（见图11）。^[159]这就表明，东西德的对立至少"从最重要
意义上看并非政党之间的竞争，而是政党内部权力关系的反映"。
德国各个政党在其东部地区的分支都有一个相当传统的派系，其在
西部地区的分支中则存在一个现代化、相当开放的派系。"因此，
东西德的冲突只不过是德国政党制度中的一种次要冲突。"^[160] 120

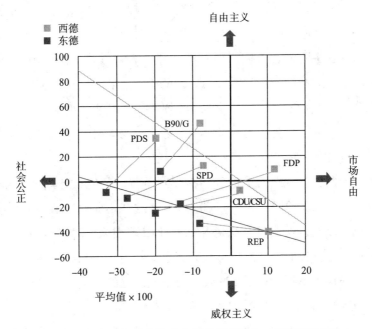

图11　1994 年不同政党支持者的价值观导向（东西德比较）

资料来源：Gero Neugebauer/Richard Stöss，Die PDS. Geschichte. Organisation. Wäh-
ler. Konkurrenten，Opladen 1996.

　　从这一视角出发，我们就可以对民社党在很长的时间里在西
德地区扩张有限的情况进行一个客观判断。不过，作为一个地区
政党，民社党不需要像它的政治竞争对手一样为党内各种价值观
导向之间的冲突大伤脑筋。在各新联邦州，民社党可以更惬意地

和其他政党一起炒作"东西对立"这一政治话题。作为唯一一个土生土长的东德政党，民社党可以代表一种"反抗西德的政治立场，在这种立场的背后则是对东德岁月的'些许怀旧情绪'：不是所有的东西都是坏的，不是所有的东西都是错的"。[161]

根据诺伊格鲍尔和施托斯的看法，民社党反西德的立场也可以解释"为什么该党在西德地区的扩张失败并且还将继续失败"。[162]不过，两位学者作出该判断的时间点自然是在1990年代中期，在2007年民社党与"劳动与社会公正——另一选择"合并组建左翼党后，人们需要对该观点的有效性作进一步的分析。在2009年的联邦选举中，新成立的左翼党第一次在旧的联邦州中跨过了5%的门槛，从而"已经具备了'全德'色彩"。[163]实际上，在此前西德各州的选举中，除去巴伐利亚，左翼党已经进入了其他各州的州议会。

因此，该党在西德地区的扩张到了很晚的时候才蹒跚起步。这一点也通过2009年的联邦选举中该党在不同地区的得票分布情况，以及该党成员组织情况的变化表现出来。2009年9月27日，左翼党在旧的联邦州总共获得了286万张选票，在新的联邦州则获得了不到230万张选票。当年，该党的党员（不考虑柏林的情况）有七分之三的人来自西德。[164]

不过，这种变化同时也意味着作为过去的民社党的继承人和东德的社会主义政党，左翼党并不能那么简单地就可以对自己的各种特征进行调整甚至改变。在"左翼党"这一新标签之下，左翼党很有可能正在想方设法地强化其作为具有一定政治理念的左翼政党的形象，并且，该党也的确适合将产生于东德的、对西德的怨恨情绪与来自西德的、对资本主义持批判态度的极左翼思想，在一个具有意识形态色彩的共同政治路线中统一起来。与此同时，当一些西德的中产阶层看到自己面临着社会地位下降的危险时，左翼党同样也不拒绝从这些民众中不断吸收新的选票。[165]
统一过程造就的成功者与失败者以及从两者对立中产生的社会政
策冲突已经不再局限于东德地区，相反，它已经扩张到了西德地
区；在西德，它进一步从现代化进程中的成功与失败者之间的对
立中找到了自己的新地盘。随着这一扩张进程的演进，左翼党发
现了将自己转变为全德政党的良机，将自己定位成在社会生活中
受到不利对待的民众的代言人，现在它甚至在西德的社会结构中
也找到了自己的立足点。

　　此外，在民社党和"另一选择"合并后，新成立的左翼党的
领导层面对着政党内部的整合工作，而且当时的左翼党内部各种
冲突的强度与深度是远远超过其他政党的。当该党在西德的分支
得到强化后，政党内部的各种相互交叉重叠的政策冲突也显现出
来：首先是主张走执政路线的左翼分子与激进社会主义者之间围
绕东西冲突的意识形态之争；其次是西德地区的激进社会主义者
与工会社会主义者之间同样具有世界观色彩的政策之争；最后是
各种受制于特定政治话题和利益的东西德政策之争，它表现为从
整个德国视角出发思考政治问题的社会主义政治家与代表东德社
群和地区利益的地方领导人之间的冲突。这种存在于该党内部的
错综复杂的政策之争即使在最近也不断在领导层层面上公开爆发
出来。至于普通党员或该党的普通支持者对这些相互对立的政治
思想是如何评价的，目前为止尚无清楚的解释。

　　不过，政党研究学者里夏德·施托斯在 2000 年得出结论：
民社党"代表着一股有助于德国政党体制稳定并提高其活动能力
的政治力量，因为它使得东德的经济、政治和文化精英——不仅
仅是从思想上，更是从组织上——被吸收到整个联邦德国的国家 124
秩序中来"，[166] 它的这种贡献作用不仅存在于两德统一十年之
后，更继续存在于其转变为左翼党之后。而且，整个德国政党制

度对该左翼政党的吸收过程，就其对整个制度的改变来说并没有什么方式上的实质不同。民社党对东德问题的独特立场和其扮演的特殊角色最终促进了德国政党制度发展的连续性。

（六）人民政党的衰弱：政党国家病入膏肓的症状？

德国整个政党制度的发展在 1990 年代以后依然延续着其长期的整体发展态势，这一过程并没有受到东德的特殊影响，它的一些重要特征在 1980 年代的许多文献著作中就已经可以被找到。两德统一之后，东德地区的发展变化自然也汇入了这股变革的大潮之中。绝大多数的政党研究活动都在着重指出人民政党作为一种制度和一种政党类型正面临的危机迹象。

在那些对政党持批评态度的左翼人士看来，1970 年代，大党的政治"联系能力"已经开始下降。[167] 1980 年代末期，阿尔夫·明策尔指出了当时的各大党在其组织功能上面临的各种问题。这些问题包括整合能力的弱化和解决冲突时有限的应对能力，这揭示出政党正遭遇合法性赤字——无力招募新的党员也无法推出新的领导者，最终表现为组织上的缺陷和对活动资金更大的需求。[168] 人民政党体制的其他不足也在这段时期不断显现，只不过在不同的时期以不同的形式表现出来："其中包括：整合能力的弱化、无政治远见、创新能力不足、缺乏变通方案、国家化、失去控制、面对苛刻的要求、活动能力下降、背离党内民主的要求以及代表性不足。"[169]

埃尔马·维森达尔（Elmar Wiesendahl）曾经有一个非常精准的论断，他指出了各大党在 1990 年代初面对的困境："因为选举、组织动员和社会整合能力的弱化"，这些政党正面临着严峻的考验，"而这些弱化现象是由具有很强政治情绪色彩的信任危机造成的"。该危机表现为党员数量的下降，中坚选民的比例由 1980 年的 60% 下降到 1990 年的 44%，对政党的信任度也在快速下降。[170]

　　实际上，各大党的衰弱并不是直到那时才表现得非常明显，相反，这种衰弱只不过是从当时开始加速发展。各党的党员数量持续下降，其中，社民党的党员流失情况最严重。社民党在1990～2010年共失去了43.8万名成员，这几乎是其成员数量的一半（47.2%）。基民盟的党员流失情况虽然没有这么严重，但也有超过28万人（36.5%）离开了该党。其他小党到2009年的成员流失情况则是：基社盟14.5%，自民党57.1%，左翼党72.%。唯有绿党的成员数量增长了16.6%。[171]

　　在1976年以来的各次联邦议会选举中，选民对人民政党信任度不断下降的情况一再反映出来。2005年以来，该信任危机进一步表现为基民盟/基社盟和社民党总得票率的明显下滑。2009年，该总得票率下滑到了自德意志联邦共和国成立以来的最低点（见图3）。相同的情况也发生在各州的选举中：以勃兰登堡州和萨克森·安哈尔特州为例，在2005～2009年间的各次州选举中，选民对两大政党总支持率的下降达到了两位数的百分比。[172]

　　从整个联邦范围来看，自1972年以来，选民的投票率也一直处于下降趋势，仅仅在两德统一后出现过短暂的上升，但是在2002年以后又重新处于下降中（见图3）。市镇选举的投票率同样也表现出一个一直持续到21世纪头十年的不断下降的趋势。在对选举活动厌倦情绪的背后是对政治活动的厌烦感，其最直接的后果同样是造成了各人民政党的衰落。

　　前文已经论及选民对政党的认同，对政党、政党国家的各种组织和制度以及对政府工作能力信任度不断下降的情况。疏远、不信任和形象的不断受损已经成为描述联邦公民与各政党和政党政客关系时的代名词，这是因为受到这些消极因素的影响，公民对政客与公民的亲近程度（"回应性"）的否定性评价以及民主政体发挥其功能的实际情况（略微）不断上升的不满情绪成为了一种普遍现象。这种对政党政治整体表现方方面面的批判态度在东德要比在西德更为强烈。

该趋势是可被纠正的还是不可逆的呢？该问题的答案从本质上说取决于造成人民政党衰弱的原因。针对该问题，埃尔马·维森达尔在大约 20 年前就提出，造成人民政党衰弱的因素其实并不存在于政党活动领域本身，相反，"它们受到了某种基础结构的影响"，这些影响"（从人民政党'产生之日'起）就决定了人民政党的形式并始终伴随其左右"。[173] 在考察各政党植根于不同社群的传统成员的来源正面临枯竭的现象时，人们应当意识到这是政党政治在产生之日起就带有的各种特征的必然后果。基民盟/基社盟和社民党中坚选民群体的不断萎缩实际上是相关社群解体的表现：1953 ~ 1998 年间，作为社民党人核心选民群体、以工会形式组织起来的雇员阶层在社民党选民中所占的比例下降到 14%，几乎下降了一半。至于联盟党的选民，其中与教会有着紧密联系的天主教选民所占的比例在 1953 年还有 40%，到了 1998 年就只剩 13% 了。[174]

传统社群的没落同样生动地揭示出，目前人民政党的衰弱是政党政治中各行动人相互博弈的结果。因为政党制度受到变化着的社会结构和社会文化方方面面的影响，活跃于政党制度各关键位置的政党同样也会面临相应的冲击。对于这些变化，人们通常用一些过程性的概念进行描述，例如服务性社会、世俗化和社会流动性，而这些变化并不是政治活动可以直接决定的。各大党首当其冲受到了这些变化的影响，但是，它们并非唯一的被影响对象。实际上，从整体上看，各种可以被称为中坚选民的选民群体已经由过去占选民整体的 20%（1998 ~ 2002 年）下降到了 14%（2009 年）。[175]

因此，在解释人民政党衰弱的原因时，不要优先考虑甚至不要仅仅考虑"各种含糊的结构缺陷"（维森达尔语），不要指望仅仅从这些结构缺陷本身中找到解释，相反，人们要关注各种政治行动人采取行动的框架条件，当然还有这些政治行动人作为议会和政府内部的政党进行活动时产生的各种外部影响。奥斯卡·W.加布里尔（Oscar W. Gabriele）与卡佳·内勒（Katya Nayler）在进行这种分析时曾经利用诸如"社会主义化"、"工作情况和制度效果"这样的用语来描述各种因素。[176]

　　我们在这里论及的各种社会政策冲突其实同样是人民政党组织的有机构成部分，是人民政党需要不断地平衡内部各种价值导向和外部政治诉求的表现。各种社会政策冲突也会在党内带来相应的各种对立，尤其是当党内的某些派系甚至领导层面对这些外部社会政策冲突时，计划对党的基本路线方针进行调整则更会激化这些党内对立。这些最终爆发的党内对立冲突经常会对许多党员的积极性和选民的选举行为造成消极影响。但是，这并没有改变因为各种社会变迁而造就的社会政策冲突，社会政策冲突的产生、发展和消失都是由与政党无关的因素造成的事实。

　　在这种此消彼长中，政党政治尤其是人民政党运作方式的轮廓获得了清晰的展现。在德意志联邦共和国刚成立时，人们看到的是实体经济与社会文化长时期的繁荣。与此不同，两德统一以来，德国政治却面临着一个艰巨的任务，它需要在世界经济危机的阴影中重建民主政体。这些对政治家造成了更大压力的框架条件包括当时已经不堪重负的社会保障系统。对有着沉重历史包袱的福利国家制度进行改革，以使其能够应对未来的挑战，这在当时的德国甚至整个欧洲都是一个非常紧迫的政治议题。在将过去的福利国家的基本原则："治愈性、生存照料导向和保证社会地位"[177]调整为更具有预防性和鼓励个人部分参与的指导方针时，任何一个政府若敢于这样做，则那些受到这些改革影响的个人——他们通常占到了人口中的大部分——都肯定会怀疑这些所谓的改革不过是一种政治欺骗罢了。

在感到自己受到了政府的欺骗并且担忧自己的社会地位会出现下降的民众情绪中，人民政党又一次自动成了首要被影响的对象。因为这些人民政党是政府责任的主要承担者，即使某个人民政党在联邦议会中处于反对派的地位，它同样也参与了联邦参议院提出的法律解决方案的协商活动。尤其是当这些人民政党的追随者发觉自己的社会政治地位受到这些社会改革的威胁时，他们就会认为自己与这些改革措施有着密切的利害关系。因此，在选举中各政党很有可能会面对自身拥有的政治信任度不断下降的后果。

受制于制度本身对协商活动的要求、不受大众欢迎的政治领导决定和要为该决定承担主要责任的政党将面对自己的支持者在接下来的选举中对其的惩罚。在格哈德·施罗德总理领导下通过的、通常以"哈茨四号"为简称的社会立法改革措施所承受的政治后果，或许就是这三种因素共同作用的一个最好例子。由于民众对2005年1月生效的劳动力市场改革方案的持续反对，以及在社民党的传统选民中一直存在的拒绝改革的倾向，社民党的政治影响力不断下降，并且在2009年的联邦选举中得票率大幅下滑。在这次选举中，社民党"还在因为过去几年的社会改革而承受着政治惩罚"。[178]有超过一半的受访者认为该党已经不再是普通民众的代言人了。[179]与此形成对照，左翼党开始发展成为在整个联邦范围内政党谱系中一个左翼政党的替代方案，并且催生了五党体制。

哈茨四号法案将失业和社会救济整合起来，缩短了救济金发放的时间长度，对这些改革方案的反应是对上文提出的各种论断的一个很好例证，即社会会将各种涉及价值导向的政策冲突传递到党内，造成党的追随者的分裂甚至党内权力斗争。与那些小党或者单一主题政党相比，人民政党的组织覆盖着不同社会群体，在遭遇这些冲突时，人民政党因此也会相应地面对其党员和追随者中更严重的紧张关系以及随之而来的更强的离心倾向。社民党作为要对哈茨四号法案承担主要责任的执政党所面对的考验就更加严峻，这种严峻的考验还在红绿联盟执政的时候就已经埋下了伏笔，但是，直到 2009 年以后的选举中才在选民市场上真正展现出其威力。

　　作为执政党的社民党和社民党传统派系之间的疏远对立同样发生在站在后者一边的德国总工会和社民党之间，德国总工会甚至在一段时间里与社民党的领导层发生了政策上针锋相对的冲突，如在 2005 年 9 月 18 日的联邦选举中发生的事件。[180]在这些争议中，人们清楚地看到各种问题——高失业率、经济衰退、政府财政赤字和摇摇欲坠的社会系统——是如何共同形成一种消极的框架条件的。这种框架条件对政治行动人提出了苛刻的要求，但却并不必然会造成完全不利的氛围。2010 年联邦政府提出的方案，其实是以施罗德政府在 2003 年 3 月提出的社会政策改革方案为模板，该方案其实同样是一个有意为之、具有政治战略考虑但具有政治风险的决定。当时提出的补充退休金方案、考虑年龄因素和哈茨四号法案长期因素的方案，面对已经渗透到社会生活方方面面的社会国家的生活保障制度，以及作为一个庞大的选民群体的具有社会民主主义倾向的雇员群体，这些改革方案同样代表着一种政治发展路径的变化。[181]人们从中可以看到，在社民党的追随者中发生过的信任流失现象以及施罗德最终痛失总理宝座的情况，并不是什么"现实条件中铁律"的结果，相反，它是一些有意为之的政治冒险决定的后果，这种冒险精神正是施罗德领导的政府展现出来的。

129

　　2010 年被推出的哈茨四号法案也在社民党内部引起了激烈的

争论，支持与反对该改革方案的冲突正是沿着**社会主义—新自由主义**这条主线展开且深化的。许多人认为，现在的社民党从内至外都成了"社会解体"的推手，对社民党的这种严厉批评使得社民党面对的政治难题更加棘手。因为这种改革一方面使得工会运动与社会民主主义的紧密合作关系受到了具有深远意义的打击；另一方面，在"社会主义"这一端点一侧，社民党无论是作为一个执政党还是将其引入执政路线，社会主义都是该党长期以来**无所争议**的意识形态重心，也正是因为该重心的存在，社民党才吸引了其大部分党员和选民，但是现在社民党却偏离了这条路线和这个重心。对于社民党的许多坚定的追随者来说，他们曾经坚信社民党是"为社会公正而奋斗"的政党，现在他们的这种信念备受打击。2005 年 8 月以来，民社党/左翼党在民意调查中，已经在为社会公正服务的能力上获得了和社民党一样的分值。[182] 在 2003 年和 2004 年这两个"改革推进的年份"中，社民党的成员流失情况甚至严重到大约有 10 万人离开该党的程度。显然，一直到其执政末期，作为政治代理人的社民党一直在远离各种传统社会民主主义的政治原则所传达的政治期望和使命。

甚至对联盟党来说，作为当时的执政党，这种改革方针同样在其党内激活了一种曾经休眠很久的社会政策冲突。当安格拉·默克尔（Angela Merkel）开始推动家庭政策改革时，在基民盟内部——以及在基民盟与基社盟之间——围绕着**自由主义**和**威权主义**长期以来处于潜伏状态的紧张关系明显转变成了一种现实冲突。虽然总的来说，这种极化过程到目前为止还没有造成太严重的后果，不过在 2009 年的联邦选举中，联盟党在其传统票仓、德国西南部各保守州选票流失的情况则要比其在整个联邦范围内支持率下降的情况（巴登·符腾堡州为 –4.8%，巴伐利亚州为 –6.7%）严重得多，这是联盟党必须接受的政治后果。

（七）现代结构模型：一种"流动的"五党体制

2009年的联邦选举结果确认了一种"流动的五党体制"（尼德迈尔语）。在投票率下降的情况下（72.2%），基民盟/基社盟和社民党的总得票率也遭遇下滑，下降到60%这一门槛以下。原因之一是，在执政大联盟中，两党的政党政治纲领的差别日益模糊。选举前的一份民意调查显示，只有十分之三的选民认为两党的差别与以前相比更加明显。[183]其他小党的上升情况也非常明显。例如，自民党和绿党此前在东德只不过是一些边缘小党，在这次选举中，两党的得票率分别为11%和8.3%，远高于5%的门槛。从1949年以来两大党的得票率保持着一种恰到好处的差距，但是，现在社民党的得票率只有23%，因此这种在历史上非常有名的并有利联盟党的不对称性也被大大强化了。

但是，在2009年的选举中，某些社会群体的选举行为对相应政党的忠诚度，至少在联邦层面上还是可以被确认的。基民盟/基社盟在天主教社群中，尤其是那些与教会有着紧密联系的天主教徒中"重新获得了它们最大程度的支持"。至于社民党，虽然面对严重的选票流失情况，但是，它还是在那些"以工会形式组织起来的工人社群中获得了最高的得票率"。自民党在那些自主工作的社群中成为了第二大政治力量。在公务员和受过良好教育的社会阶层中，绿党斩获了最高得票率。左翼党也巩固了其在整个联邦范围内作为第五股政治力量的地位。在2009年的联邦议会选举中，左翼党利用其作为经济危机中"社会弱势群体利益代言人"的身份获得了很大的政治利益，尤其是从社民党处挖走了很多选民。[184]在2010年5月9日的北莱茵·威斯特法伦州的州议会选举中，社民党和左翼党的这种选民交换的现象再一次出现，在这次选举中，左翼党同样成功地进入了州议会。[185]这次选举的结果证实，左翼党成功地在社民党的一些传统选民群体

130

中，如以工会形式组织起来的工人阶层以及失业者群体中，与社民党展开了竞争。"如果不是受到社会公正问题的决定性影响，没有其他政党的选民会为左翼党投下自己的选票（56%）。"[186]

与十年前不同，目前发生在德国的选举表现出更大的流动性，相应地也对政党的政治力量产生了影响。选民的政治偏向越来越小地受制于自身过去行为动机的影响，相反，它更多地取决于一些受到特定情况的因素。这也可以解释为什么在 2012 年的各州选举中，海盗党获得了来自各方面选民的支持。虽然在 2009 年的联邦选举之后，自民党成为了资产阶级政党的政治小伙伴，但是没几个月，它的支持率就从 15% 快速下滑到在 5% 的门槛上下挣扎的境地。绿党在 2010 年的支持率则明显上升，在巴登·符腾堡州 2011 年的州议会选举中，它第一次夺得了州长宝座。有些舆论评论人甚至认为绿党"正在向人民政党的道路上前进"，[187]这显然证明，目前这种有时会被人们认为已经走入穷途末路的政党类型，是不能被简单地认为气数已尽了。

第三章

表现形式——深层次的努力：在履行政治职能与民众批评之间的政党工作

一、对政党的厌恶情绪：德国政治文化的一种慢性病症状

（一）政治厌恶情绪：对一种政治情绪的描述

"政治厌恶情绪"在 1992 年成为了该年的"年度词汇"。此外，像"对政党的厌恶"以及复数意义上的"对各政党的厌恶"这样的用语也分享了这一充满争议的"荣誉"，人们常常在内涵非常接近的情况下使用这些词语。[1]作为一种对政党疏远甚至敌视的政治情绪，这种厌恶感不仅出现于德国，甚至也出现于其他欧洲国家。[2]按照汉斯·拉廷格（Hans Rattinger）的看法，这种厌恶感更多地是针对"那些老党"。因此，汉斯·拉廷格建

议，在使用"政党厌恶情绪"这一概念时，要将其定义成"对联邦德国的各'体制内'政党日渐负面的价值评论、不断下降的信任感以及有效政治联系不断弱化这些现象进行描述时的缩略语"。[3]

如果民众中越来越多的人都在疏远政党国家，对政党国家制度的存续和发展来说这是一个危险信号。如果这一现象背后是一种感性的政治情绪与清醒的理性疏远态度相混合的政治心态，那么其同样是一个值得政党国家发展警惕的现象。虽然"该现象并不是什么新问题"（拉廷格语），但也不能给人们带来什么安慰；因为这种危机迹象长期存在的事实已经使得有些人在假定，政党国家一直缺乏相应的手段和可能来治愈这一痼疾。对政党的厌恶情绪显然揭示出了德国政治文化中一种慢性病的症状。

（二）作为政治文化基本价值的信任

对政治家和政治的信任是对政治和政党厌恶情绪的反义词。信任更是存在于任何民主政体中的政治文化的关键词。我们这里所谓的"政治文化"，简单来说就是公民对政治活动中的制度、人员和内容等方方面面的主观看法。公民对各种政治现象的主观看法具有非常重要的意义，因为政治秩序的稳定性不仅受制于各种制度的运作能力和实现相应目标的效能，更与生活于其中的公民息息相关，这些公民应当忠诚于各种政治制度，对在这些制度中活动的各种政治行动人也应当持正面肯定的看法。

对这一观点，政治文化研究通常以政治文化和政治结构之间的必要重合来表述自己的看法。"当民众愿意接受并且最好是进一步支持这些政治制度的核心价值、行为标准、程序规则和统治结构时"，这种融洽的关系才会存在。[4]

在代议制民主政体中，对政党国家的形式和功能的承认是成熟公民文化的组成部分。站在公民的角度上看，民众的这些支持主要来源于两方面因素，而且在信任危机爆发的时候，这些支持的源泉也会枯竭。民众的支持一方面来自于视政治为一种思考方式且对其持正面肯定态度的基本立场，即从对普世价值的青睐或从理性的分析判断出发，对政治制度的运作能力和在这种制度中活动的各种行动人，在对自身利益进行相应计算后进行评价。政治经济学理论将此定义为理性选择原则。另一方面，各种感性因素也会发挥作用。这意味着，公民会对各种政治制度和行动人进行一些具有强烈情绪色彩且与信任有关的评判，有时人们会以宪法爱国主义来定义这种情绪。

借鉴政治心理学研究中的区分标准，政治学的研究进一步将政治信任区分为"涉及交换的"和"涉及整体的"两种形式。所谓政治交换的逻辑是："人们对政府和政治制度的效能越满意、对经济环境的评价越高"，则他们对政治家和政治制度的信任度也就越高。1990年代的各种实证研究也证实了制度效能和制度信任之间的这种交换关系。按照这种观点和研究结果，政党也会分享这些政治信任，当在东、西德对政党的厌恶情绪不断强化时，这将对政治制度的评价将带来决定性的影响。[5]

对于涉及整体的政治信任现象，按照社会资本理论，各种起决定作用的因素有：不同社会阶层之间的互信、对自身生活的满意程度和对政治家负责任程度的看法。[6]如果公民确信，在政治生活中美德、言行一致和亲民这些要求获得了足够重视，那么公民的这种信任感也就可以被证实已经相应地被确立。

在个人与整体政治秩序、公民与整个政党国家之间建立能够经受风吹雨打的信任关系，这是每个稳定的民主政治都无法回避的任务。如果在一个民主政体中许多人都认为这个国家的各种政治制度正以低效和不负责任的方式履行着统治职能的话，"那么这也是民主政体本身存在缺陷的表现。最低程度的信任对政府在发挥其职能时的效率来说也是必不可少的：只有存在一种最基本

133

的政治信任，民众才会自觉地服从各种政治决定的要求，对于那些在短期内会有损其利益的政治决定也会自愿地接受"。[7]

（三）在制度信任中得分最低者：政党

目前在德国，政治活动的信任基础已经千疮百孔。各种问卷调查数据都证实，多年以来，德国民众对德国政党国家的评价，无论是主观价值评价还是对其活动效率的理性判断，其得分都在不断下降。如果这些公民被问及对各种政治组织和制度的信任感，则政党永远是排在倒数第一。研究团队瓦伦（Wahlen）在2003年对政党给出的信任指数是 - 0.8（1998年是 - 0.6）。"政客"的信任指数甚至要更低，只有 - 1.0。与此形成鲜明对比，警察局和法院在2003年的得分分别是2.3和1.8。[8]

更有说服力的是对长期变化趋势的研究：EMNID的一项调查结果表明，在西德，对政党的信任度由1979年的43%下降到1993年的26%，其中，仅在1991~1993年间就下降了11个百分点。在东德地区，1993年政党获得的信任度只有13%。[9]虽然此后对政党的信任度曲线直到21世纪第一个十年里，从表面上看在一定程度上保持了稳定（虽然有时会出现一定的摇摆），[10]但是从2002年开始，正如图12所显示的，这种下降又以更强的态势表现出来，其主要原因是"在西德对政党信任度的大幅度下降"，[11]但是最近几年，该信任度有些令人吃惊地出现了明显的回升。

根据以上理论和思想，人们很容易得出结论，在研究长期以来发生的这种信任流失现象时，人们可以利用一种混合着涉及整体与涉及交换这两种视角的综合性因素来解释。无论是1990年代以来不断严重的劳动力市场危机（接下来对社会保障系统改革的讨论在民众中引起的长期不安全感），还是2004年以来施罗德政府推行的哈茨法案在社会上面临的越来越强烈的反对浪潮，都是上述综合因素的组成部分。有些民众或许曾经认为体制内的各

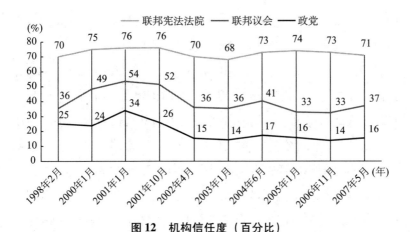

图12 机构信任度（百分比）

资料来源：Infratest dimap 2008 年调查结果，信任值："非常信任/高度信任"。

政党可以解决这个国家的各种问题，但在经历这些事件后，这种信任将会被动摇，消极情绪也会增长，民众进而会认为自身利益在既有的政党国家制度中只得到了非常不充分的代表。

制度的运作能力正在下降，而且政治活动在公正和可靠性上也出现了严重的赤字，目前，公民的感受中同时存在着这两种观点，各种问卷调查的数据也不断证实了这种情况。例如，2009 年7 月的一份调查问卷显示，联邦德国的大部分公民认为，各政党在选举以前作出的承诺实际上是不会被兑现的。[12]如果政治活动的形象这么差，那么不仅涉及交换的主观评价会给公民带来各种失望感，甚至那些维持政治信任、来自于共同体整体的基本因素的变化同样会使在政党国家原则下运作的政治活动受到牵连。

2009 年初，政党政治的各种组织和制度享受的信任度重新又出现了引人注意的上升态势，人们在解释这种现象时，可以将其归功于涉及整体的各种因素，这些因素与政治文化资源有着密切关系。面对世界范围内的金融与经济危机时，大联盟政府采取的各种（得到州政府支持的）措施证明了政府机关的"危机应对能力"，

135

因此获得了公民的嘉奖。这种正面评价的表现反转了民众长期以来对政党的厌恶情绪，虽然这种反转看起来有些草率。

但是，政党研究学者伯恩哈特·韦斯尔斯（Bernhard Weßels）提出了完全不同的看法，他不认为各种政治组织和机构享受的政治信任度很低的情况一定代表着代议民主制甚至民主政体正面临危机。他认为，因为在进行有关信任的普遍民意调查时，被调查者在表述自己的不信任感时是针对那些自己**不喜欢**的政党，这一点在民意调查结果中是反映不出来的。实际上，2002 年和 2005 年的两份在选举之后进行的研究都表明，大约有 60% 的公民认为自身利益获得了"某个政党"很好的代表。[13]

因此人们可以说，在公民看来，政党永远是具有党派性的。在韦斯尔斯眼中，这意味着当公民被问及对各个政党的整体看法时，"他们将表现得非常理性"，不会对所有的政党表现出自己的信任，相反，只会将自己的信任授予"自己的"政党。此时，在统计学意义上表现出来的对政党信任有限的情况，实际上并非反映了政党国家在民众接受程度上的普遍危机。它或许只不过是"不同政党相互之间的区别和政治差异的表现形式罢了"。

（四）疏远政党：德国传统的一个独特组成部分

在针对各种组织和制度进行信任度调查时，政党的得分普遍都很低，一方面，这种现象的存在并不排除公民依然会偏爱特定的政党，相信该党可以很好地代表自己的利益。但是，从另一方面看，对政党的厌恶情绪依然是一个会影响到整个政党国家制度观感的因素。

为了对这种政治情绪进行深入探讨，我们有必要在概念构造上花一些功夫。[14] 就像在调查公民的民主意识时，人们需要区分作为"思想"的民主和其（或好或坏）功能发挥的形式，我们在考察对政党的厌恶情绪时，同样需要区分政党政治的原则和这些原则的现实实践。虽然有些人会反对政党政治的一些基本原则，

136

但是他们却很难抗拒政党政治的各种实践形式。至于另一些看到了政党国家的具体缺陷和个别低效情况的人们，他们也不是个个最终都绝对会走上反对政党国家的道路。我们在作出这种概念上的区分时还需要注意概念的演变存在着一些历史时刻。对政党的不满是在德国历史上逐渐发展起来的。反政党的政治情绪是政治心理的产物，它来源于整个民族的整体（潜）意识，并且直到今天还在发挥着影响。

　　一种是对政党国家从基本原则上的反对，另一种则是在特定条件下对政党国家的具体行动或不行动情况的不满，在对这两种态度作出区分之后，我们就可以更好地解释在对政党持批评态度的思维模式中，哪些是在不同历史时期都保持了稳定的部分，哪些随着时间的推演已经发生了变化。通过仔细观察人们会发现，在这些保持稳定的因素之中有一个已经发生变化的因素：人们很容易就可以看到，在联邦德国最初十年的时间里，对政党的疏远态度同样存在于德国民众政治立场的潜意识中。在战后最初的岁月里，"永远不再有政党"的政治反思甚至在联邦德国经济腾飞的岁月里也带来了对政治活动的强烈疏离感。但是，在1945年以后，德国社会的精英阶层第一次形成了支持建立政党民主政体的共识，这在德国历史上还是第一次。这种精英共识在联邦德国一直存在了几十年，受德国传统决定的疏远政党的态度相应地只好退居幕后。至少直到20世纪末在公共话语领域几乎再找不到支持这种疏远态度的响亮声音。只有到了1990年代末的时候，社会精英的看法才出现了一些新的裂痕，反政党的思想又悄悄地从这些裂痕中渗透出来。

　　既然疏远政党的政治情绪已经有了一定的政治思想惯性，那么它的历史根源究竟是什么，为何它在不同的年代都可以持续存在？人们一度认为存在于历史上的一些思维模式已经被克服，但现在却发现，它们只不过是暂时休眠了，现在重新又复苏甚至获得了新生，对此人们应当怎么解释？

造成疏远政党的思维模式持续存在的原因有二。首先，没有相应组织制度的庇护，一种思想是存续不下来的。要是德国历史上一些纯粹思想层面的碎片能够及时挥发干净，那么它也不会在一些组织和制度中被保存下来。对政党的保留态度虽然有着深远的历史根源，但它也是一些政治组织和制度背后意识形态的重要组织部分，这些组织和制度包括官僚体系和市镇自治等，而这些组织和机构在 1945 年以后得到了保留甚至进一步发展，因为民主制度的改革和发展是离不开它们的。在这些组织和制度的庇护甚至在这些机构的基本运作思想的支持下，对政党保持距离的传统思想也被带入联邦德国。

其次，对政党政治久已存在的保留态度也走上了在联邦德国不断具体化的道路，并且和民主政治的指导原则形成了表面上的和谐关系。这种本来有着强烈意识形态色彩、涉及基本原则问题的排斥态度，从历史上看本身就具有政治方向指引作用，但是，1945 年以后它开始转变为对现实政治中政党体制及各种具体实践和具体缺陷的冷静批评。现在，它已经不再是（至少不是在相同的意义上）对政党政治的一种普遍全面的反对态度，它在对议会、议员和政党的信任度曲线上会发挥自己的影响，图 12 也对该问题作出了说明。目前，对民众的评价真正产生影响的是对政党能力的判断，即政党解决重要政治问题的能力，以及民众对在政党国家中需要承担责任的政治活动表现出的公正度的评价。

现在，我们可以更清楚地看到表现为对政党的疏远态度的这种政治文化模式的真实面目了。过去，对政党的疏远有着其世界观的背景；现在，对政党的各种批判态度主要是对具体（政党）政治活动不满情绪的一种理性化表现形式。换句话说，过去那种捉摸不定的怨恨现在已经变成了对具体错误的斥责。但是，这种对政党政体已经理性化的疏远态度同样会对政党政体施加严重的政治负担，例如越来越多的公民认为，"没有一个政党"有能力解决重要的问题。

但是，这种假设的政治负担并不是目前正在发生的实际情况，图13的问卷调查数据也证实了这一点。如果人们意识到，各种信任曲线始终是伴随着一些日常政治活动而摇摆的话，那么他们就会发现，政党处理问题的能力在经济和劳动力市场这些重要领域几乎一直保持了非常高的水平，即在70%～80%之间浮动。相反，认为"没有一个"政党值得信任的民众所占的比例只会在非常短的时期内才会超过30%。至于对政党未来前景的看法，这条曲线的分值则要略低一些。

138

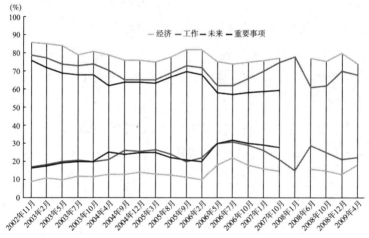

图13 政党能力（调查区间：2002年10月～2009年5月）

＊调查问题从2008年6月起用"重要问题"替换了"未来"

资料来源：Infratest dimap

139

因此人们可以说，大部分德国民众还是认为至少有某个政党是具有一定的政治问题解决能力的。如果将体制内各党所享受的这种信任累加起来，作为一个整体的政党，其问题解决能力还是非常高的。韦斯尔斯所说的各种组织和制度获得的信任度非常低的情况并不必然是代议制度正面临危机的迹象，他的这一看法也得到了前述各种数据的证实。

在对政党的政治行为能力进行评判的过程中，这些评价同时混合着涉及交换与涉及整体的各种思维模式。目前存在的对政党的厌恶情绪，其形式还停留在前述针对具体事件、具体情况的范围内，相对于过去那种几乎表现为公民普遍政治信仰的对政党的敌意，前者已经在历史上逐渐演变成民主政体的基本组成部分。现在，从政党和政党的厌恶情绪出发的各种批评意见对政党国家来说已经不再是什么定时炸弹，相反，在德国民主重建之后，它已经成为德国民主政治发展路径的组成部分。这种思想已经深深地镶嵌到各种制度设计之中，这些制度设计推动了民众对政治和政党的疏远态度在实践中的表现形式的转变。

（五）疏远政党与"非政治化"的市镇政治：历史联系

在目前已经变得理性化的对政党的各种批评意见中，作为背景条件的德国历史依然发挥着自己的影响力。例如，疏远政党的思想与市镇自治的各种制度安排有着非常紧密的联系，这种紧密联系受到了德国历史的影响。这种在历史上成长发展的联系也再次解释了反政党的政治情绪是如何在相当长的时间里演变为德国政治文化组成部分的，又是怎样一直到今天还在发挥自己的影响，这种历史和现状尤其要归功于许多国家和政治制度的设计，这些制度跨越德国历史的不同时期而存续下来。

19世纪，施泰因男爵对普鲁士的市镇制度进行了自我统治式的改革，市镇自治的各种制度正是作为这些改革的成果被保留下来，它们成为疏远政党的各种政治文化的保护伞。这些市镇制度在经历了各种更大范围的制度变迁后还保持了稳定，其原因在于，市镇自治制度——甚至在普鲁士德意志封建国家年代也是如此——不仅一直推动着国家组织制度的现代化，甚至在 1945 年德国民主重建的过程中，作为一种自下而上的民主诉求也是不可或缺的。当政党政治和在公民日常生活中依然广泛存在的对政党的疏远态度寻找通往政党国家政治舞台的通道时，市镇自治制度正好为它们打开了这扇得到制度保护的大门。[15] 140

作为施泰因对市镇制度的改革结果，市民阶层从此也可以参与到市镇政治生活中来，政党相应地也立即在市镇层面上建立了自己的各种组织、展开了各种活动。市镇制度在向政党制度敞开自己大门的同时也确定了各种政治活动的国家主义基调，即要求各种政治活动对那些来源于其自身制度设计考虑的国家主义思想不要进行自相矛盾的反对。基于这种考虑，市镇自治与其说具有国家色彩，还不如说只是一种社会组织制度。在当时的政党制度中也同样存在着这种社会组织的因素。市镇自治与政党的这种社会组织功能定位，恰恰符合当时君主制下统治阶层的利益，统治阶层希望尽可能地将政党从正式的国家政治活动领域排除出去。

这种制度设计和运行的后果是，当政党想在市镇政治活动中扮演市民阶层各种政治诉求的代言人时，要想得到民众的肯定和承认，对政党来说并不是一件可以简单完成的任务。不过，面对当时确定选举权时的三重等级制度，包括社民党在内的各政党依然在市镇选举中获得了大量的选票和议席。但是，在当选的市镇代议机构中，“非政治化”的精神还是迅速占了上风。

该精神一直到今天还存在，它使许多人相信，市镇活动只与“事务政治”有关，并不会带上什么意识形态的色彩。在当地教会权力的阴影中，这种思想却大受欢迎。这种受天主教教区或者说教会政治限制的观点曾经并依然在造就各种疏远政党的政治态度。从事务政治、市镇自治这种观点出发，19 世纪以来，政党在市镇活动中就被当做受到中央遥控的外来团体，政党无论是过去还是现在都站在"国家"一边。但实际上，即使是在封建集权国家的年代，政党都一直试图与国家保持距离。

现在我们可以总结说，历史上对市镇地区制度的改革，对政党政治的发展同时带来了积极与消极后果。一方面，德国在 19 世纪初引入市镇自治制度后，该制度成为德国政治现代化的一个发动机，甚至对于地区层面的政党国家制度的发展来说也具有促进作用；另一方面，在市镇议会的政治实践中，"非政治化的"地方主义一直占据着意识形态的制高点，时至今日，它依然顽强而有效地抗拒着政党在地区层面上的发展。

不过，市镇政治文化中这种"非政治化的"倾向随着时间的演变也发生了一定的变化。最新的研究结果证实了这种变化的发生：一方面，目前大部分市镇政府领导人（约70%）认为，在作出地方政治决定时"只应当考虑各种事实问题"；另一方面，当被问及在地方政治活动中"政党是否应当不发挥任何作用时"，同样是这些地区的领导精英，他们的看法却出现了分歧（图14）。

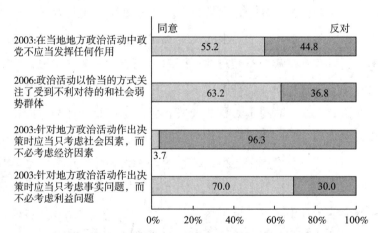

图14　市镇领导阶层对于地方政治活动中指导价值的回答（百分比）

资料来源：SFB 580, Teilprojekt A4; Elitenbefragungen 2003, Jena – Halle 2006.

在市镇议会中，没有政党背景的选民团体尤其强调市镇政治活动中"事务政治"的重要性，不过，这些选民团体和市镇代表机关中那些来自政党的代表同样可以和谐、和平相处。[16]

（六）强大的国家与对共同体的渴望：德国人的老毛病

在对市镇自治进行考察并确定了其非政治化的活动原则之后，我们的历史考察之旅还没有结束。某些德国思想传统或许没有以相同的程度或方式被镶嵌到各种制度设计之中，但是，这些思想传统对德国社会同样拥有很强的影响力，并且带来了对政党的疏离情绪。认为人民与国家在精神上统一并根据这种看法认为个别特殊利益只具有次要地位的观点，认为国家在理论上远远高于社会的思想，用拉尔夫·达伦多夫（Ralf Dahrendorf）的话来说就是在德国久已存在的对综合整体的渴望，以及最后对"政党纷争丑恶之处"从个人生活气质上就不屑一顾的看法——所有这些思想和观点都属于最终孕育了疏离政党态度的德国思想传统的组成部分。

所有这四种思维模式无一例外都助长了反政党的偏见。国家与整个人民将融合为一个整体，在这个统一整体中，国家将与个别特殊利益保持距：这种思想无论在过去还是现在被推向极端都很容易会带来威权主义的结论：只有存在一个强大的国家时，只有当这个强大国家（充分的）行动能力不会受到来自现实社会某些反对力量的削弱时，这个国家才有能力将被各种冲突撕裂的社会团结起来，然后表述从理论上被假定不可被分割的人民意志并对其加以实际执行。对市民来说，按照这种思想，面对这个强大的国家，他在对这种"恩威并施"（埃里希·弗姆语，Erich Fromm）的威权国家的顺从中，又恰到好处地学会了可以直接向国家主张自己"作为一个人有权主张"的个人权利。在加布里尔·阿尔蒙特（Gabriel Almond）和西德尼·费尔巴（Sidney Verba）1960年

142

代进行的一次对五个国家的非常著名的研究中，两位作者将这种
市民形象贴切地描述为"有能力的臣民"。[17]这些市民在自己的
实际生活中对国家的期待从本质上说是排斥多元主义思想的。在
这种思维模式中，通过社团或政党这样的中介机构进行利益的沟
通和表述，已经完全是多此一举的做法了。

　　多元主义的民主政体建立在政党的代表功能之上，但是，多
元主义民主在德国建立并得到承认的过程可谓姗姗来迟，造成这
种现象的部分原因同样要回溯到德国历史上源远流长的一种国家
思想，它与前述对权威的服从精神有着密切的联系。这种思想强
烈抨击区分国家与社会的思想，并深受黑格尔思想的影响。19 世
纪以来，国家的地位就不断神圣化，这已经转变成某种道德思想
的制度和组织表现形式，国家因此被托付了维护公共利益的重
任。为了保护自己的主权，在必要的时候，面对来自社会的各种
欲望的攻击时，它甚至可以用强力回击。在洛伦茨·冯·施泰因
（Lorenz von Stein）1856 年出版的《国家学说体系》的第二卷中，
143　他将国家视为一个自生自发的法人，因此不受任何社会力量的影
响。国家的主要任务就是让各种来自于社会的特殊利益"真正服
从于整体目标的要求"。

　　这种旧的国家学说使得国家——以及实现其意志的各种精
英，即官僚阶层——与来自社会的各种利益和意志形成过程保持
了完全的隔离状态。在民众对"党争丑恶"充满怀疑的目光中，
国家承担起了维护公共利益的重任。按照这种国家学说，作为整
体的"人民"和人民利益的守护者——"国家"从思想上结成了
反多元主义的联盟，两者都与所谓的"社会"保持距离：国家对
暴力的垄断从逻辑上说是摆脱各种社会控制的必要前提，从观念
上作为整体的人民将是这种国家秩序的组成部分，当人民作为一
个社会整体时又要服从于这种被国家垄断的暴力。如果人民与民

族的整体利益需要通过某项政治决定得以实现时，它们应当被吸收到这个中立的国家意志中去，从而远离"政党的纷争"。

国家意志所谓的超党派性，实际上只不过是"封建集权国家自欺欺人"的一个谎言（魏玛时期法学家古斯塔夫·拉德布鲁赫的观点），在今天的代议民主制中，这种思想却在改头换面后被表述成国家意志应当回应通过多元主义过程形成的人民意志。但是，这一"人民"用语依然在政治话语中存在着，一种新民粹主义的思想正扩大该用语的市场。在"人民的真正利益"这一口号的掩护下，左翼和右翼的民粹主义者与那些看起来傲慢且自私自利的当权者们展开了政治竞争。他们认为人民应当是一个同质的意志统一体，是具有共同需要的共同体，这一诱人的政治口号在今天也依然非常有吸引力，它不仅存在于德国，甚至在其他欧洲国家更有市场。"民粹主义的政党和政治运动在民主政体中一直在制造各种紧张关系，其目标是实现人民真正的主权，在反对代议民主政体的同时实现人民真正行使权力的状态。"[18] 从中就产生了一种对"我们"的归属感，这种归属感来自于人民之中一种含糊不清的联系。这种具有政治魔力的思想恰恰在一些经济和社会危机时刻将显示出其最大的威力。只不过在不同的历史时期，这种思想所要战胜的邪恶对象以不同的形象表现出来。目前，那些认为自己是人民真正利益代言者的人们不再是"自上而下"地要求实现人民意志与国家意志旧威权主义般的统一，相反，他们现在是"自下而上"地挑战"那些体制内政党组成的政党卡特尔"。[19]

在这种咄咄逼人的思想中恰恰潜伏着反政党的政治情绪，这种情绪在条件适合的时候又会以新的面目登上政治舞台，并且提出一种看起来非常理性的理由，要求剥夺政党在公共生活领域的优势地位。按照这种观点，不仅在市镇层面，甚至在国家的整个

144

政治活动中，人们寻找的都应当只是一些"事务性的"解决方案，但是，现在占据政治舞台的却是一些意识形态的偏见和无限膨胀的特殊利益。这种思想的背后其实深深隐藏着一种逃避冲突的观点。拉尔夫·达伦多夫在 1970 年代初写道："德国社会的许多制度和组织在过去和现在的建构原则中都暗含着让某人或某个团体成为'整个世界公正管理者'的思想，这样，这一个人或团体可以为所有问题和冲突找到一个最终的解决方案。"但是，在达伦多夫看来，这些建构方式并不能"规制冲突，相反，只能'抹去'冲突"。[20]

相同的思想也出现在政治学的研究中。有观点认为，人们应当利用一种"最符合事实需要的"问题处理方式以回避政党政治中"形式化的冲突"（弗里茨·沙普夫语，Fritz Scharpf），从中人们将会发现对过去的"事务政治"这一思维模式非常严肃的学术讨论。这些讨论的结果建议：因为各种政治活动的程序——在尚不考虑政党政治活动固有逻辑的情况下——经常带来一些错误的政治决定，因此，为了作出更好的决策，在决策过程中应当更好地吸收专家们的各种与事务有关的意见。这个建议实际上只不过是在过去为事务政治作辩护的各种理由中增加了技术专家治国这一新理由罢了，从而延续了前述各种理由中的一个基本错误：对于政治舞台上相互竞争的各种政治纲领，人们并不能严格区分出什么是纯粹的政党利益和纯粹的事实考虑。因此，这一建议在似乎提出了最佳问题解决方案的同时，却**远离了政党国家**的现实。[21]

现在，我们再来看看那些从个人气质上远离政党的思想，德国的许多思想精英曾在很长的时间里沉迷于这种个人气质。历史上，对这种个人气质的追求曾经使政党政治带上了很不好的名声。例如，托马斯·曼（Thomas Mann）的《一位政治冷漠症者的观察》就是反映疏远政党的基本思想的代表作之一。在他 1915 年出版的这部早期作品中，政治精神被可悲地定义为"反德意志的精神"。德国人并非一个"社会人民"。德意志精神是一种"文化、灵魂、自由、艺术，而非什么文明、社会或选举制度"。政治会对德国的存在"带来各种异化和有害的影响"。"我坚定地认为，德国人民永远不会喜欢什么政治民主制，理由很简单，因为他们根本不喜欢政治，而那个所谓声名狼藉的封建集权国家却是适合德国人民、符合他们的需要并且基本上是他们愿意接受的国家形式，以后也将如此。"[22]

　　众所周知，托马斯·曼后来成为多灾多难的魏玛共和一名心胸宽广的辩护人。但是，他早先的这篇政治檄文还是反映出威廉帝政时期的时代精神，即对政治的蔑视态度。这种时代精神使得在俾斯麦执政时期的德国议会政治舞台上，"政党只有非常有限的精神价值"（特奥多尔·席德尔语）。在魏玛共和的宪法中，"政党"一词也只在一个不重要的条款中才被提及，而且还带着贬义语气。《魏玛宪法》第 130 条规定，公务员是整个人民"而非某个政党"的公仆。

　　1919 年之后，对政党的敌意进一步成为反民主思想的核心组成部分，这些思想的主要支持者是在魏玛政府中担任要职的社会精英以及市民社会中的各种团体。精英的这种疏远政党的传统思想最终表现为对政治活动从精神上就保持一定的距离，这种传统思想推导出国家在执行其意志的过程中将拥有绝对权威的国家理论。把这种思想推向极端，人们将看到一种犹如敌我对立的状态。但是，对这种极权国家的思想，一些著名的国家法学者都表示了自己学术上的赞同意见，例如，卡尔·施密特（Carl Schmitt）、阿诺尔德·克特根（Arnold Koettgen）以及恩斯特·福斯特霍夫（Ernst Forsthoff）。在强调一个强大的国家将超越民主政体的同时，这些国家学说进一步提出，如果国家将一些团体或政党吸收到自己的政治过程中去，将会造成"政治崩溃"。国家是保护同质的人民整体的堡垒，是面对汹涌的"党争"大浪的堤坝。基于这种思想，政党制度和对民主政体反代议制的解读将会发生直接的冲突。阿诺尔德·克特根更是在 1931 年就断定，"民主政体正在异化为政党国家"，这本身是造成当时国家危机状态的原因之一。

如果这些敌视政党的思想仅仅停留在学术作品中，或者只是这些教授鼓动的有限运动的话，那么它并不会对魏玛共和的解体发挥长期的辐射影响作用。为了真正形成这种辐射影响，它还需要来自各种官方组织和制度的推动。1918 年前后，当时国家官僚阶层各等级的成员普遍认为国家是超越政治和政党而存在的。按照德国公务员群体的这种"非政治化"的思维方式，他们效忠的并非共和宪法而只是"国家本身"，在这种思维模式下，对特殊利益的任何辩护都会受到该思维模式内在的反对。魏玛政党国家——从宪法上说还没有完全成形——的制度希望可以影响到国家意志的形成，但是对官僚阶层来说，他们对政党国家的这些要求保持着距离甚至反对意见。

从纳粹政权垮台以及随之而来的两德分裂到 1990 年的这段时间里，德国内部不同地区走上了不同的发展道路。在民主德国，德国的公务员传统精神被废除。取代它的是作为统一社会党成员的行政干部"政党上的无能力"（海因茨－乌尔里希·德林语）。相反，在西德，无论是在 1945 年还是在 1949 年以后，对政党的疏远态度与官僚机构之间的紧密联系都没有被立即打破。公务员传统精神中"各种约定俗成的基本原则"在基本法中再一次得到了体现。其后果是，行政机关对自己的职位定位的理解从"经典官僚"向"政治官僚"的转变（后者能够更好地回应社会利益的需要，两者都来自罗伯特·普特纳姆的定义）本应早就开始，[23]但是，在这种对历史传统继承与延续的情况下，这一转变过程却被严重延缓了。不过，1960年代后期，政治精英的构成已经发生了明显的改变，而公务员群体过去曾被教导要向波恩共和代表的国家奉献自己非政治性的忠诚，现在，他们的思想也发生了悄然的改变，这些转变带来的独特后果是，它引导着官僚机构被纳入到民主政党国家的各种路径依赖需要中去。官僚机构利用自己的行政力量从职业上保证了这条前进路径的安全，即使是在1960年代的政治代际交替时期，它也保证了政府行政思想向"政治官僚"转变的过程能够得到更好的巩固和强化。

　　沿着政党国家这条路径前进的时候，人们不要错误地认为，过去各种厌恶和批评政党的意识形态模式会像受到什么法则规定一样从此消散，并且会随着现代化的进程不再死灰复燃。至少，近年来德国政党国家运作中一些有失体面的事件日渐增多的情况已经证实，在当今德国的公共讨论中，过去那种斥责和痛恨政党的态度并非完全不会再次呈现在这种公共话语中。20世纪与21世纪之交，当与"科尔系统"秘密账户有关的基民盟政党捐款丑闻被曝光时，部分媒体对政党的批评意见，其尖锐程度甚至让人想到了魏玛共和最后不祥的岁月里那些喧嚣的政治蛊惑言论。[24]　147 德国知识界的部分人看起来又重新站在了反对政党国家制度的一边。按照这些批评意见的看法，政党政治因为它的畸形发展应当受到严厉的拷问。

　　（七）德国政治文化的两副面孔

　　有关政党国家的共识还得有多牢固，才能够经受得住这些风吹雨打？总体上看，德国的政治文化在其涉及政党制度的一些基本原则的部分，从一开始就具有两面性。甚至在联邦德国政党制度发展的"黄金岁月"即1960年代到1990年代这段时间里，反政党的思想作为一股政治文化暗流始终存在。因此，人们今天看到的各种疏远甚至敌视政党的思想倾向都可以在历史传统中追根溯源。

但是，对于德国历史上形成的这个沉重的历史包袱，人们却不可以简单地一笔勾销，正是这个历史包袱曾经对魏玛共和的政治气氛造成了消极影响。而且，目前对政党的厌恶情绪也在自己的基调上作出了调整，以适应目前政党国家发展路径的要求。在这种转变过程中，1949 年是一个重要的时间点：在德国第二个民主政体运作初期，政党政治事实上的领导作用被宪法从制度上予以肯定。1960 年代，政党国家制度在大部分民众眼中的价值也有了明显提升。联邦德国战后重建最初的几年时间里，当时的精英阶层中形成了对政党民主的基本共识，后来这种共识也被保留下来。其中非常重要的一个原因是，过去知识界对政党的厌弃态度失去了学术上的支持，因为当时新生一代的国家学说学者们很早就承认了作为宪法原则的政党国家。

至于作为市镇自治制度传统组成部分的"非政治化"的活动原则，1945 年之后无疑也在联邦德国的政党国家体制中得以延续下来。其中，没有政党背景的选民团体的重现无疑是这种连续性的一个极好证明。在当时德国北部和西部地区，凭借各种有利的市镇法律和选举制度安排，活动在联邦层面上的政党一直到 1990 年代都能够主导市镇的政治活动。但是，在巴伐利亚州和巴登·符腾堡州两地，因为当地的制度框架从一开始就具有更大的开放性，所以许多所谓的市镇议会政党在许多地方都可以强调自己的政治意义。今天，因为政党的社会联系能力的不断削弱以及获得的信任度的不断下降，在整个联邦范围内的市镇政治活动中，政党获得的选票和议席都在流向各种自由选民团体，这些自由选民团体的影响力在一些大城市也大为增强。[25]

148

现在我们可以作一个小结：一方面，过去几年重新变得强烈的对政党的厌恶情绪，其根源和刺激因素从本质上说来自于我们现在所处的这个时代，不过，与此同时它也是旧思维模式延续的结果。在1945年后德国的一些制度设计中，对政党的批评构成了这些制度设计思想的组成部分，尤其是市镇自治制度和国家官僚体系，有利于旧思维模式的部分在1945年之后被保留下来。另一方面，随着时间的推演，对政党的厌恶情绪的内涵也在发生了实质性改变。今天的对政党的厌恶情绪与它历史上的情况不同，表现出更强的反意识形态色彩和具象化倾向，更多地针对政治活动中一些实实在在的不足和错误。在这种理性化的表现形式中，新的对政党的厌恶情绪将更符合政党国家的要求，并会对德国的政治思想和感受产生实质性影响。

从公民个人出发，对政治和政党的这种权衡判断称得上是一种新视角，这种新视角的迅速传播扩大同时意味着，在战后西德社会中非常容易导向极权主义的整体人民集体主义精神也逐渐淡出了民众的视野。民众对自己生活的看法也在转变，个人利益开始得到重视，不过，这种转变有其经济原因，并非政治活动的结果。德国民众在1950年代末到1960年代中期这段相对较长的繁荣期里形成的经济观也促进了该转变的发生。在德意志联邦共和国成立初期盛行着自由主义的经济思想，其后则是将资本主义与社会主义思想相结合的努力，最终带来了社会国家的逐渐建立。从社会国家出发，国家同样被认为具有实现共同生存、社会公正和分配正义的义务。这种国家建构思想上的界限也限制了刚刚觉醒的个人成就感与生存目标自我调整思想过度的自我膨胀发展。民众之中这种从非理性主义向经济个人主义的思想转变，也为接下来在1960年代末和1970年代间发生的有如"静静的革命"般的社会价值变迁过程铺平了道路，而这一次的价值变迁过程无疑推动了政治个人主义的发展。这两种不同的时代文化模式相互渗透、相互影响，但是，该现象目前为止很少受到人们的关注。

不管怎么说，公众心中还是存在着一种非常强的怀疑感，认为政党政治远离人民的现象和其各种错误行径并非什么例外，相反，这是一种普遍现象，这就助长了一种不信任的发展，近年来的研究将这种不信任描述为"民主政体在思想上的疲惫"。[26]在对"后民主政体"进行诊断之后，人们将看到目前的民主政体面对的危机实际上代表着一种文化上的断裂，它对社会造成了一种纵向分裂：当那些统治精英决定着各种政治事务的时候，大部分公民却退缩到一种"消极、沉默甚至冷漠的状态中"。[27]

作为两德统一的结果，精英与普通民众在政治感受上的差别实际上被进一步拉大。[28]不过，这只是目前对政党厌恶情绪的某一方面的表现，当然也是非常重要的一个方面。不过，与过去不同的是，在精英阶层中，反政党的看法又重新得到了比较多的市场，甚至从事务主义的视角出发批评政党政体的观念也获得了新的赞同。因为历史上曾长期保持稳定的政党联系功能正日渐衰弱，在实现个人利益的问题上，越来越多的人在思考，政党究竟是有利于还是不利于个人利益的要求。其中，在东德地区，对利益进行自我中心主义的分析与各种社会道德基本价值之间更是具有特殊的紧密联系。人们认为正在此时此地发生的事件"并不符合正义的要求"，这种不满情绪在东德要比在西德强烈得多。相应地，在东德民众中，对政治的信任度的萎缩情况也要严重得多。

二、从人民意志的异类到人民意志的传声筒：理论中的政党国家

（一）具有指导意义但构造错误的理论：格哈德·莱布霍尔茨的政党国家理论

按照魏玛共和时期一些国家法大家的看法，政党对强大的国

家来说是个异类，对人民意志的团结来说也具有危害性。即使是当时社民党的一名成员，古斯塔夫·拉德布鲁赫也摆脱不了当时占据主导地位的、反多元主义思想的限制。拉德布鲁赫一方面意 150 识到"人民国家向政党国家"发展的潮流是势不可挡的；但另一方面，他却又认为，人们必须意识到以政党形式组织起来的"民主政体的现实状况"是与"民主政体的意识形态"存在冲突的，这种冲突的思想根源是认为只有在"统治者与被统治者的同一性中"才能实现人民主权的观点。[29]

这种对民主政体同一性的理解可以追溯到卢梭，它与议会民主政体的代议制原则存在着冲突，因为一种作为统一整体的人民意志假定它应当发出自己的真实呼声，而不能靠什么受委托的代表来表达它的诉求。因此，各种特殊利益是不能主张自己的正当性的。这就使得在社会与国家之间承担中介功能、活跃在议会制中的各种利益团体和政党，只会得到认为其只有反民主意义的评价。

1933 年以前，这种同一性思想成为催生当时遍布各处的各种反政党思想的温床。1945 年之后，政党政治却又理所应当地在民主秩序的重建过程中承担起领导者的重任。即使在知识界的讨论中，对政党政治的声誉也不再有什么质疑。政党学家多尔夫·施特恩贝格尔（Rolf Sternberger）在 1950 年代中期写道："战争结束之后，当人们看到国家是由政党来建设和维系的时候，几乎没有人会觉得这种情况有什么古怪或令人惊讶之处。"[30]在 1949 年的《基本法》中，政党国家的各种制度因素终于获得了对它来说迟到的宪法地位。但是，政党民主政体还是没有得到普遍且无保留的承认。在 1951 年的法学会大会上，国家法学者格哈德·莱布霍尔茨提醒与会者注意，人们可能"会以一种完全负面的形象来理解政党"。大家完全清楚"政党普遍不受欢迎的情况，特别是在波恩基本法中也是如此"。因为"在现代民主政治国家面前人们再没有什么回旋余地"，因此，这种敌视政党观点的存在是非常危险的。[31]

35 年之后的 1985 年，同样是一位国家法教授米夏埃尔·施托雷斯（Michael Stolleis）断定，"政党国家的正常年代"已经到来，拉德布鲁赫在 1930 年批评的"国家法和政党躲猫猫的游戏"已经结束了。1960 年代以来的各种法院判决和法学理论都推动着政党体制获得各种思想内在的承认，并使得对政党国家的各种表述方式"进入到联邦德国的话语体系"。德国人反对政党国家现象的各种"假正经"也不复存在了。[32]

到了这个时候，联邦德国的国家法理论已经针对新的民主政治环境作出了自己的调整，作为魏玛时代遗产的敌视政党的态度也已经成为历史。相反，自 1950 年代初发展起来的、有关民主政党国家的理论得到了广泛的承认，在该理论的创建和法制实践推广的过程中，前述国家法学者格哈德·莱布霍尔茨功不可没，尤其是在担任联邦宪法法院法官期间，他发挥了决定性的作用。

莱布霍尔茨对当时政治现实的判断是，现代民主政体已经发生了结构性变化。19 世纪引入普选制的选举制度改革催生了大众民主政体，这种民主政体是由政党来表述自己的主张并运作的。经典自由主义代理理论认为，当选的代表应当享有判断自由，在大众民主政体中，这种情况已经发生了改变，现在，这些代表是受到**政党**委托的人民意志的"公证人"，表述的是政党的意志。联邦宪法法院也认为，"在今天的民主政体中，只有政党有可能将选民团组成有政治活动能力的团体"。按照莱布霍尔茨的看法，政党"是一个服务于成熟的人民的传声筒"。[33]代议机关的功能因此也发生了相应的改变。在莱布霍尔茨看来，现在的议会也变成了"那些政党的代理人将已经在其他地方（委员会或议会外集会）做完决定之后来登记的地方"。[34]

像拉德布鲁赫以及其他 1920 年代的国家法学者一样，在莱布霍尔茨的身上同样可以看到有关民主政体的同一性思想。在他看来，在以政党国家的形式组织起来的民主政体中，大众的集体意志"借助于同一性原则"，并在"排除代议制结构因素"的情况下得以实现。不过，与卢梭及其追随者敌视政党的思维方式不同，莱布霍尔茨试图将这种同一性理论与现代政党民主国家实现其功能的各种需要调和起来。莱布霍尔茨提出，今天的政党国家"无论是就其本质属性还是就其表现形式来看，都不过是在现代幅员辽阔的国家中民众直接民主的表现形式或者——如果人们愿意的话——直接民主的替代品"。[35]

在法学界和政治学界立刻出现了从原则上反对莱布霍尔茨政党国家理论的声音。彼得·豪恩格斯（Peter Haungs）早在 1970 152 年代初期就指出了该理论在实证研究中的各种错误：政党之外，在各种团体和大众媒体的组织与活动中也存在着发挥这种中介功能的力量，因此，可以在政治意志的形成过程中同样扮演政治中间人的角色，这也使得将人民意志与政党意志无法等同起来。进一步考虑到民众之中只有很少一部分人才是政党的成员，将两者等同起来的问题就更严重。而且，各种议会事务与其说是由政党组织的力量在推动，还不如说"是由在议会运行中具主导地位的党团活动表现出来的"。[36]

从莱布霍尔茨的观点出发，政党"应当被镶嵌到国家统治机器中"，迪特尔·格林同样是一位国家法教授和联邦宪法法院法官，他对这种观点持批评态度。在格林看来，政党宪法地位的被确定并不是社会政治变迁的结果，而完全是基本法民主原则主动规定的结果。当然，人们还是应当承认政党在民主国家发挥的具有中坚地位的中介功能。不过，政党"不可因此就脱离自己的社会基础，使自己进一步独立于本党成员的意志"。因此，莱布霍尔茨的政党国家理论与基本法设想的政治秩序"重合之处甚少"。[37]

格哈德·莱布霍尔茨在1951～1971年间是联邦宪法法院的组成人员，在此期间，他实质性地参与了针对政党问题的各种具有最高司法效力的判决。在联邦宪法法院早期的一些判决中，他的政党国家理论的核心观点甚至用语随处可见。同时，扮演法学教授和法治守护者这种双重角色，在长达几十年的时间里，莱布霍尔茨是"政党法最富影响力的阐释者"。[38]

正是该思想在理论与实践上的诸多缺陷使得该思想在很长的时间里都能保持影响力的现象更值得人们研究。政党研究学者弗朗茨·瓦尔特（Franz Walter）猜测："在战后的那种对前进方向不知所措以及政治上无安全感的心态中，当时的人们或许只能求助于那些在学术上依然可靠的国家法学者，因此莱布霍尔茨用他不符合任何实证经验的人民—政党—国家同一的理论假说填补了这种精神上的真空。"[39]

最晚到了1980年代的时候，莱布霍尔茨的政党国家理论已经失去了它的学术领导地位。就其理论问题，米夏埃尔·施托雷斯在1985年指出："莱布霍尔茨将人民与政党人民与等同起来的看法以及它对代议制与政党国家的两分法，从一开始就是建立在一些夸张、不符合现实情况且陈旧的哲学前提的基础上，因此理论根基相当不稳，到今天就完全表现出了它的问题。"代议制与政党制度其实是完全可以和谐相处。[40]

虽然莱布霍尔茨的政党国家理论早已失去了其原有的影响力，但正如弗朗茨·瓦尔特所说，这并未改变"对政党国家的辩护……在战后联邦德国面对诸多困境时，极大保证了当时的政治稳定，并推动了国家发展"的历史事实。[41]这是一个恰如其分的评价。与此同时，该理论在很长的时间里都能够发挥其影响力的现象也再一次证明，当一种在社会中具有长期影响的观点或思维方式被稳定地吸收到制度设计中后，它将怎样继续扩张自己的领地。当时的联邦宪法法院也成为莱布霍尔茨政党国家理论的一个制度避风港。

德国政党国家理论的发展也在其演变逻辑中表现出符合路径模式要求的特征：当政党国家的核心观点成为联邦宪法法官作出判决时具有规范指导意义的确定原则之后，在政治活动和国家行政中以忠诚于各种路径要求的方式采取行动的义务感和主动感也相应地被提升。自联邦宪法法院成立之初，最高司法判决在这种路径一致问题上就施加了值得人们注意的压力。对政党国家来说，无论是它不符合现实情况的弱点，还是它对民主政体的一致性观点都没有削弱其对政治现实的影响力。联邦宪法法院早期的一些具有划时代意义的相关判决确定了政党的法律地位，讨论领域涉及门槛条款、政党资助、政党取缔等各种政党法问题，政党国家理论撑起了这些判决的基本理论脉络。在最高司法机关对各种政治行为符合路径要求的长期密切关注中，政党国家的各种组织和制度一步步转变为对在其中活动的各种行动人来说"理所应当"的存在。

（二）有一定影响力的新解释模式：卡特尔政党假说

和莱布霍尔茨的名字联系在一起的政党国家理论也是联邦德国政党国家制度史的组成部分。该理论在概念构造上的不足，最晚到了1970年代的时候，就不再是讨论中的盲点。但是，在那以后可以与莱布霍尔茨理论的高度与广度相媲美的新理论体系却尚未出现。莱布霍尔茨试图从对民主制度的一致性理论出发，将一种对政党国家的实践具有约束作用的规范理论与政党组织和活动的真实实践无缝连接起来，但是他失败了。新的具有相同理论

154

意义的尝试的成功可能性看起来要更小。这一方面是因为，一致性理论与代议制原则互相排斥，政党政治的舞台变得日渐多元化，政党的社会背景也日渐模糊；另一方面，就今天的现实而言，一种在实践中追求无限制政党特权的**愿望**，越来越存在正当性的问题。

政党国家理论规范地位的下降在现代的一些学术著作里也被视作政党变迁的一种表现。与莱布霍尔茨类似，彼得·迈尔和里夏德·卡茨在建构其广受关注的"卡特尔政党"这种类型时，重点考察了政党与国家权力机器间紧密联系且相互渗透的现象（见第二章第一节）。但是，与莱布霍尔茨不同，他们并不认为两者走得这么近的情况从民主理论上说是值得赞许甚至是必要的。迈尔和卡茨将"卡特尔政党"领导层未公开的利益考量与他们考察的国家资助定义为该政党类型的基本属性，并用"相互串通"一词来描述该现象。在他们的这种定义中，我们可以察觉到对政党的否定性论调。

现在，我们可以得出自己的结论：作为一种学术理论的政党国家理论，人们现在不能认为它还是完美无缺的了。虽然联邦宪法法院也许不再按照莱布霍尔茨的思想认同政党不受限制的政治权力，但是，政党的宪法地位以及它们在民主政体中发挥的关键作用，依然还享受着联邦宪法法院的承认。从这一意义上说，政党国家依然拥有最高司法机关不变的承认和维护。

与此同时，认为政党在民主政体中具有至高无上的宪法地位的观点，在学术界对政党和政党制度的研究中已经不再拥有无保留的赞同。出现这种转变并不是民主理论的发展过程中出现了什么新的不确定情况，而是对政党国家制度中各种行动人的行为在事实与道德意义上质疑的反应。人们还必须意识到，在政党研究中，对于现代政党国家原则看起来不容置疑的适用力，现在已经出现了越来越多的争议。

三、过度膨胀的宪法特权：政党的法律地位

（一）政党法律制度的授权与限制目的

政党从起源上说并非法律的创造物。在德国，早在各州宪法和基本法生效以前，政党就作为社会学的组织和政治行动人而存在，并实质性决定了人民意志的组织、议会活动以及政府事务的运作。从这一意义上说，人们有理由认为政党具有**前**宪法的正当性。

1949 年的《基本法》从宪法上承认了政党国家制度，这是对战后初期已经存在的政治现实的承认。这种宪法化的一种表现形式是政党法律地位的大大提升。首先是《基本法》第 21 条，然后是《政党法》进一步深入跟进，它们定义了政党的地位。其中，《政党法》是在 1967 年制定的，其后经历了九次修订（截至 2004 年末）。从广义上说，联邦与州的选举法以及议会法的部分章节都可以视作政党法的组成部分。

康拉德·黑塞（Konrad Hesse）认为，政党法是"宪法性法律的重要组成部分"，它得到了联邦宪法法院判决的进一步发展。"所有的本质要求"都早已获得了《基本法》的直接规定。因为《基本法》"从原则上肯定了政党免于国家规制与法律约束的自由"，尤其对立法者制定政党法的活动设定了限制。[42]因为议会立法活动实际上掌握在政党手中，黑塞的论断似乎还隐藏着另一层意思：政党在立法活动中对政党的自身事务进行调控时，会特别注意维护这种受到基本法规定的保留和限制。

政党地位被提升到宪法机关的高度，这在明确政党法律地位的同时，更有助于保护其组织和活动。对这种法律地位进行发展将同时具有授权与限权两方面的目的：被**授予**的是组建政党自由

156 和从事政党活动的机会平等；**被限制**的是政党政体运作中的各种风险及其不受欢迎的副作用，尤其是当政党政体权力过度膨胀时会发生的情况。

（二）巩固、限定和部分限制：政党法的三个发展阶段

在过去60年的时间里，德国政党法律制度经历了三个差异明显的发展阶段：第一个阶段是政党元素在各种组织和制度中得以巩固的阶段；在第二个阶段，面对政党国家发展的汹涌大潮，越来越多的预防其"漫堤"的措施开始出现；在第三个也就是最后一个阶段中，通过各种法律手段，政党权力开始受到部分限制。不过，各种实际发挥作用的法律规范从严格意义上说并不属于政党法的规范，例如广播法、市镇选举法中的相关条款（如废除5%门槛条款的作法）。

当我们回过头去考察这段历史时将会发现，在德意志联邦共和国成立之初，政党法的各种授权目的就已经是立法者的明确意图。《基本法》第21条并不想用"政党特权"这样的概念作出含糊的表述。相反，它的首要目标是利用法律手段巩固在公众话语体系中依然还在努力争取获得承认的政党国家，虽然当时政党国家已经在联邦政治各层面发挥着实际作用。《基本法》授予政党的这种优势地位同样以一种否定意义上的特权表现出来：众所周知，取缔政党的权力被保留给了联邦宪法法院。虽然联邦议会中各政党在20年的时间里一直迟迟不愿制定政党法，不过，这种现象也说明在共和国最初的岁月里，限制政党权力并不是一个被特别重视的问题。

在《政党法》获得通过以前，立法上的各种漏洞都是通过联邦宪法法院的各种判决来填补的。确定民主政党国家法律轮廓的各种大手笔的联邦宪法法院判决包括针对门槛条款（1952年）、针对政党的机关诉讼地位（1982年）、针对国家对政党的公共财

政资助（1958 年和 1966 年）以及 1952 年和 1966 年的两个政党取缔判决。

　　1954 年 7 月，联邦宪法法院两庭联席会议决定，政党在认为自身宪法地位受到损害时，根据选举法律程序的制度安排，它们可以利用机关诉讼的渠道提起申诉。[43]此前，机关诉讼是国家机关才可利用的法律手段。联邦宪法法院同样在很早的时候就批准了在普选制度中引入门槛条款的作法，只不过在量上作出了一定的修改。由于政党只要有机会就会通过政党竞争活动夺取公共权力，所以这一门槛应当尽可能的低。[44]按照这种思想，在联邦和州选举中，立法规定的 5% 的门槛条款还是可以被允许的。"机会平等原则从本质上要求任何政党、任何选民组织和它们的候选人从原则上说都有平等的机会参与到选举活动，并有平等的机会来参与当选职位的分配。"[45]根据这种理由，当施勒苏益格·荷尔斯泰因州在 2008 年 2 月针对市镇选举中的 5% 的条款提出申诉时，联邦宪法法院废除了该条款。[46]

　　针对门槛条款的最高司法判决从两个方面扩大了政党国家的被授权范围。在门槛条款适用其最高值时应当保证选举过程中平等参与（在市镇选举中该条款完全被废除的情况除外）的前提下，它——在有最高值限制的情况下——也以保证经过联邦和州选举产生的人民代议机关的活动能力为目标：比例代表制"有可能会使议会中产生许多小团体，结果使得在议会中难以甚至根本无法形成一个稳定的多数"。从中产生的危险是，立法机关没有能力"建立有政治行动能力的政府"。[47]这种看法背后的考虑是从宪法上保证政党在议会中的各种核心职能得以实现。在联邦宪法法官看来，在市镇自治制度引入对市镇长的直接选举制度之后，就没有必要再担心这种问题了。

　　在政党公共资助问题上，联邦宪法法院的判决也早在《政党

157

法》生效以前就已经涉足该领域。1966 年 7 月，联邦宪法法院判决：利用国家预算资助政党普通活动的做法违反了《基本法》；不过，政党在其竞选活动中的一些必要开支还是可以获得补偿的。[48]

（三）自卫民主中的政党取缔

与对公共资助的限制相比，对政党活动更具实质干涉意义的是政党取缔。按照《基本法》第 21 条第 2 款的规定，当某个政党有意破坏或推翻自由民主的基本秩序，向联邦政府、联邦议会或联邦参议院申请时，联邦宪法法院可以决定取缔该政党。

联邦宪法法院的这种"垄断性判断地位"（汉斯－彼得·施奈德语，Hans－Peter Schneider）还对严重干涉政党政治意愿的活动设有高门槛。在最终作出是否接受相关申请或该申请是否具有充足理由的决定时，该决定需要相关审判庭三分之二以上多数法官的支持。在 2013 年 3 月联邦宪法法院作出的驳回取缔 NPD 申请的判决中，联邦宪法法院强调说，因为政党具有很高的宪法地位，相应地就带来了"对它更高的保护与存续保障"要求。因此，当法院在取缔程序中作出不利于政党的判决时，这需要满足更强的证明需要。[49]

因为政党是具有宪法地位的组织，《基本法》第 21 条第 2 款取缔条款的存在就需要更高层级的宪法原则来为其合法性辩护。有关自卫民主的宪法思想是支持这种取缔可能的一条特别有力的理由。"与魏玛宪法不同，在基本法中蕴含着一种'具有价值约束性的秩序'。"这种价值约束性构成了基本法的宪法个性，并以基本法中一些不得修改的条款——第 1 条、第 20 条表现出来（人类尊严、保护人类权利、在国家组织结构中的民主制原则、法治国家、社会国家和联邦制原则）。[50]

当魏玛宪法面对共和国的各种敌对力量——这些敌人计划从

内部掏空破坏民主政体，魏玛共和最终对这些敌人无能为力。对该历史教训的反思催生了作为宪法概念的自卫民主。当某些政党"为了攫取权力而致力于破坏政治过程的开放性时"，这些政党应当被排除出政治空间，从历史经验的视角出发，这已经是顺理成章的结论了。[51]

但是，取缔政党在宪法上还是一件烫手的山芋，这一点被联邦宪法法院的判决文字反映出来。第一份取缔判决是在 1952 年 10 月针对极右翼政党社会主义帝国党作出的，在该判决中，法院第一次对取缔的标准和法律前提进行了规定。在 1956 年 8 月的取缔德国共产党的判决中，取缔的原则得到了进一步发展。按照法院的观点，"当某个政党……不承认自由民主的基本秩序的各项最高原则时，它并不已经具有了违宪性"。它"必须有针对既存秩序的积极、好斗且具攻击性的姿态"。[52] 即使有证据证明，某个政党基本政治路线的目标"从其方针指向和倾向上说都是以推翻自由民主的基本秩序为目标，针对该党的取缔判决却并不能起到消灭其组织形式的作用"；因为"联邦宪法法院判决的意图其实是，让该政党的思想被自己从政治意志的形成过程中排除出去"。[53]

一方面，政党取缔程序具有非常明显的法律特征。某个政党及其成员的政治意图或行为是否满足了取缔要求，法院将对此进行权衡判断。但是另一方面，政党取缔又具有强烈的政治色彩：是否提出取缔申请会受到投机主义的影响，即这是否是由有权提出取缔申请的国家机关来裁量决定的。因为这些国家机关的组成都受制于政党政治，时时刻刻都在反映当时政党体制中各种政治力量的实际对比情况，这使得《基本法》第 21 条第 2 款完全有可能被政治投机活动利用，用来为不受欢迎的反对派制造障碍，甚至只要威胁这么做就可以了。因为只要在公众讨论中出现了有关取缔可能的话题，牵涉到的政党当选的机会就会大大下降。[54]

159

联邦宪法法院作出的政党取缔判决将直接干涉社会政治参与和国家意志的形成过程，对其产生修正作用。因此，宪法对合法政党外沿的定义在法院那里得到了其自我克制般的解释。到目前为止，两次成功运用《基本法》第21条第2款"政党取缔条款"的实践，使得1950年代德国政党制度中的左翼和右翼政党的极端派系都大受打击。但可以肯定的是，这两次取缔判决在政治上都只有象征意义，因为当时的社会主义帝国党和德国共产党早就在政治上变得无足轻重了。[55] 而且，一个政党也可以在被取缔后依然作为一个有着共同信仰的团体而继续秘密存在。不过，虽然有这些不同意见，这也没有改变《基本法》第21条第2款是保证不偏离既有发展路径的有力手段的事实。在立法、行政和司法机关的合作中，利用该手段可以对个别行动人严重偏离发展路径的情况，至少在个别情况中作出应对。联邦宪法法院对此树立了很高的门槛，这一点通过2003年在卡尔斯鲁厄铩羽而归的针对德国民族民主党的取缔申请表现出来，当时，宪法法院因为程序瑕疵驳回了该申请。至于从2006年就开始讨论，并从2011年开始得到联邦与各州内政部长推动的新取缔申请的前景，目前还面临着比较大的争议。

160

（四）政党特权的法典：政党法

总体上看，1967年通过的《政党法》同时具有授权与限制性规定。政党在对它的理想类型期待中应当发挥的各种公共职能被"过度固化"了。[56]《政党法》对政党的内部秩序、党内民主、候选人的提出以及——在《政党法》占据最大篇幅的——政党资助问题都作出了规定。但是在有些人看来，这只不过是立法决策推动的产物，是对联邦宪法法院判决确定的制度基础的发展。[57] 根据《政党法》的规定，只有政党（而非选民团体）可以要求获得国家资助，不过，前提是在欧盟或联邦议会选举中获得至少

0.5% 的有效选票，在州议会选举中获得至少 1% 的有效选票（《政党法》第 18 条第 4 款）。再考虑到候选人提名垄断（"州的候选人名单只能由政党提出"）以及政党在候选人提名中的事实垄断地位——这些都得到了联邦选举法的规定，[58] 有关国家扶助政党的各种规则实际上成了政党特权在其经济地位上的表现形式。

"第一代政党法律制度"的各种法律保障措施，正如政党法学者马丁·莫洛克批评的那样，并不能阻止政党活动的"过度扩张"。对政党政体的权力欲过度膨胀的指责有着很长的清单：受政党政治操纵的对行政机关和作为公法法人的广播电台工作岗位的分配方式违反了政治中立原则，并且对分权原则也有破坏作用；有关政党资助和议员津贴的新规则成为政党"中饱私囊"的工具；党政职位的重叠、"对叛党者的惩罚"以及党的委员会对党内选举程序的操纵，这些都"限制了党内民主的活动空间"。[59]

为了"治愈由政党支撑的民主政体的各种功能障碍症"，莫洛克在 1990 年代就呼吁推动"第二代政党法律制度"的发展。"政党的法律地位到目前为止都排除了来自任何方面的侵犯，现在则进一步通过政党活动的各种界限、政党的各种义务以及对政党的各种控制措施得到了进一步的巩固。"[60] 但是，到了那个时候，通过联邦宪法法院的各种判决实践，为"汹涌发展"的政党国家大潮建立一个防波堤的努力就已经开始。波恩的议会党团和卡尔斯鲁厄的宪法法官长期以来就在一个合宪的政党资助制度上角力，宪法法官们已经多次修改了立法者对该制度的设计。此外，没有党团归属关系的单个议员的议会法律地位也得到了大大加强。[61] 现在的风向已经变了。对政党权力的法律限制而非新的授权性规定已经提上了议事日程。

161

（五）市镇制度改革：新的领导模式、直接民主与代议制原则的空洞化

大概自 1990 年代中期开始，对政党活动的控制与限制政策得到了延续和发展，这也构成了政党活动法律框架发展的第三个阶段也就是最近的一个阶段。该阶段的法律限制措施表现出一种新特征，如果对这种新特征进行极端化的表述，那就是对代议制度的各种代议制元素进行限制处理的倾向。这种倾向在各种制度改革中的具体表现是强化了直接民主因素，并使得各种选举产生的代议机关的职能和权力都被削减。

在还没有被政党研究关注的时候，德国这种在地方层面上的制度改革就早已开始了。作为两德统一的结果，在 1990 年代前半段时间里，市镇自治制度开始广泛引入直接民主制度。这种"制度上的自我完善"[62]可以获得广泛意义上的共识，许多法学界和社会科学界的代表人物也分享了这种共识。与州层面的政治活动不同，目前，在市镇层面上讨论的已经不仅仅是在事务政治中引入直接民主的问题了。现在的改革涉及的是公民在各种决策事务中的参与权利（公民动议、公民决议），从而加强公民直接民主中的个人因素，相应地带来了行政制度的改革。市镇制度改革在涉及其行政活动的部分，其改革思想是一种新领导模式，它受到了整个欧洲范围的一种所谓"新公共管理"改革浪潮的推动。按照这种改革思想，通过选举产生的各种市镇代议机构在针对个别问题的决策上应当被"剥夺"决定权，虽然行使这种决定权构成了目前市镇议会活动的主要部分。

在市镇内部作为一个整体的市民群体、选举产生的议事机构和市镇行政机关（其中市镇长是整个市镇的政治代表和各市镇机关、其中包括行政单位的领导）这个三角关系中，引入新领导模式的举措带来权力重心的变化以及职能的再分配。现在，市镇行

政机关的领导人是通过直接选举产生的，在一些特定的有关具体事务的问题上，作为整体的市民可以直接作出决定，不需要再听从市镇议事机构的意见，直接民主以这两种方式改变了过去传统的权力三角结构。当这种推行新行政领导管理模式的努力和越来越多的直接民主式的公民参与权表现形式结合起来之后，这种改革会对市镇层面的"政治组织制度带来怎样的结构影响"，[63]这将是一个越来越重要的问题。

恰恰是那些支持新领导模式的人也强烈支持地方直接民主。为了抵消在市镇机关的运作中从技术主义管理思维出发自行其是的倾向，来自市镇居民的直接参与看起来是一个有效的制衡力量。[64]比较研究总是显示出，这些新的公民直接民主的因素，例如对市镇长的直接选举，就在市镇政治中发挥着提高政治信任度的作用。[65]

这些改革是否可以与市镇制度中的代议民主因素和谐相处，要想在实践中为这个问题找到确定的答案是一件非常困难的事情。原因有两个方面。首先，这种前文提到的看起来推动引入新领导模式的现代化浪潮的"雄雄山火"，[66]最终证明只不过是昙花一现的运动。虽然德国市镇联席会议的调查显示，90%被问及的市镇愿意采取这种新领导模式，但事实上的改革往往只引入了部分改革内容，例如成本原则、预算控制原则。[67]其次，对于这种"双轨制"即更广泛的公民参与和行政活动的"职业经理化"，对市镇代议机构和地方层面上的政党国家制度核心组成部分的影响，目前还没有什么学术上的研究。

虽然实证中的研究还比较匮乏，但我们还是可以提出一些可信度非常高的结论，即从整体上看，通过选举产生的代议机关无论是在权力还是职能上都不得不面对被削减的命运。这种变化表现为四个方面：首先，新领导模式下的所谓合同管理模式使得市镇议会的成员可以更多地考虑纲领性的决策问题。其次，行政机 163

关的地位得到了事实上的强化，因为现在对具体规定的规制完全是行政机关一家的职权，但这些问题在实践中是市镇管辖权的核心内容，以后也将如此。对市镇议会的成员来说，因为他们现在不需要再考虑当地生活中的这些小事，结果他们也失去了当地选民特殊诉求代言人的身份。[68]

再次，过去，各种市政事业（燃气、供水、供电）是市镇行政的主要活动；现在，它们被私有化或者说被"外包"，这会在市镇代议机构控制力流失的过程中进一步造成很大的负面影响。对于现在这些从制度上说已经独立的市镇事业单位和办事机关，以后谁还能够对其进行有效的持续控制呢？

在直接选举产生的市镇长身上同样可以看到这种类似的控制不足现象。市镇长虽然是当地行政机关的主要负责人，但是其却将自己看成整个分权化的行政单位的总代表。

最后，市镇改革使得市镇更多地摆脱了各种国家机关的控制。现在，作为共同体的市民、直接选举产生的市镇长以及自我运行的行政机关相互联系在了一起，在这种情况下，如何保证民主合法性链条不断裂？

无论如何，人们的确有理由担心市镇政治中的代议制因素有可能会受到损害。现在，由选举产生的市镇议会发现自己处于一种尴尬的权力夹层中：从此以后，它需要在双重压力下工作，一种是自下而上的压力，它们来自于当地的公民决议和已经独立化的行政单位；另一种是自上而下的压力，它来自于由民众直接选举产生的市镇长的权力要求。

政党（以及地方选民团体）在任何情况下都属于这种市镇现代化进程中的失败者，因为当由选举产生的市镇议会失去领导权时，它们也会受到直接影响。最近的地方政治和行政组织改革表现为通过直接民主手段实现"去代议制化"以及市镇权力结构中的"首长化"，其后果是使政党"自下而上"的影响力范围从法律上被限制了。

有些人也许会为这些改革措施而欢呼，认为这是已经"疲惫"的民主政体重新焕发精神的表现——"人民"，政治上的委托人，在市镇事务活动中收回了它的政治控制权。但是，委托人和代理人，即当地的政党和没有政党背景的市镇议会派系之间的关系变得更复杂了。从此以后，这些市镇层面的政治代理人将面对**逆向选举**的问题，即这些代理人的政治委任人行为的倾向性会在具体的个案中以无法预期的方式发生变化。同时，各种公民直接民主性质的决定有可能会包含当地市镇过分的要求，或者一些有争议的问题，这种风险此后也会越来越大（**道德风险**）。例如，通过公民决议兴建的德累斯顿市易北河大桥使该市失去了世界文化遗产地的地位，或许就是这种风险的一个实际例子。

但是，从另一方面看，这些老练的政治代理人很快就适应了已经发生改变的社会条件。实际上，政党完全是这些改革的受益者，因为它们很快就学会了如何利用这些市镇政治中公民直接民主形式的新制度手段。有些政党法学者希望这些直接民主的新元素可以"限制政党的统治领域，并且在政党之外开辟新的政治输入渠道"，[69]但是，这种期待在现实中只得到了部分实现。市镇法律制度的变化对政党政治活动来说实际上同时具有授权与限制性作用。市镇改革的路径是通过改革市镇制度以削减政党事实上的影响力，但是，政党在使各种事务直接民主主义的"议会外辅路"（恩斯特·弗伦克尔语，Ernst Fraenkel）为己所用的同时，却依然可以通过这种新路径扩大自身利益。

四、政党资助：民主的成本

（一）分裂的委托人——捐助人与纳税人

没有其他任何一个话题像政党资助一样，在民众中激起如此强烈的争议和不同意见。这个问题涉及作为政治委托人的公民与其政治代理人即政党之间的关系，以及政党在国家生活领域活动时其地位具有的双重道德意义。在此，委托人对政党会表现出不同的期待：他们首先希望自己付出的党费、捐助或者仅仅是思想上的支持能够有回报，自己利益能够得到最大的重视。但是，政党又要扮演整体道德利益上的守护人的角色。此时，政治委托人又会对政党的各种收入来源进行无情的谴责，这些收入有时是吃国家的大锅饭，有时则来路不正。这种委托人和代理人的关系，从委托人的角度来看，将根据委托人的自身立场而表现出不同的内涵。这两种视角都显示出，政党资助始终会对民主政治文化的发展带来各种不稳定因素。

165

政党服务于私人利益，受政党操控的经济上的自利行为的原因，而且政党往往也会接受来自社会的各种事实上的帮助，这些情况都使得政党的户头越来越深不可测，联邦宪法法院非常清楚这种现象的阴暗面。联邦宪法法院法官在 1958 年针对这些事项作出的第一个判决中就提出："对政党的捐助，按照人们的一般生活经验，都是来自于特定的利益团体。"一般来说，受政治动机推动的政党捐助在其背后都有某些团体对自身特殊政治或经济利益的考虑。这就与各种具有慈善、宗教或学术目的的捐助活动形成强烈的对比，这些捐款"通常都是个人慷慨无私的表现，也不指望会对个人带来什么特殊利益"。[70]

在"政治舞台的维护费用"中，最易于堕入政治腐败陷阱的形式是对个别政客的直接捐助。在波恩州法院 1987 年作出的对布劳希奇（Brauchitsch）、弗利克（Flick）和格拉夫·拉姆斯多夫（Graf Lambsdorff）的刑事判决中，他们的名字同联邦德国第一个有关政党捐助的大丑闻联系在了一起。在判决中法院提出："向单个政客的捐款具有具体目的。它们非常适合于（恰恰因为这种捐助形式没有利用更大的账户）使受捐助人在其转瞬即逝的感激之情外，还不时提醒、保持甚至强化受捐助人特定的有利捐助人的行为。"[71]

在这种付出与收获的双重关系中，委托人和代理人的共同关系将变得更为紧密，但是，这种紧密关系却依然位于公众视野之外。捐助人更多地是希望获得或实现自身利益，相应的受捐助政党的竞选能力会因此大为增强，对于那些获得具体捐助的个别政客来说，借助这些匿名捐助他们能建立秘密的贿赂基金，就像基民盟多年的党主席赫尔穆特·科尔曾经的所作所为一样，这将使他在党内获得更强的影响力。1999 年，科尔的非法双重账户被曝光，科尔在承认错误的同时，事后却将这种来源不明、受其个人直接控制且分配方式不明的特殊捐款描述为服务于该党的捐款："在我担任党主席的时间里，在处理对党的分支机构和团体的特别捐助这些问题上，例如对这些组织的政治活动以资助的方式进行有着不可推卸义务的支持，我一直认为采取秘密处理的方式是必要的作法。"[72]

与此类似，其他缺乏透明度，法律上不允许的在政党竞争活动中给予一定的优先对待，以及当立法权力被用来服务于政党经济利益时会带来的各种宪法上的微妙问题，这些都是始终围绕着政党公共资助的棘手问题。此时，政党已经不再是一个消极被动地接受金钱利益的当事人了，现在，它更是垄断议会活动、拥有政治权力的积极行动者，想方设法使议会活动服务于自身利益。当政党窃取了国家资金来源，并且在公众当中立即引发了中饱私囊的猜疑苗头——把国家的钱包当成"唐僧肉"，那么这些政治委托人此刻的形象就会变成愤怒的、"被剥削"的纳税人，立刻会与自己的政治代理人拉开距离。

对政党的任何外部资助，无论是私人捐助还是国家资金转

166

移，都会对民主政体造成潜在威胁。当高收入或者资本雄厚的捐助人瞄准某政党时，它有可能会使特定的公民或群体相对于其他人来说拥有更大的政治影响力。当某些（规模较小）的政党要求分享国家资助，但又因为一些限制性规定使得其权利无法得以实现时，这同样是一种违反政治机会平等原则的表现。它们都破坏了政党之间的公平竞争。政党基本上总会想方设法地用国家的钱来充足自己的钱包。这种情况反过来会使政党忽视来自党员党费和私人捐助（并不是所有此类捐助都名声不好）的收入。当政党的预算日益国家化后，政党将进一步脱离其社会基础。

（二）没有作为免费午餐的民主政党国家

经过冷静的思考人们会意识到，民主政党国家不会是一份免费的午餐。政府扶持政党的行为会带来公共财政负担，这是民主政体运行的成本，但是考虑到政党的宪法地位以及政党保持其组织活动能力的需要、政党承担的公共职能，这种成本是符合现实需要，因此有充足的宪法依据。但是，也有充足的理由证明，对政党的公共资助一直存在着超越其正当界限的倾向，因为这些公共资助的受益人，即政党，完全掌握着使其受益的立法权力。对此有人不断提出将公共资助制度的执行交给一个独立委员会的建议，但这并不是一个解决问题的办法，因为民主原则本身排斥该作法。经过民主方式选举产生的议会代表着人民的意志，同样由选举产生的各政党代表行使的主权是不能服从于一个指定的专家委员会的。

因此，在政党资助的实践中存在着许多复杂的问题：对政党恰当的资助，其中包括来自国家的资助，本身是一个没有什么争议的问题。利用公共资金资助政党在西方民主国家中"并不是什么例外，而是通行的作法"。[73] 不过，正是这种通行的作法在这些国家也造成了永恒的争议。一方面，当政党自身的组织结构不足，却利用国家资助来承担自己大部分活动成本时，这在公众的眼中不可避

免地会显得超越了必要范围甚至处于合法性的边缘。另一方面，在
联邦德国更是经常出现一些违法的资助活动和捐助丑闻。其中最轰
动的事件有 1980 年代进入法院诉讼程序的弗利克捐款丑闻，1990
年代曝光的赫尔穆特·科尔以及黑森州的秘密资金丑闻。1970 年
代，弗利克集团曾经向各基金会和政党输送了数以百万计的资金。
参与该事件的一位当事人事后辩解说，他们这么做"只不过是在交
保护费，使得自己免受经济上敌视的政治活动的压迫"。[74]

　　这些各种各样的问题、理由使得政党国家运作的成本进一步
提高。不仅是各种捐款丑闻的曝光，甚至针对政党资助的任何新
举措都会在公众眼中带来道德疑问。就像对议员的津贴这个总会
激起公众不满的话题一样，在对政党资助这种充满道德色彩的讨
论中，对于那些所谓"党内大佬"的贪婪、特权和横财暴富，人
们经常不会区分事实与假设。厌恶政党和政客的那种潜意识情绪
为此总能找到给自己添油加醋的机会。

168

　　（三）立法机关与宪法法院的角力

　　在德国，政党必须不定期地公开自己的账目，如果有问题的
话还需要交纳沉重的罚款。在德国，国库无论如何都不是"政党
唾手可得的猎物"——相反则与这种比喻传递的信息完全不同。
那么，当有人提出（例如政治学家卡尔 - 海因茨·纳斯马赫，
Karl - Heinz Naßmacher）政党对其收入来源和使用情况的全面报
告义务是"德国立法活动的一个典型表现"时，这种论断的含义
是什么？还有人断言，与德国政党资助的透明化程度相比，"其
他任何一个西方民主国家连德国的初级水平都达不到"，这一观
点又有多恰当呢？[75]

　　《政党法》不仅规制着政党资助问题，在整个政党法领域，
"充满创造性"的立法者和事后纠错的联邦宪法法院始终在各种
问题上角力，这种"角力"现象将为上述论断做出解释。联邦议

会中的各政党长期以来都在不屈不挠地通过立法渠道为来自政党内外的各种资助活动创造最有利的条件，而在收到起诉时，卡尔斯鲁厄的法官们长期以来同样不断顽强地驳回各种披着法律外衣的过分财政促进措施。作为角力的结果，人们在政党资助问题上看到的是在规范创造和实践中的明显路径依赖现象。联邦宪法法院在审查各种立法制定的规范时往往会部分维持、部分撤销这些规范，然后议会就会想方设法地寻找规避措施，以绕过卡尔斯鲁厄新规定的各种要求，但是，与此同时这些新立法举措无论如何还是要满足最高司法判决的建议。经过这一回合，新的发展路径方向将再一次被确定其错误与偏差之处。当立法者和宪法法院在几十年的时间里共同沿着这条路径行走的时候，该路径对这两位行动人的约束力将不断增强，以保证当初确定的发展方向能够得到保持。

最高司法判决始终遵循的一条原理是：当某项指导性原则被确定之后就不能拒绝该原则的规定，相反，应当在以后的发展过程中不断肯定其约束作用。这种思想同样反映在各种有关政党资助的判决中，其中包括 1992 年对过去的法院意见进行重大修改的一份判决。各政党不得不再一次克制自己的各种要求，而政党法也需要根据卡尔斯鲁厄的规定进行多处修改。不过，在公共资助中的政党特权还是得到了肯定，对政党的各种可观的公共资助被认为并不抵触《基本法》的规定。而且，现在严重的**偏离**路径情况将有更大的风险，因为自 1983 年《政党法》修订以后，任何违反该法对政党资金的有关规定的行为都会受到非常严厉的经济处罚，这种处罚甚至会使被处罚政党面临破产的命运。[76]

（四）政党资助路径发展的各个分岔口

图 15 揭示了过去 50 年政党资助规则发展中的各个分岔口，它通过联邦宪法法院的各次判决和对政党法的各种修订表现出来。

169

联邦宪法法院判决第8卷(1958年6月24日)
- 对向政党的捐助规定税收优惠违宪
- 允许国家向政党提供津贴

联邦宪法法院判决第20卷(1966年7月19日)
- 不可利用国家预算资金资助政党的普通活动
- 只可补偿选举成本

1967年7月24日通过的政党法
- 当在第一张选票中获得所在选区10%以上的选票(个人候选人)或者在第二张选票上获得2.5%以上的选票，可为每张选票获得2.5马克的补偿
- 600/1200马克 的捐款扣减限制
- 超过2万马克(自然人)和20万马克(法人)捐款的公开义务

联邦宪法法院判决(1968年3月12日)
- 2.5%的第二张选票得票率门槛违反了机会平等的要求；符合平等要求的规定：0.5%
- 可以规定更高的扣减限额
- 对个人捐款的公开规定没有问题，但是对法人公开义务门槛太高

1974年对政党法的修改
- 法人捐款的报告义务额度下降到2万马克
- 选举成本补偿金额提高了40%，达到3.5马克每票

联邦宪法法院判决(1976年3月9日)
- 相对提高了地区代表中独立参选人的地位：在选区中获得10%以上的选票就可以申请选举费用补偿

联邦宪法法院判决(1979年5月9日)
- 不需要提高捐款的扣减额度(600/1200马克；可以规定更小的额度)

1980年8月18日对政党法的修订
- 将捐款扣减的额度提高了三倍(1800/3600马克)

1983年12月22日对政党法的修订
- 将选举费用补偿额度提高到5马克每票
- 引入机会平衡金
- 更高的捐款扣减额度(收入的5%，或从营业额、工资与薪酬总额中上限21 000马克)
- 对违法获得的捐助的惩罚措施

联邦宪法法院判决第73卷(1986年7月14日)
- 不允许以百分比的方式来规定捐款扣减额度
- 规定绝对最高扣减额度为10万马克
- 驳回绿党对机会平衡金提起的诉讼

1988年12月22日对政党法的修订
· 引入基本补助金(条件是获得2%以上第二张选票,总额是整个政党公共资助度金6%)
· 对机会平衡金的修改
· 将报告义务的履行门槛提高到4万马克
· 捐款的税收扣减额度界限限制为6万和12万马克

1994年1月28日对政党法的修订
· 政党资助总额绝对上限:2.45亿马克
· 相对总额限制:国家公共资助不能超过私人捐款和党内收入总额
· 选举补偿金为1马克每票(头500万张选票为1.3马克每票),其中相应政党应当在联邦德国或欧洲议会选举中获得0.5%以上,或在州议会选举中获得1%以上的第二张选票
· 自然人捐款的最高扣减额度为6000马克

联邦宪法法院判决第85卷(1992年4月9日)
· 重新允许对政党一般活动的国家公共资助(如同1958年的判决,对1966年的判决做出修改)
· 机会平衡金违宪
· 不允许基本补偿金
· "自我资助要优先与国家资助"被确定为基本原则
· 法人捐款的税收优惠措施被废除
· 捐款报告义务额度门槛被降低到2万马克
· 对政党公共资助的绝对与相对最高额度限制

联邦宪法法院判决(2004年10月26日)
· 立法规定的要获得国家资助的"三州指标"(至少在三州获得1%以上的选票)违宪

图15　有关政党资助立法的各个阶段

资料来源:Sabine Kropp, "Parteienfinanzierung im, Parteienstaat': Problemlagen, Miß-verständnisse und Reformüberlegungen", in Gegenwartskunde: *Zeitschrift für Gesellschaft*, *Wirtschaft*, Politik und Bildung, 49 (2000) 4, S. 435～446;以及作者自己的解释。

170

在德意志联邦共和国成立初期,政党资助制度的开放性甚至更大。[77]直到1954年都还不存在从联邦国库向政党支付金钱的作法。在那以后,立法规定向政党的捐款可以在纳税时不受限制地被扣除。联邦宪法法院在这种作法中看到了瑕疵,它认为当国家放弃相关税收利益从而使得相应资金间接成为对政党的资助

时，"这会使特定政党在意志形成过程中的地位变得更强"。[78]
1958年6月，联邦宪法法院宣布当时执行的税收优惠措施违宪，
不过，它允许了"来自国家的"、对"支撑选举活动"的各政党
的补助措施，理由是这些政党"在宪法生活核心领域的组织职
能"。[79]但是，与此同时法院也提醒对机会平等方面的问题需要
特别小心。

　　直到1966年，每年来自联邦预算的钱都以不规定用途的方式
流入了在联邦议会有席位的各政党的腰包。"根据《基本法》第21
条向政党支付的特殊资金"到1965～1966年度的时候已经达到了
每年3800万马克。[80]1966年，卡尔斯鲁厄叫停了这种作法，并将
国家对政党的财政资助限制于对选举开支的合理补偿上。但是，在
1992年4月的判决中，联邦宪法法院再一次调整了自己的方向，它
认为，"与到目前为止审判庭一直持有的观点不同"，国家在宪法上
并没有什么障碍阻止其"向政党提供各种经济手段，以保证政党
从事受到基本法规定的各种**普通**活动"。不过，免于国家干涉的
自由还是只允许利用国家资金对政党进行部分资助。政党自身获
得的各种资助形式还是比国家资助更重要。[81]

　　经过这种观点的转变，在一些专家看来，宪法法官们纠正了
过去宪法政策上的一种错误发展方向，并为"符合未来发展需要
的、对政党活动同时通过私人和公共资源进行资助的方式铺平了
发展道路"。[82]

　　(五) 联邦议会各政党的收入

　　图16对各党收入情况进行了直观的描述。正如2007年财务
报告显示出的，国家资助占到了联邦议会各政党收入的28%～
38%。因此，它在任何一党的收入构成中都没有超过该党的党员
党费、捐助和议员党费的总和。对自民党来说，捐助所占的比例
高达28%，这是一个非常高的情况。社民党和基社盟的"其他收

入"从比较上看是非常高的。其中，社民党各种来自于传媒业的收入尤其值得注意。

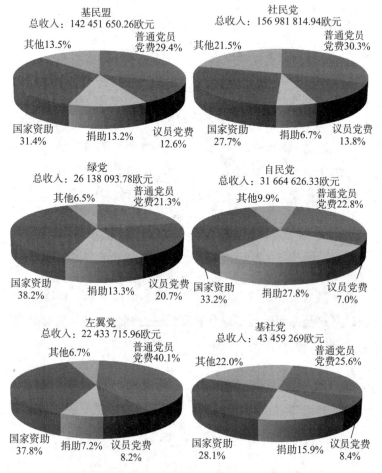

图16 联邦议会政党总收入中最重要的组成部分及其百分比（2007年）
资料来源：联邦议会。

在这些有关政党财政情况的统计数据背后，如果只考虑单个财政年度的情况，我们将看到一种变化明显的发展趋势，其中，那些大的人民政党尤其表现出财政状况不断萎缩的情况。基民盟和社民党长期以来都受到党员流失问题的困扰，而社民党的情况表现得更严重，这使得两党的党费收入都出现了大幅下降：1997～2006年，基民盟的党费收入下降了8.5%，只剩下4290万欧元；社民党更是下降了32.3%，只剩下4840万欧元；[83]基社盟的党费收入在这期间保持了基本稳定；绿党来自内部成员的收入则几乎下降了一半，从最初的1100万欧元下降到550万欧元；自民党的收入则出现了明显上升（从540万欧元上升到690欧元）；左翼党也出现了小幅上升（从890万欧元上升到900万欧元）。[84]

172

　　目前，1994年以来生效适用的政党法版本将此前在联邦宪法法院判决中发展出的各种原则基本上吸收进了自己的规定：政党将从国家资金中获得"基本法对其规定的各种活动的"部分资助（《政党法》第18条第1款）。这种部分资助不得超过政党从党员党费和捐助中获得收入的总和（第18条第5款）。获得国家资金的资格依然与在普遍选举中达到最小得票率的前提捆绑在了一起（第18条第4款）。对政党的捐助从原则上被允许在一定限额内从个人收入中扣除，但也要履行相应的报告义务（第24、25条）。政党必须每年就自己的收入来源和使用情况提交财务报告（第23、24条）。如果财务报告中存在不实的情况，存在违反捐助行为或者对捐助没有履行公开义务，政党将会被处以两倍甚至三倍的罚款（第31条b、c款）。

173

　　这些措施的目的是防止出现政党的完全国家化，即卡茨和迈尔提出的"卡特尔政党"类型表现的情况，为联邦德国政党国家制度的发展设定了法律界限。当有证据证明存在违反政党法的情况时，各种惩罚措施总是足以使受罚政党处于破产的边缘。但是，这些措施并没有禁绝违法和不正当发展现象的发生。政党法同样不是一个"什么都可以往里装的概念上的大箩筐"。[85]尤其是考虑到各党党员不断流失以及党费收入不断下降的现实情况，人们应当意识到，各党会想方设法地寻找各种规避方式，如采取创造性的方式规避既有规则的要求，或者索性放松既有法律规则的要求。为了在政党竞争中处于有利地位，有些政党会试图为自己创造一些秘密的财政优势——这就有点像屡禁不止的兴奋剂现象，兴奋剂的使用者为了在竞技体育比赛中获得好成绩总会搞一些舞弊，对政党来说这同样是越来越有诱惑力的作法。

五、基层失去权力与领导层的过度膨胀？——"政治阶层"的表象与现实

（一）"政治阶层"一词的用法

"精英"一词在现代社会学的理解中代表着在国家或社会中高高在上的地位，与"精英"一词相对的概念是"大众"或"大众们"，精英会凭借其优势地位维持不平等的社会存在。政治精英是在政党国家里占据领导地位的人物，他们以一种独特的方式拉大了"上面人"与"下面人"的不平等：那些通过选举产生的政治领导人拥有的是垄断性的影响力，这种影响力使得他们可以作出各种具有普遍约束力的决定并执行这些决定。不过，在民主政体中，这些政治精英要想主张他们决定的合法性就必须使自己作决定的方式符合法治国家的规则，并且符合人民意志的主权要求，这种意志是通过选举和投票反映出来的。

在公众话语体系中，相比于精英的概念，人们更多地还是在使用"政治阶层"一词。在该词更受欢迎的同时，人们可以感觉到一种存在于潜意识中的不信任感，其对象是那些政客。该概念最早是被格塔诺·莫斯卡（Gaetano Mosca）使用，后来被罗伯特·米歇尔斯（Robert Michels）发扬光大，它得到了学术界许多人的支持。[86]克劳斯·冯·拜梅是第一个使用该概念进行类别分析的人。在冯·拜梅看来，政党精英一词的内涵"要比政治阶层窄。因为在'政治阶层'中还有一些政客，他们虽然**分享了特权**，但在精英作出决定的等级体系中却没有什么大的影响力"。[87]

这两个概念针对的都是内部有紧密联系的社会类别，指向的都是有着密切利益关联和共享资源的一些群体，这些群体控制着竞争和获得政治权力的唯一通道。虽然冯·拜梅对区分这两个概念有很多解释，但是看起来政治阶层与政治精英一词还是有着非常大的交集。

政客们当然享有各种特权。公众对他们总是投来怀疑的目光，认为他们总是优先考虑自身利益并且远离公众。政治阶层成员的身上总是背负着一种影响力很广的恶名，他们被认为总是会维护本阶层的利益和地位，会将自己获得的阶层地位尽可能长地维持下去。因此，所谓的竞选活动只不过是一种做做样子的竞争，它的作用仅仅在于掩饰本阶层内部成员之间的同谋关系。"当他们想对'下面人'推行自己的什么决定时，那些'上面人'总会紧紧抱在一起。"[88]

政治阶层这个术语首先传递出的是对一种有着负面色彩的事物属性和行为方式的描述，涉及的对象群体是政客。[89]那些成功加入该群体并从中受益的人员，总是被公众怀疑利用政治活动来满足个人私益，将这些好处只留给自己和同伙，并将这种特权滥用到恬不知耻的程度。万德利茨，这个在统一社会党国家里政治局委员及其家属独享的居住地，现在成了人们描述政治阶层的代名词。在许多人看来，政治阶层代表着一个有着既得利益的职业群体，他们的行事方式总以牺牲普通人和公共利益为代价。一位正直的政治家埃哈德·埃佩勒（Erhard Eppler）"在'政治阶层'一词几十年的发展过程中体会到了一种莫名的恐惧感"。[90]

即使把它当作分析研究中的一种类别，"政治阶层"一词在概念定义中的倾向性也不能被完全排除。包含于这个概念中的价值判断同样与精英这个术语有关。本书下文所称的政党精英也是

175

政治精英群体固有的组成部分，与政党国家无论在理论上还是在现实中都有着密切联系。[91]

（二）人民眼中的精英：有意义，但对很多人来说也是无关紧要的

任何人只要步入了政党精英的行列，就要按照政党国家的逻辑为人处世。政党精英们长期以来履行的各种公共职责，至少在一开始并不要求这些精英有什么特殊的个人职业素质。按照人们的一般经验来看，这只不过意味着要履行获得的领导职能罢了。这些领导岗位的候选人以议会活动作为自己的职业生涯设计，在成功获得提名以前，他们就已经积累了必要的"代表资本"。[92]在各权力层面的代议机关中，几乎有40%以上的成员在第一次当选以前就已经是其所属政党在地方或所在选区委员会的成员。这些候选人参与各自政党地方委员会的活动也是出于职业策略的考虑，因为党内机关的重要岗位对于党内提名过程有着重要意义，通过占据这些岗位，他们也将为自己作为议员的前途打上保票。[93]

第一次当选的代表中有70%也会再次获得党内提名。[94]各种政府职位和议席被长期占据的情况会使党内上升渠道变窄，而这种上升渠道对党内民主非常重要。但是，这些"长期盘踞职位"的人并不仅仅是出于维护自己精英地位的利益考虑而保留自己的位置，从某种意义上说，他们这样做也有组织功能上的意义，即在完成各种工作的过程中还是有对专业知识的客观需要，其中，担任相应职位的经验也是这种专业知识的组成部分。

在这些精英的所作所为中，利己与利他的动机、从道德原则出发与各种另有企图的打算、对个人权力的算计与对公共利益的考虑总是交织在一起，外人很难将其区分开来，公众也总是对政治精英施加了成功实现各种目标的压力，但是，这些精英有时因为本身无能为力，有时因为自身过错而无法实现这些目标。这也

可以解释不仅是政治精英，甚至整个精英群体在民众的眼中仿佛都承担着原罪的现象。所以，现在在联邦德国的政客们只拥有15%的信任度。对于政治领导阶层的表现，东德有大约三分之一的民众（34%）、西德有大约五分之二的民众（42%）表示满意。在造成这种信任度下滑的各种原因中包括政客作出的过高承诺、政客群体后继无人、职业政客在其他工作领域缺乏相关经验（见表2）。

表2 对政客与政党信任流失情况的原因

信任流失的可能原因	东部	西部
第一位	政客过高的许诺（91.3%）	政客过高的许诺（90.9%）
第二位	糟糕的经济状况（72.7%）	缺乏有能力的政客（77.7%）
第三位	缺乏有能力的政客（71.3%）	糟糕的经济状况（75.9%）
第四位	职业政客缺乏在其他工作领域的经验（68.8%）	对政治活动的报道方式（70.1%）
第五位	对政治活动的报道方式（63.7%）	职业政客缺乏在其他工作领域的经验（59.5%）/民众期望过高（59.5%）
第六位	对权威不够尊重（60.6%）	对权威不够尊重（57.3%）
第七位	民众期望过高（56.5%）	政客处理问题的空间有限（44.9%）
第八位	政客处理问题的空间有限（52.3%）	

问题："我向您提出了一些造成信任度下降的可能原因。请根据您的看法，告诉我您认为造成信任度下降的这些可能原因中，影响力最重要、非常重要、还算重要、不是非常重要以及非常小的各种原因。"其中，对"非常重要"与"还算重要"的描述以百分比的方式表述。

资料来源：SFB 580 Bevölkerungsbefragung 2010, Jena – Halle. 177

德国人和他们的政治领导人之间的这种疏远关系实际上是德国公众对精英的矛盾心理的反映。虽然有四分之三的德国公民承认，精英们会作出一些"具有意义的"决定。但是，也有差不多同样数量的人在他们看来显得好大喜功。而且，有一半的民众认为精英的存在"从本质上说并不是不可或缺的"。只有三分之一的民众认为，精英群体成员的"贡献比其他人大"。[95]

所以，我们可以说，精英的声望其实并不特别高。这种现象的存在使精英研究有了许多需要弄清楚的问题：政治精英是否真的因为自己的优势地位而形成了一种独特的群体气质，且这种气质使得他们倾向于封闭排外？因为政客们的职业生活在很大程度上离不开政治活动，所以，作为职业政客的他们是否成功地创造了一种卡特尔？精英的地位会一代代地被继承吗？职业化的过程是否使得政客变得越来越难被替代，结果是否使得精英构成的循环受到阻碍？

（三）"寡头统治铁律"？

罗伯特·米歇尔斯——组织社会学的大家，曾经在一个多世纪以前提出了他的"寡头统治铁律"，他对这个问题基本上给出了肯定的回答。按照这条铁律，政党内部必然会有一批政治贵族出现。为此，米歇尔斯举了社会民主主义的大众政党进入 20 世纪时的情况作为实证例子：当这些政党逐渐向大众组织发展的时候，为了能够完成各种各样的任务，它们为自己建立了活动范围广泛的专业政党官僚机构。"职业领导人"掌握了党的领导权，这些领导人全身心地投入到党的事业中。使这些政党领袖可以在很长时间里占据领导职位的因素，不仅仅有当政党面对政治敌人时其普通党员所展现的团结精神，更有党员对领袖的领导能力及其个人魅力的崇拜。正是在这些组织发展的客观需要和心理因素的共同作用下，这些政党寡头坐稳了自己的位子，职业政客现在成了无法改变（"赶不走"）的领导人：

"在民主政党内部造成寡头现象的原因简单说来就是：

> 从组织化的发展进程、政党领袖的卡特尔创建努力以及普通
> 大众的消极性来看，寡头的产生是一种实际需要，尤其是对
> 领袖在技术上的需要。"[96]

米歇尔斯在这里提出了一种本体论般的论断：从事务的本性
来看，大众从本质上是无知且易于服从的，但是对这种论断现在
已经没有什么人愿意接受了，因为它与我们对现代人的形象和民
主的理解相去太远。不过，该理论对组织内部结构、"政党官员"
个人影响力和个人利益的分析却具有开创性。当里夏德·迈尔和
彼得·迈尔在1990年代中期提出他们的"卡特尔政党"类型时，
他们的一个基本思想是，在党内组织结构中，领导人和普通党员
之间总会存在着权力上的落差。这种观点实际上以新的形式复活
了米歇尔斯的思想。卡茨和迈尔认为，1970年代以来，随着国家
与卡特尔政党越来越纠缠在一起，当政党精英想始终控制手中的权
力时，他们所处的环境也再次发生了相应变化。从那以后，那些精
英在领导自己的——受到国家大量资助的——政党时就像领导"国
家的代理人"。虽然竞选活动的成本依然不菲，但是，这些政党的
竞争活动实际上只不过是一种"双簧戏"，是那些政党精英心照不
宣的秘密把戏，其目的就是一起瓜分国家的权力和金钱。[97]　　179

在卡茨和迈尔的眼中，卡特尔政党的党内生活存在着纵向分
层现象，普通党员和党的精英重新像过去一样相互隔绝。在基本
上不受党内草根阶层控制的情况下，职业政客阶层凭借自身的管
理素质和高效的行动方式决定着政党的政治路线。相比之下，普
通党员几乎没有什么发言权，相应地，仅仅是一个普通党员的身
份也不会有什么太多的义务要求。不过，党员对政党还是有价值
的，因为只要还存在党员群体，这种表象就可以继续维持政党民
主的神话。[98]

受到卡茨、迈尔和拜梅研究的推动，1990 年代末期，在德国的政治学研究中，"政治阶层"一词再次成了研究对象和从事分析时被使用的概念。精英的各种结构属性是被重点讨论的问题之一，如吸纳新成员、职业发展、代表形式以及职业化的发展轨迹。这一职业化的过程被理解为"一个受到普遍承认的普通公民转变为一个受到普遍蔑视（原文如此）的职业政客的过程"。[99] 作为一个群体，政客们有利益去保证存在足够的政治工作机会并且在其职业生涯中能够上升到更高的领导岗位，正是在这种利益的推动下，这个政客群体成为一个"代理人群体"。对于那些可以使国家权力触手可及的组织和制度安排，作为"既得利益者的卡特尔"，政治阶层有着自身的利益考虑，对于任何有可能危及其特权地位的改革措施，他们或是阻碍其实施，或是想方设法拖后腿。[100] 在政党活动之外，人们早就知道"怎样利用像选举法、对政党的公共资助这些制度来使自己在**面对选票流失**和党员与选民对其信任度不断下降时，保证自己的地位"。[101]

（四）作为"兄弟竞争者"的政客：对精英实证研究的结果

无论卡特尔政党还是重新粉墨登场的政治阶层，最开始都没有什么实证证据来支撑它们的观点。职业政客们会将自己的地位提高到一个高高在上的小团体的程度，对外、对下都显得神秘莫测，这一点在许多人看来都是显而易见的事情。对于选举法和国家资助制度，许多人认为这是反映政治阶层利用制度来服务于自身私利的最佳领域，但实证研究却表明，政治阶层的概念内涵却无法很好地解释发生在这两个制度运作过程中的各种现象。例如，德国选举法中的 5% 门槛条款虽然是一个很有争议的限制性规定，它使得一些新产生的小党很难进入议会（虽然当这些小党在积累了足够社会支持度时并不会绝对阻止它们成为议会的一员，就像绿党的成长历史一样），这就使得一些不受欢迎的来自

下层的竞争压力可以被隔绝出去。但是，该门槛条款的阻碍作用
却的确获得了宪法规范的首肯，其目的是为了保证联邦与州的各
种代议机关的工作能力。此外，在市镇选举中，该门槛条款已被
废除，这一改革主要是在一些小党和在若干州执政的政党的推动
下实现的，换句话说，是政治阶层自身努力的结果。同样的情况
也适用于被普遍确立的市镇长直选制度、市镇公民决议与公民动
议制度。作为这些选举制度改革的结果，议会中代议精英的权力
被他们自己削弱了。

国家补助问题中的"阶层意识"现象同样是不明确的。有观
点认为，政党卡特尔凭借其掌握的立法手段可以从制度上保证自
己的各种经济优势地位，该种观点被政治阶层概念吸收，成为支
撑该概念的重要思想基础。但是，人们在批评政党公共资助制度
时却往往忽视了一点，即有关选举费用补偿（其中包括议员津
贴）的各种有约束力的规则，并不能由什么外部专家小组来确
定，因为这样做就会架空议会的领导地位。在现实中是没有走出
这种宪法困境道路的。不管结果如何，议会都需要对自身各种事
项作出具有财政意义的决定，这些决议无疑都将服务于各种精英
卡特尔的利益。

德国政党法有关利用国家税收收入只可对选举费用进行部分
补偿的规定、有关政党捐助公开的规定，在世界范围内都成为立
法范本。现在人们终于可以承认，还是有办法通过法律手段阻止
政治阶层根据自己的群体意志不断**试图**使国家的财政收入服务于
自身利益。但是，违反政党法的现象还是不断发生，而且在修改
政党法时（只有最高司法判决才能对其加以纠正），各种宪法空
间往往被利用到了极致，这反映了政治阶层的确存在集体利益的
事实。实践中，议会党团的各种内部职位津贴来自国家的财政资
助，虽然这是**违法**的，但却被发现存在于各党党团活动中，这也

181 是证明该集体利益存在的一个证据。

对于这些违反法律规定或不符合道德要求的各种具体主观目的和实践活动，人们已经看到了很多合理的批评意见。但是，在这些批评意见之外，人们却不应忽视另一种现象，即正是在这一政治敏感地区，在这个政客会想方设法地将"国家的钱"转移到政党小金库或者议员腰包的领域，这个看起来由各种受益人组成的利益同盟却经常会分崩离析。对于一些像提高议员津贴这样的争议话题，当个别成员拒绝接受党团间的协议时，这种卡特尔组织总会出现分裂的迹象。这些个别成员往往是议会内的小党，甚至议会外的反对派——有时它们并不完全排除民粹主义的倾向，它们不再接受原有的共识。人们经常看到的是在公众眼中具有丰富象征意义的姿态，例如拒绝提高议员津贴。"通向卡尔斯鲁厄之路"虽然已经被利用多次，以对政党法进行修正，但是要发挥这条道路的规范控制作用，首先还需要有人从"卡特尔"里面站出来。

新的对精英的社会学研究使得我们有可能从实证角度更清楚地揭示政治阶层的真实面目。当研究者对德国政治领导阶层进行深入剖析后，他们则对精英意识和等级结构得出的分析结论与卡特尔理论的看法相去甚远。

这种不同从本质上说得益于研究思路的转变，它放弃了过去在概念构造时的价值内涵。根据这种新的研究思路，在分析政客群体的群体气质及其"阶层意识"的真实情况时，不应当受到对政治精英某种形象描述中先入为主的术语上的影响。如果以客观公正的态度看待政治精英从事的活动、他们的群体身份构造，并结合他们履行的各种职能，人们就会看到，为建立稳定的议会民主政体，政治精英的这种身份构建努力是必要的前提。耶拿的社会学者海因里希·贝斯特（Heinrich Best）的论述也为我们打开了对现实情况的另一种观察视角：

　　"民主精英应当小心呵护一种共同体精神，这种精神超越了
单个政党的界限并且至少会将来自于其他政党的某些（不一定
是所有人）'兄弟竞争者'（associated rivals）团结进来。"[102]

　　议会成员在处理具体事务时需要超越党派界限建立各种合作关
系，这也会推动政治精英去创造其共同的身份认同感。议员中之所
以会形成这种工作思想实际上也是现实的需要：只有同其他政党阵
营的对手在实现整个政治精英群体利益的问题上达成妥协一致，才
有可能打通建立执政和竞选联盟以获得政府职位的道路。[103]

　　贝斯特领导的耶拿大学研究小组对议员的研究结果表明
（2003，2004，2007），联邦和州议会的大多数议员（65%）具有
超越政党界限的共同归属感（当时只有52%的民社党议员不认为
自己有这种归属感）。事实上，政党间的联系活动也非常频繁，
只有13%的联邦和州议会议员与其他党团的同事没有任何非正式
的联系，其中，不同政党议员的情况分别是：基民盟17%，社民
党13%，自民党15%，左翼党4%，绿党2%。[104]

　　甚至作为后共产主义政党的民社党，即左翼党的前身也没有身
处这种非正式的精英网络之外（虽然它们与基民盟和自民党的联系
还是非常薄弱）。按照贝斯特的说法，显然，"作为一个典型的政治
精英，他们是不会冷落属于他们这个群体的任何成员的"。[105]

　　由于对立和冲突是民主政体运作中的家常便饭，所以，人们
应当始终去寻找各种妥协方案并按照这些妥协方案行事，这也是
德国精英们普遍接受并成为他们标志的信条，我们甚至可以在包
括市镇层面在内的国家政治生活的方方面面发现这种现象（第三
章第七节对此进行了更详细的论述）。竞争性的民主政体需要一
种可以将各种对立的利益冲突以合作性的方式联系起来的议会程
序，这是德国精英广泛接受的观念。任何人只要当选为议会成

员，他一般就会在言谈举止中表现出对代议制程序和运作逻辑的信任。议员们为了履行自己的职责，每周通常要工作 47 ~ 67 个小时，[106] 跟上这些程序的运作节奏将占据这些议员相当大的精力，但是，对于绝大部分参与这些程序运作的人来说，他们都觉得付出这些精力是值得而且会给自己带来好处的。这种集体学习的过程同时也反映出政治代表精英的职业化过程。

在这一背景条件下，虽然当选政治代表的职业化是履行这些代表职责的客观需要，但从中就产生了一个问题：这种职业化的后果会不会威胁到民主原则本身。因为，虽然掌权者经过一段时间就要交出自己的权力，但是，在职位轮换过程中这些职位却会被相同的一群人保留在自己手中。马克斯·韦伯有一个著名的论断："政治活动就是有关**利益**的活动"，[107] 这句话也许非常贴切地描述了政治权力圈内部的真实现象，尤其是那些圈中人在决定自己的进退去留时的独立发言权。

耶拿大学对议员的问卷调查显示，议员担任议会职务的平均时间为 10 ~ 12 年。其中，有 85% 的人在接受调查时表示有意再次成为候选人，而且，他们认为自己获得党内提名的机会非常高或者相当高。[108] 这也是一种有理由的自信：

> "在 2003 ~ 2004 年度获得再次提名的人员中，只有很少一部分人才会在以后的候选人提名过程中遇到竞争者。进入议会的道路是如此狭窄坎坷，一旦进入议会，这些议员至少会为延续自己的议会生涯做点打算。"[109]

长时间待在政治精英小圈子里的后果就是与社会隔绝。议席长期被相同的人占据会产生排外效应并引起民主控制机制的弱化，但是，如果缩短在议会内的工作经历，也会相应地造成议员职业素质的下降，对于这种两方面的得失，人们需要认真地权衡。而且，政治作为职业在民主政体中代表的是一种非常"棘手的关系"。[110]其中会涉及一些有着自身利益考虑的人士对自己政治生涯有意识的长期规划。

在其起步阶段，"只有一小部分议员会将他们的第一个议员职位视为他们长期从事职业活动的踏脚石"。[111]更有可能的情况是，一旦当选，他们就会在政治竞争中拥有自己的优势。不过，政治职业也是一个充满不确定性的职业，因为重新获得提名、重新面对选举甚至爬到更高的岗位上去的野心往往都需要经过激烈的竞争才能实现。面对这些个人职业前途上的风险，议员自然会考虑自身利益，在各种竞争中从自身利益出发采取各种对策。但是，该职业群体中的这种利益个人化的倾向却与政治阶层"自给自足"的团结精神相矛盾。当选举活动日益临近，或者在党内和党团内部要对人事安排作出决定时，这种团结精神在各种政治对手和竞争者之间将不复存在。

184

（五）向选民和国家负责：政治精英对代议制的理解

政治精英并不是脱离人民、高高在上的，至少从他们自己的理解来说不是这样的（见图17）。精英研究的新成果表明："只有10%的人才认为自己首先是所在政党的代表。相反，有90%的议员以某种方式认为公民或者说选民才是他们的委托人。超过50%的代表认为自己是整个国家的代表。"[112]

在各党的内部我们同样也会发现这种类似的对代议制"信托关系"的理解。1998年，在萨克森·安哈尔特州对各党党员进行的一份调查显示，在普通党员、党委会成员、议员和担任政府职位的人士中，有2/3的人将代议制理解为自由代表制。只有不到1/3的党员才主张，担任公职的党员应当首先尊重党内基层的意见和要求。认为党的领导层的意见应当发挥主导作用的普通党员

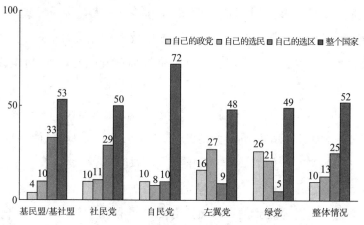

图 17　联邦和州议会议员对代议制的理解

资料来源: Heinrich Best, "Associated Rivals: Antagonism and Cooperation in the German Political Elite", *Comparative Sociology*, 8 (2009) 3, S. 419 ~ 439.

的比例甚至几乎是领导层成员的四倍（见表3）。[113]

表3　萨克森·安哈尔特州各党不同等级的成员对代议制的理解

单位:%

担任相应职位的人应当根据 什么前提做出自己的决定	普通党员	领导人员
根据自身的观点	66. 5	66. 2
根据选民的意愿	32. 9	16. 7
根据政党内部基层的意见	24. 7	15. 1
根据政党领导层的意见	30. 6	7. 9
调查人数	1655 人	127 人

资料来源: Bernd Hofmann, Zwischen Basis und Parteiführung, "Mittlere Parteieliten", in Bernhard Boll/Everhard Holtmann (Hrsg.), *Parteien und Parteimitglieder in der Region. Sozialprofil, Einstellungen, Innerparteiliches Leben und Wahlentscheidung in einem ostdeutschen Bundesland*, Das Beispeil Sachsen-Anhalt, Wiesbaden 2001, S. 187 (Basis: Parteimitgliederbefragung Sachsen-Anhalt 1998).

这些研究表明，人们通常认为，在党内生活中，党的领导层可以无拘无束地自行其是，它们与党内基层党员的关系也不大和谐，这种看法其实是没有根据的。[114]因为如果情况真的是这样，那么调查应当反映出党内等级体系中，下层对上层有比较强的不信任感。

另一种被人们广泛接受的看法是，政党生活有着非常强的寡头性，但是，实证研究也证明这至少不是一个非常准确的看法。实际上，在党内生活中，各方面力量都达成了广泛的一致意见，认为党的领导层可以独立决定党的意志。对这些现象的解释又进一步带出了各种问题：普通党员在党内生活的模式选择上，是倾向于效率还是倾向于参与？他们怎么评价自己在党内的影响力？在过去20年的时间里，得益于两德统一，政党制度的规模也得到了进一步发展，这也为政党研究获得各种新的认识奠定了基础。

（六）受到普通党员和领导层青睐的高效政党组织

在普通党员的眼中，高强度的党内参与活动的重要性究竟有多重要，这一点也可以通过对不同的政党组织模式的偏爱表现现来：在"政党民主"模式中，普通党员的意志形成过程及其在党内活动中发挥出的指引性作用，成为政党活动需要优先考虑的问题，在选择该模式时，人们也将会清楚地看到普通党员对参与党内活动的重视程度。相反，在"理性效率"模式中，政党活动的主要目标是扩大自己的政治权力，党的团结和一个强有力的领导层都将有助于实现该目标。[115]

如果认为党内生活中向上流动的渠道被堵塞了，那么基层党员应该会强烈要求实行"政党民主"模式。对萨克森·安哈尔特州各党普通党员的调查结果乍一看也证实了这种想法：在该州的所有政党中，普通党员对参与式政党组织的重视程度要高于领导层。[116]但与此同时，理性效率组织模式的思想，即对党内团结和选举表现的重视，认为后两者比分享党内话语权更重要，这种观

186

点不仅得到了党内精英的支持，而且在各党基层党员中拥有更高的支持率。这些调查数据也没有证实党内的下层党员和组织认为领导层存在自行其是现象的观点。

　　对德国各政党的党员来说，选举中的表现、党的基本路线得到党员群体的支持是很重要的，但对他们来说，这并不意味着一定要积极参与其中。1998年和2009年，波茨坦大学对整个联邦范围内的各党党员的情况进行了两次内容相同的调查，该研究成果最近由杜塞尔多夫的政党研究人员公开发表，该结果显示：在2009年，大约有四分之三的受访党员承认自己"不怎么积极"（42%）甚至"根本不积极"（31%），只有6%的人认为自己"非常积极"，另外21%的人认为自己"比较积极"（见图18）。

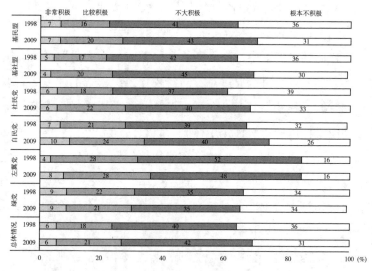

图18　各党成员的活跃程度（1998年与2009年的情况）

　　资料来源：Wie aktiv sind die Mitglieder der Parteien? In Ders. /Markus Klein/Ulrich von Alemann/Hanna, Hoffmann/Annika, Laux/Alexandra, Nonnenmacher/Katharina, Rohrbrach（Hrsg.），Parteimitglieder in Deutschland, Wiesbaden, S. 97 ~ 119.

　　这些研究成果表明，有一点是可以确定的："普遍党员的消极态度在三个人民政党：基民盟、基社盟和社民党的身上表现得尤其明显。"[117]不过在过去近十年的时间里，普通党员的活跃程度还是有所上升的。

　　普遍党员的消极态度自然不能被认为是他们对党的领导层绝对权力不满的表现，相反，这是他们对自己个人利益权衡判断的结果，他们决定将党的日常政治事务都交给政党精英去办。对萨克森·安哈尔特州各党的研究可以再一次间接证明这种倾向的存在。如图 19 显示的，1998 年，在该州最大的三个政党——基民盟、民社党和社民党中，只有很少的一部分党员抱怨自己在党内决策过程中根本没有影响力。甚至对基民盟而言，虽然它的党员中认为自己影响力弱小的党员所占比例最高，但是，还是有大约 47% 的普通党员认为自己的影响力大甚至很大。

187

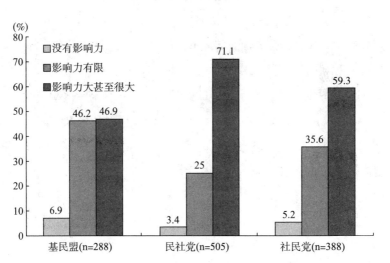

图19　从普通党员的角度评价自己对党内决策过程的影响力

　　资料来源：Bernd Hofmann, Annäherung an die Volksparei. Eine typologische und parteiensoziologische Studie, Wiesbaden 2004 (Basis: Parteimitgliederbefragung Sachsan - Anhalt 1998).

　　罗伯特·米歇尔斯"寡头统治铁律"理论的追随者认为，政党内部的领导层和基层党员之间存在着权力梯度，但是，目前的政党研究早已摆脱了这一思想的影响。相反，政党研究已经开始关注**政党中层精英**及其在党内政治意志形成过程中发挥的作用。这些政党中层精英包括市镇层面以上、全国层面以下的各领导层的组成人员，例如选区党委会主席或州议会议员，这些在党内多层组织结构中处于夹层位置的领导阶层有着决定性的影响力。[118]

188 在卡特尔政党类型描述的"组织分层"，即政党内部上、下层之间的分离状态中，这些研究数据没有得到反映。

此外，杜塞尔多夫大学的最新研究成果还显示，只有14%的少数普通党员与当时六个在联邦议会中有议席的政党关系不和谐。"在德国政党的党员中，不满情绪是个例外。"[119]造成不满的主要原因是党内一些关于具体问题的有争议的决定，其中包括该党在联邦、州甚至市镇层面的各种决定，在那14%的少数党员中有46%的人的不满来自于该方面。与此形成鲜明对照的是，只有非常少的党员才对党内的等级结构表示出不满。根据这项研究成果，主观上认为党内生活具有寡头色彩的党员几乎是可以忽略不计的。[120]

（七）民众的信任度有限，党内的信任度保持稳定

作为小结，我们现在可以肯定地说，民众与扮演政治领导角色的代表之间存在着多维度的关系。作为政治委托人的公民，他们扮演的具体角色和立场不同，其与掌权者的关系也将不同。虽然民众对作为一个整体的政治精英的一般信任度不高，但在各政党内部，普通党员、中层领导和最高领导层之间的信任度却始终保持了稳定。

存在于社会中的对精英的疏远态度却没有以相同程度扩散到政党内部，造成这种差别的原因有很多方面。党员本身就身处政党活动之中，普通公民却是通过大众媒体才获得有关政党的各种信息。在大众媒体的报道中，政党们不仅已经背负着先入为主般

的形象，而且在媒体的聚光灯下，政客们从事各种实际行动的背景环境和可选方案，都很少有讨公众喜欢的。虽然公众对政客的看法并不是建立在完全真实的信息的基础上，但是，公众潜意识中的这种认为精英总是远离"普通人"、首先考虑自身利益的想法，却总能找到新的素材来支持。在最近的世界金融和经济危机中，民众觉得政治活动的结果总是让他们有一种被骗的感觉。另外，政治活动表现出的应运能力有限的情况，再加上各种丑闻的不断曝光，更使得职业政客声名狼藉，政治精英获得的信任度随之进一步跌入低谷。相应地，这也更加助长了民众中认为的"我们没有受到一些正确的人的领导"观点的倾向。

但是，各种研究工作的实际结果却一直没有找到证据证明政党阶层内部存在着"自给自足"的小圈子。虽然，在各种政治领导岗位和当选议员中的确有一种反映出共同体特征的行为模式，但这种行为模式的存在却并不必然引申出复杂的利益关系和整体既得利益，并排斥新上升者的进入，相反，这只是被议会活动决定、符合既定目标理性要求的行为倾向性表现。

当选代表占据议席的时间平均来看是 2~3 个选举周期，因此在政治代议精英的构成上的确存在着一定程度的连续性。只有亲身履行各种政治领导和议员的职责才能获得履行这些职责的职业能力。认识到这一点后，人们就不会觉得这些代表精英在比较长的时间里占据自己的岗位会带来比较强的社会排斥性。而且，职业地位能否上升以及最终能否加入到联邦德国政治精英的行列，目前的评价标准基本上还是"任人唯贤"，即根据个人的表现而不是其社会出身来优先考虑对他的选择。在过去的东德，个人要想进入政治领导阶层首先要在家庭关系上证明其政治忠诚性。[121]而在法国等一些国家，政治职业生涯的道路非常狭窄，数量不多的精英学校发挥着社会筛选的作用，其后果就是如阿尔弗

190

雷德·格罗塞尔（Alfred Grosser）最近所说的——造就了一个"内部通婚社群"。但是，这都不是德国的情况。而且，在联邦德国，在联邦主义和市镇自治形成的多元主义制度安排中，政治精英有着广泛的表演舞台，这同样阻止了精英集中的过度发展。

实证研究同样对认为党内生活存在着寡头化倾向的观点提出了相反证据，不过，寡头化倾向的观点却是仅次于"政治阶层"、在公众甚至部分政党研究文献中影响力甚广的传统观点。如果人们认真考虑党员群众的想法——因为这些群众才是政党干部真正的考核人，那么认为政党精英由于沟通渠道不畅以及基层党员对这些精英信任度有限的情况造成了精英与普通党员关系不和谐的观点，实际上是不符合现实情况的。无论是普通党员还是党内中层领导都不觉得党的最高领导层对其有压制，或者有过度控制。虽然也许只有一小部分党员才会真正积极参与党的活动，但是，占党内多数地位的基层党员之所以采取"默许的消极态度"，并不是因为事不关己的心态使他们放弃了参与的机会，而是因为他们承认了党的领导层在决策中的领导地位。

（八）脱节的下层：产生新的党内不平等的风险

从事政治活动的人总是围着精英转，这种看法使社会中一直存在着一种影响力非常广的观点，认为各党内部"上层"与"下层"的影响力是不平等的，而且，这种感受到目前为止都没有太大的改变。在这种情况下，无论是政党精英还是政党国家制度本身都需要证据来证明自己的合法性。但是，政党的具体活动对政党精英形象的改善作用却变得越来越小，因为随着党员数量的不断下降以及党员社会组成结构的变化，从政党内部向外投射到社会上的各种平等信号也在不断地变弱。

表明这种变化趋势存在的迹象还是非常明显的。1970年代以来，德国各政党，尤其是那些大党的成员数量出现了明显的下

滑。直到最近，各党的成员数量才保持了一定的稳定（见图 20）。 191

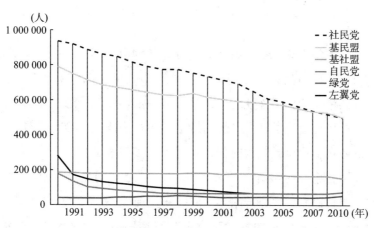

图 20　各政党在 1990～2010 年的成员数量变化情况

年代	1990	1991	1992	1993	1994	1995	1996	1997	1998	1999
社民党	934 402	919 871	885 958	861 480	849 374	817 650	792 773	776 183	775 036	755 066
基民盟	789 609	751 163	713 846	685 343	671 497	657 643	645 786	631 700	626 342	638 056
基社盟	186 198	184 513	181 757	177 289	176 250	179 647	179 312	178 457	179 520	181 873
自民党	178 625	137 853	103 488	94 197	87 992	80 431	75 038	69 621	67 897	64 407
绿党	41 316	38 873	36 320	39 761	43 899	46 410	48 034	48 980	51 812	49 488
左翼党	280 882	172 579	146 742	131 406	123 751	114 940	105 029	98 624	94 627	88 594

年代	2000	2001	2002	2003	2004	2005	2006	2007	2008	2010/11
社民党	734 667	717 513	693 894	650 798	605 807	590 485	561 239	539 861	520 969	502 062
基民盟	616 722	604 135	594 391	587 244	579 526	571 881	553 896	536 668	528 972	501 190
基社盟	178 347	177 036	177 667	176 950	172 855	170 084	166 896	166 364	162 255	154 000
自民党	62 721	64 063	66 560	65 192	64 146	65 022	64 880	64 078	65 600	70 166
绿党	46 631	44 053	43 881	44 052	44 322	45 105	44 677	44 320	44 981	54 038
左翼党	83 475	77 845	70 805	65 753	65 753	65 753	65 753	65 753	65 753	73 658

　　资料来源：Oskar Niedermayer, Parteimitglieder im Jahr 2007, in Zeitschrift für Parla-mentsfragen（Zparl）, 39（2008）；2008 的数据来自各党的公报；2010～2011 的数据：

Statistisches Bundesamt, Mitgliederzahlen der politischen Parteien Deutschlands（2010～2011），基民盟（2011年3月），FDP（2010年9月），Grüne（2011年3月），Die Linke（2010年12月）；基社盟的数据：根据该党网站主页上提供的数据。

192   随着各党党员数量的下滑，身处各种政党组织网络之中、可以向社会传递政党民主信息的公民群体的规模也将萎缩。而且，这种党员规模的萎缩并不以相同的规模反映在其党内社会构成上，相反却造成了资源有限的社会阶层代表不足、教育程度较高的群体在各议会政党的内部却获得了更多代表的情况。在基民盟和社民党中，1998年以来就有大约三分之一的党员受过大学教育；在自民党、民社党和绿党中，这一比例更是超过50%。[122] 1998年，中产阶级和富裕阶层占到了德国总人口的8%，但是，其在党员构成中却达到了30%。[123]

      1998～2009年，拥有大学文凭的党员人数的比例的下降程度实际上要比普通民众中该比例的下降程度更高。[124]从这种变化趋势来看，虽然两者的差距还是比较明显，不过到2009年，两者的差距并没有拉开。来自私营经济部门、工人、教育程度不高者、女性和年龄低于35岁的年轻人在党内被代表程度也严重不足。[125]政治学者马库斯·克莱茵（Markus Klein）从这种现象中得出结论："各政党一方面正在失去自己的传统社会基础，另一方面它们的党员构成情况对民众的代表非常不全面。"[126]

      有观点认为，社会利益群体对比形势应当从议会成员的社会构成中得到精确的镜像反映，但是现代代议制理论对该观点已经进行了有力的反驳。不过随着社会资源有限的成员逐渐与政党失去联系，这还是会对民主政体造成严重的影响。政党研究学者海科·比尔（Heiko Biehl）指出，对于政党，尤其是那些人民政党及其前身来说，"它们成立时的目标就将那些参与机会有限的公民整合起来"。[127]但是，从1990年代末的波茨坦党员调查问卷结果来看，能否参与党内生活与党员的社会背景并没有关联性。那些社会资源匮乏但态度积极的成员在党内生活中并没有感觉自己处于被排挤的边缘地位。[128]

如果政党如它长期以来的发展趋势以及 2009 年最近的党员研究成果表明的一样，不能与社会下层群众建立足够的联系，那么至少在这些民众中政党会面临着严重的合法性危机。尤其是那些教育程度不高的民众正在远离政党和政党活动，不参与投票，甚至将自己的选票投给那些右翼民粹主义政党。"上面人"和"下面人"之间的隔阂现在又深了一层：现在已经不仅仅是民众与政治精英之间的文化对立，而且是"普通民众"与"整个政治活动"的分裂。对于那些来自普通生活环境的公民，"通过一种为社会资源不足的公民提高充分参与机会的党内生活机制"，将他们尽可能地与政治活动联系起来，或许这已经是当务之急。[129]将不同的社会阶层团结在一起，这是政党的传统特征，为了保证政党国家制度的社会基础，各个人民政党需要重新认真思考了。

六、对工作的需要？——职位分赃

（一）动机：控制权力与奖赏

2011 年 6 月，萨克森·安哈尔特州的基民盟和社民党宣布，在组建州联合政府的政治谈判过程中的一项有关政治协议的备忘录里，他们决定为州长办公室和该州的各部新创造总计 45 个岗位。该州州政府的发言人说，为了完成对该州各工作部门的调整工作，需要这些新的岗位。一方面是因为政府需要新的专家人士，另一方面是各位部长需要在一些工作岗位上有"自己信任的人"。这一举措不仅在媒体更在反对派中很快就招来了尖锐的批评意见："对这些计划只能用'丑闻'一词来定义，在这些最厚颜无耻的中饱私囊的行事方式中，我们看到的是赤裸裸地用肥缺来奖赏自己的政治追随者。"[130]

在这些批评意见中，我们听到的是对受政党政治动机推动的职位分赃制的典型描述，它已经成为时时刻刻都存在的实践，"并正在时时刻刻掏空民主政体"。[131] 所谓政党分赃制是指那些可以控制公共职位的政党，在分配这些职位时表现得像其代理人一样的委托人，其目的是使自己可以控制这些职位的政治影响。当一个政党作为"庇护人"登场时，它会与自己的被提携者形成一种非正式的义务关系，双方都负有照顾对方的义务，政党借助自己代理人的帮助实现政党的政治影响，作为对代理人的忠诚的奖赏，这些代理人也会获得相应的职位。

国家机关的各种职位总是分派给对政党忠诚的人，作为对政党活动运作方式的研究，马克斯·韦伯在他对统治方式的社会学研究中提出了"职位分赃制"这个概念，并区分了领导式分赃与照顾式分赃。韦伯认为，为自身利益而奋斗的政党属于分赃政党。此类政党的目的是"为了实现政党领导的权力，并将领导的权力触角伸展到国家行政部门之中"。在党的领导层眼中，"其对权力、职位和分赏的（精神和物质）利益具有决定性的作用"。[132]

按照政党政治的标准来分配公共职位，韦伯在一百年前对这种现象的冷静描述同样也适用于今天挑选各种公职人员时发生的现象。政党分赃的现象并非只存在于分赃制政党中，实际上它发生于各种政党活动中。各种具体的分赃实践不仅存在于各政府机关和它们的附属办事机构，还广泛存在于联邦、州甚至市镇的各种半官方和非官方性质的公共服务组织中。在行政机关、广播电台、公共福利事业单位和建筑企业、州立银行和储蓄所、学校委员会以及文化基金会等组织中，始终存在的"政党控制现象"（约瑟夫·伊森泽，Josef Isensee）随处可见。

经常关心媒体报道的人可以发现很多描述这种现象的素材。

1988 年 11 月，柏林行政法律工作者协会公开表示："反对在柏林各行政部门实行的人员分配政策。"据称有证据证明，"尤其在选举即将到来的时候，市议会在分配职位时，完全是偏向于那些执政党的成员或者积极表示支持这些执政党的人士"。[133]1990 年 5 月，柏林高级行政法院在一个涉及州行政部门领导的案件中判定，如果一位公务员"不是根据精挑细选的标准，而是受到政党政治的庇护获得该职位，而且他也不能证明自己的相应能力"，那么他将不能对自己的职位变动提出异议。[134]2008 年 6 月，联邦宪法法院作出判决，判定国家在聘任担任领导职位的公务员时应当几乎无一例外地实行终身聘任制（因此驳回了北威州对领导职位规定限期聘任制的法律草案）。否则，人们有理由担心，一些对"行政效率有害的政治动机"将起到决定作用，或者造成"职位分赃制"的盛行。[135]

195

在 2005 年联邦选举即将到来的时候，媒体报道称：在联邦政府各部门出现了 140 次职位提升情况。纳税人联合会对此提出谴责，认为这是"以政党政治中的分赃制为标准的提升浪潮"。政府发言人在反驳这种指控时将其斥为"不可接受的造谣中伤"。发言人说，这些提升只不过是为了缓解长久以来就存在的职位上升渠道中的堵塞现象。[136]

德意志联邦共和国成立以来，广播电台就处于对政党分赃制的各种批评意见的风口浪尖之上。2009 年 11 月底，35 位德国国家法学者联名发表公开信，反对德国电视二台行政委员会作出的决定，不延长与该台主编的合同，该行政委员会总共由 14 人组成，其多数成员来自政府或受到政党的控制。该公开信认为，这是一种打压记者独立地位与强化政党政治影响的表现。"因此这涉及宪法事项，我们应当表明自己的态度。"[137]2011 年 2 月，巴伐利亚州州长办公室主任和基民盟上巴伐利亚区委员会主席当选为州新媒体中心的领导人，这是"履行国家和政治高级领导职务的政客几乎不加过渡直接走上媒体领导岗位"第一次出现的例子。[138]

如果人们愿意，还可以在这些事件的名单中加入各种新的记录。在这些我们首先提到并引用的例子中，我们可以清楚地看到，政治庇护人对其领导地位的考虑与对其追随者的照顾安排是很难区分开的。拉尔斯·霍尔特坎普（Lars Holtkamp）发现了存在于市镇层面上的一种特殊现象，即半职业化的市镇议会活动与照顾式分赃之间的紧密联系：具有荣誉性质的市镇议会席位在各大城市的现实政治生活中总会花费议员的大量精力，实际上已经达到了职业化的要求，但是这些议员只能领取一些微薄的补助，结果就使一些"分赏系统"以自身独特的方式在方方面面发展起来，即对于那些收入不高甚至非常低的议员来说，为他们获得各种建设合同、法律鉴定委托以及市镇企业中的"分赏职位"保留了各种机会。[139]

正是因为政党政治这种声名狼藉的分赃制色彩，人们也的确有理由怀疑现实中是否存在着许多这种实践，这使得本身对政党政治持批评态度的公众（包括一些著名的国家法学者）对政党政治投以了更加强烈的警惕目光。在魏玛共和年代，对"党员公务员"和政党干部中的那些"揩油者"的猛烈抨击，曾经是反民主运动的有力武器。但是，时至今日人们依然可以听到这些言论，例如，有人会抱怨政党已经"把国家当成了自己的猎物"。有些法律学者将自己视作民主宪法的守护人，作为对政党的一种典型的顽强批评意见，在这些学者中曾经有人以饱含愤怒之情的比喻写道："这些权力的水螅将它们的全部吸盘都紧紧地贴在国家的身上，不断消耗着宪法秩序的道德精髓。"[140]

（二）很难确定庇护关系的存在：庇护人的隐身衣

前文涉及的与各种基本原则有关的批评意见与德国传统中各

种反政党的不满情绪有着紧密的思想联系，但是，即使和这些批评意见保持一定的距离，却依然不能完全解答我们的疑惑，即政党分赃现象显然无所不在的原因究竟是什么，甚至更进一步，它对我们所处时代的影响力究竟有多大。对这些问题的解释简单来说就是：首先，因为很多时候很难确认政党分赃现象，也很难从证据上证明它的确存在，所以，政党分赃现象能够无视各种法律限制和道德指责不断出现；其次，当政治活动影响行政机关的工作人员的挑选时，可以将其动机解释为服务于各种职能的客观需要（这本身就是政府活动中的行政逻辑的体现），从而为各种政党分赃行为进行部分辩护；再次，政党分赃制存在于法律规范的明文禁止规定与服务于特定目的的各种正当手段之间的敏感地带，就使得一刀切的禁止性规定在实践中会遇到非常大的问题；再其次，行政管理学的有关实证研究也表明，与人们的一般看法不同，分赃制实际上并没有**取代**各种必要的判断标准，相反，它只是建立在原有专业评价标准基础上的进一步的挑选标准。实证研究同样也证明，在对职位进行分赃时，起决定作用的实际上并不是各党的中央机关，而是各政府部门的领导机关本身；最后需要注意的问题是，可以肯定的说，近年来作为各种组织和制度改革的结果，政党分赃现象存在的领域正在政治生活的各个层面以及与其相关的各个部门中出现了明显的缩小。 197

在深入探讨这五项解释之前，我们先来分析一件使得政治庇护人隐身幕后的"隐身衣"。在约瑟夫·伊森泽看来，正是目前被执行的法律制度"使得这种躲猫猫变得非常容易。宪法和普通立法在人事决策制度中规定的各种决定条件既开放又具有一事一议的色彩。主管领导总有独立决定、不受法律约束的判断领域。为了保护候选人的隐私，在作出人事决定时主管领导有各种程序上的裁量空间，这种空间也常常被这些领导充分利用"。[141]另一位与伊森泽同为国家法学者的汉斯－彼得·施奈德也有类似的观点，他认为违宪的"党员经济"是很难被控制的，因为"此类活动总是行事隐密，在审查人事任命决定时，法院给予主管领导的也是空间巨大、只会受到有限控制的判断空间"。[142]

正是因为这些灰色地带无法得到司法机关的全面保护，在公众的眼中，公务部门正面临着受政党中央机关控制的"重新封建化"。正因为在实践个案中很难确定党员身份是否是加入公务员队伍的门票，这就反而使得政党分赃制成为一种普遍存在的行为模式。行政政治学者汉斯－乌尔里希·德林（Hans－Ulrich Der-lien）在对这些情况进行描述时同样指出："在各高等法院和联邦宪法法院那里，政党职位分配的问题已经走出了司法的领域。"[143]

（三）政府更迭后领导岗位的更换

造成政党分赃制始终存在的第二个原因是政府事务中各种职能本身的需要。为政府和行政机关的领导职位提供各种人员是执政党的义务，也是民主政体的惯例，对此一般也不会有什么争议。在选举结束后，尤其是面临权力交替的情况时，各位部长、国务委员，有时还包括一些部门内部的领导人和其他承担领导职能的工作人员基本上都面临着被重新安排的命运。为了实现新的（或者旧的）执政多数的各种正当的政治领导要求，就不可避免地要更换行政机关的各种领导人员。

联邦和州的各种执政党总是会充分利用这些人事政策手段。比较实证研究显示，在1970～1995年这25年的时间里，德国政府部门精英中来自各执政党成员的比例显著上升。而无党派身份的国务委员、部门内部领导的比例，则从1970年的73%、1972年的63%、1981年的48%、1987年的43%不断下降到1995年的40%。在政府更迭后的领导人员变换过程中，1969年会涉及33%的国务委员和部门内部领导，1982年该比例已经上升到37.5%，

198

到了 1998 年，该比例甚至上升到 52%。[144]

　　虽然在 2005 年的大联盟政府建立后，人们认为不会出现大范围的人事变动，因为只有 50% 的政府组成人员发生了变化，社民党同样还是共同执政党，但是在由国务委员和各部门领导人员组成的最高领导群体中，还是出现了 64% 的人员变动情况，与第一届施罗德政府（1998 ~ 2002）组建时的情况一样。不过，在政府部门官僚体系中，长期以来不断发展的政治领导岗位政党政治化越来越严重的趋势，2005 年时却出现了一定程度的停止迹象：这些人员中的党员比例下降到 26.5%。[145]

　　当某个政府因为选举下台后，在该政府占据政治领导职位的曾经的执政党的追随者（我们很快还会更深入讨论该问题）也要暂时退出领导岗位，从而为那些新政府的成员让出这些领导岗位，这也是有各种证据证明的实践。但是：

　　　　“这并不意味着，党员身份是人事任命时的唯一或者决定性的标准。某个政府或许会出于保存自己政治生命的目的而只考虑效率原则，但是在实践中，党员身份作为一种附加考察标准，在目前的职位竞争中显然有着比过去重要得多的意义。这么做的动机自然更多地是受到对领导式分赃而不是照顾式分赃的推动。”[146]

　　我们可以基于相同的逻辑来考察市镇层面受政党政治控制的对各种领导岗位的人事挑选活动。无论各市镇的具体制度有何不同，无论这些职位的具体名称是部门领导、市长助理还是负责人，任何人员想担任这些职务，都需要来自议会内各党团之间形成的多数党团的支持，目前在一些大城市里甚至需要正式的政治联盟协议。与受政党操纵的联邦和州政府的人事聘任决定不同，决定市镇政府领导人员的过程不仅是一个总会引起激烈争吵的过程，而且在学术界也是一个尚未定论的问题。一方面，按照德国传统国家法学说的理论，人们不认为市镇自治中的各种组织和制度从其法律性质上说确实不具有政治色彩；另一方面，有人又会提出，因为市镇政治中的各种活动都发生在现场，作出的都是"纯粹事务性"的具体决定，因此在市镇议会活动中政党政治是没有立足之地的。

需要注意的是，市镇行政活动并非早就转变为一种政治化的行政活动。市镇代议机构中的民主竞争活动已经有了很长的历史，各种当选的政党和组织相对积极的合作态度也促进了这些民主竞争的发展。从这个角度说，政党国家制度有着非常广泛的地方基础。甚至对于那些目前在许多市镇议会中占据主导地位的没有政党背景的选民团体而言，它们实际上也在按照政党政治的"剧本"从事着各种事实上的政党政治活动（第三章第七节有详细的论述）。在挑选行政机关领导人时，为按照自己的想法控制这种人员，市镇议会中的各种派系同样具有自身利益考虑，这一点与国家最高权力层的运作方式其实是一样的，并且以在已经议会化的市镇政治活动中履行各种职能的方式表现出来：如果某个议会派系能将自己信任的人置于市镇领导的位置上，那么就可以根据自己的政治思想更好地影响当地的行政活动。至少对那些在市镇主要领导的位置上拥有自己代表的市镇党派而言，可以减少自己与行政机关在信息和专业知识上的差距，"因为现在这些政党将试图对这些经选举产生的公职人员建立'第二套控制机制'，[147]这种控制机制将始终伴随着行政规划和执行的各步骤发挥作用"。[148]

（四）行政活动的政治色彩

虽然市镇自治政治化过程从传统国家法学说的视角看不是非

常容易被接受的，但是至少其在整个国家行政活动中的政治色彩还是可以获得承认的。对分权原则的经典理解，即行政机关只扮演一个执政机关的角色，早已是一个过时的看法。政府部门的各种行政活动早就具有了政治活动的色彩，并且渗透到政治活动的方方面面，即从议题的选定、计划草案的确定到最终的法律方案甚至对相关法案的可能修订等各个阶段。虽然行政机关提交的只是一个看似粗糙的方案，但在起草这个方案的过程中，行政机关已经与议会中的各执政党团进行了密切的非正式磋商。而且：

> "政治化的行政活动并不仅仅局限在法律草案的准备阶段，它实际上也已扩张到了法律执行中的裁量空间中，这是 200
> 因为当立法者只规定了法律的各种目标和目的之后，对应当适用该法案的各种具体情况的定义，以及在各种实现这些目标和目的的手段之间的选择的问题，就完全交给了承担执行使命的行政机关。"[149]

实际上，各政府行政部门的官僚体系已经将这些政治需要纳入自身工作的考虑范围。美国政治学家罗伯特·普特纳姆早在1970年代初就在对德国行政机关文化的研究中发现，德国的国家官僚体系已经逐步实现了从传统的"古典官僚"向"政治官僚"角色的转换。对古典官僚来说，他们坚信对任何问题都应当从"纯粹客观事实"的角度出发去寻找解决方案，他们对各种拥有政治权力的当事人，如议会、政党、利益团体和协会均投以不信任的目光，甚至采取反对和排斥的态度。但是，对"政治官僚"来说，他们思维方式中的法律形式主义色彩更少，而是更关注特定问题的需要，并受一定政治纲领的引导。当政治官僚看到一些社会团体试图影响政治意志的形成过程时，他们也是可以理解这些作法的。

在普特纳姆考察的时间段内（1970～1971年），德国的行政精英，尤其是那些年轻一代的精英，对民主政体中的各种政治要求都抱有非常高的理解态度。[150]政党分赃的实践甚至在官僚体系的中下层也开始蔓延发展，但是，如果从这些中下层行政活动的政治意义出发来分析这种现象，它们又会显示出另一种意义。行政机关的具体工作部门承担着落实各种政治纲领具体内容的重任，为了使自己的政治目标的实现在具体工作人员层面也得到保证，各政党不仅在政府部门最高领导层，甚至在官僚体系的中下层也想尽可能地保证它们服从政党的需要并且发挥出有效的执行功能。当分赃活动服务于通过各种行政活动实现具有优先地位的政治要求这一目标时，这将是一种合理的要求。相应地，"至少高级公务员群体职能政治化的"现象基本上是可以得到肯定的。[151]政治官僚在履行自己的职责时会认真考虑自身行为的政治意义，懂得在其裁量判断的空间内自觉实现这些政治意义，当政治官僚这种新类型的适用范围越来越广的时候，各种政治庇护人甚至有更强的动机来实现对这些工作人员在人事上的政治控制。

各种分赃制的实践已经成为公务员工作领域内的家常便饭，不过需要指出的是，为了在这种职业生活中获得升迁的机会，公务员们在调整自身职业定位的过程中，也会出现一定的投机主义倾向。行政研究学者托马斯·埃尔魏因（Thomas Ellwein）在20年前就指出，出于对个人职业前途的考虑，办事人员会提前对自身行为方式作出调整，这种情况"同样渗透到了公务员组织中"：

> "现在，个人的成功取决于他与整个体制的正确交往方式；但是，试图做出最正确举动的动机却有可能产生阻碍实现既定目标的效果；因为正确的行为并不一定就是有效的行

为，两者的要求会在很多方面发生冲突。这就需要工作负责人认真权衡，以一种'政治'思维来思考问题。"[152]

按照这种分析思路，分赃制虽然具有功能上的理由，但同样会产生功能紊乱的副作用。

（五）政治与法律的冲突：官僚体系政治化与职业公务员制度之间的紧张关系

现在，我们将要讨论前面提到的第三个问题：普遍存在的政党分赃实践与各种禁止分赃的法律规定之间存在的紧张关系。即使这些政治庇护活动是出于政治领导目的的考虑，也不能减轻其与法律中各种禁止性规定的冲突程度。在联邦德国的法律体系中，作为《基本法》规定的基本权利体系的组成部分，平等原则在公务员制度中的要求就是对获得相同对待的规定，这是宪法法治国家原则的一种具体体现。《基本法》第33条规定，所有德国人根据其能力、资格和专业水平享有同等担任公职的机会。任何人均不得因其具有或不具有某种信仰或世界观而受到不利对待（第2、3款）。

在该宪法条款中，"作为传统原则的职业公务员制"也被规定为公务员法律制度的基本原则（第5款）。该原则的组成部分包括终身聘任制、按劳分配和按资历分配原则、忠于职守义务、生活照料原则（其中包括各种津贴和各种生活安排上的需要）以及免于被任意裁撤的法律保护。[153]从历史上看，对公务员职业地位的保障是"公民员职业关系从过去的封建贵族的私仆向国家的公仆转变"（汉斯－乌尔里希·德林语）[154]的结果。公务员在其 202 履行职责的过程中应当保持政治中立并超越特定党派的界限，这样公务员们才能服务于国家而不是某个特定的党派。

从这种法律制度的设定目的看，政党分赃制不仅会在公共部门中引发与机会平等这一基本原则发生冲突的各种问题，更会为不受欢迎的裙带现象打开方便之门。因为作为一项传统原则的职业公务员制要求公务员以一种专家的身份来履行自身职责，公务员应当具有各种正式的职业能力，相应地，政府会根据他们的实际工作情况进行按劳分配。

（六）政治公务员：法治国家中的异类？——正确与忠诚之间的冲突

在这种背景下，当德国公务员法律制度肯定了"政治公务员"类型的存在后，虽然"政治公务员"是历史发展的产物，但是从公务员制度中的政治中立和超党派性的要求来看，这种"政治公务员"同样显得是一个异类。对政治公务员来说，他们在履行其职责的过程中"应当始终与政府的政治意图和目标从原则上保持一致"（《联邦公务员法》第36条）。如果政府认为相应的公务员没有满足该要求，就可以在不说明理由的情况下随时要求该公务员暂时离职。

在联邦层面以下，除了巴伐利亚州，其他各州同样都引入了政治公务员这一类型概念。属于这一公务员类型的包括各种承担领导职能的人员，其中有国务委员、各部内部各职能部门领导人以及核心工作人员（私人助理、新闻发言人）、联邦新闻署和联邦政府发言人、警察总长、宪法保卫局领导、联邦和州的总检察长，等等。[155]

政治公务员这一类型自从普鲁士封建集权国家形成以来就存在，造成这一现象的原因是：对官僚体系进行政治控制的正当需要是超越特定时代而存在的。正如罗伯特·普特纳姆所言："无论在何处，官僚机关都是服从于基于特定的政治倾向选举产生的行政长官的领导，该行政长官具有正式与合法的权威。"[156]在关于政治公务员的各种组织和制度中，这种政治控制的需要也在法律制度上得到了体现。**实际上**，普鲁士的国家公务员制度是现代行政制度产生的摇篮，而普鲁士的国家公务员制度并没有过于强调政治忠诚性问题。从**意识形态**上看，存在于政治公务员概念中的，在强调行政机关的非政治色彩的同时又要实现其政治化的自相矛盾之处，通过一种保守的国家法学说得到了调和：用黑格尔晚年的话来说，国家是社会更高级的道德精神的体现。代表这种思想的国家领导层是以政治化的方式而不是以**政党**政治化的方式行事，为了利用作为从属机关的行政部门来实现"国家的利益"，国家领导层可以在人事政策上要求特别的绝对权力。

封建集权国家的各种国家学说也随着民主政体的建立而失去其适用效力，但是，政治公务员却作为一种组织和制度被保留下来。约瑟夫·伊森泽也承认，《基本法》对"公务员法中的这种异类性规定"是持容忍态度的。目前适用的公务员法律制度对"在范围有限的一类公务员群体中实行职位分赃的需要做出了一定的让步"。[157]政治公务员制度的存在明显体现了政治中立性与忠诚性这两种不同要求对同一主体造成的永恒角色冲突，但是，这种冲突在现代民主政体对公共行政部门的制度构造的过程中作为一种类型被保留下来。

当今的政党国家，正如我们已经提到的，对政府职位的分赃活动并不仅限于政治公务员这一狭小的范围。前文同样也已经提及，基于各种功能上的需要，存在范围很广的分赃实践同样已经扩大到执行层面上，对这些执行功能的发挥进行政治领导。在选举结束、政治权力的领导层出现更迭以后，行政机关要忠诚的对象也会相应发生变化，这是民主政体题中的应有之意。因此，从发挥行政机关功能的目的上看，政党政治在行政机关领导层以下的渗透与扩张也是一种必然会发生的循环往复现象。正如迪特尔·格林所指出的，政府执政多数的变化"并不仅仅意味着领导层人员构成的变化，它更是国家领导方针的变化"。因此，领导方针的变化是否能够成功将取决于"作为方针执行机关的行政部门会不会只认同某种方针"以及"在选举过程中经过多数意见改变的政策决定是否能够迅速地在执行层面得以展开"。官僚体系的政治中立性因此"并非封建集权国家的遗迹"，相反，"在政党民主政体中，受到实现各种职能本身要求的决定，它被完全有效地保留了下来"。[158]

（七）并非没有客观理由的政党福利：职位分赃活动的范围与界限

目前，在政党分赃活动的正当性已经得到肯定的行政机关领导职位范围内，政党分赃活动的活跃程度究竟有多严重呢？这些活动是否会证实公众普遍认为的在公务员队伍中存在着"封建化"这一现象呢？因为各种分赃交易采取的都是非正式的方式，而且为了不留下把柄也不会留下什么书面记录，因此，想从证据上证明政党分赃实践的确存在困难。不过，人们至少可以确定的是，在公务员群体中，党员的比例要高于一般水平。1998 年，在不同的公务部门，党员所占的比例在 28% 到 42% 之间，而 2000 年公务员的数量在整个社会就业人口中占 11.6%。[159] 在联邦行政机关的精英中，1990 年代中期，有着政党背景的人员约占 60%。[160] 作为某党党员的公务员通常很早就加入了公务员队伍，不过，在其职业生涯中他们一般都会变成消极党员，并能同与他们没有政党身份或来自其他政党的同事非常和谐地共处合作。[161]

在公务员群体中，尤其是在高级公务员群体中，党员所占的比例高于其在社会部门的一般水平，但是，这还不足以成为证实在决定行政部门领导人选时对政党政治的考虑所占据重要位置的有力证据。可以想见的是，公务员群体的成员一方面对政治活动有着比较高的兴趣，也积极投身于这些活动；另一方面，那些有抱负的公务员也会将增加个人的职业机会作为加入政党的动机。[162]

指望通过拿着党员证来得到更多的政党福利，这并不完全是一个打错了算盘的企图。一份研究（虽然有点陈旧）显示，在州的层面上，长期执政政党的党员在公务员中的所占比例越来越高。1970 年代，在联盟党和社民党执政州具有党员身份的公务员中，有超过 87% 的人是该州执政党的党员。[163]迪特尔·格林指出："这些调查显示，执政党党员的身份将提高相关公务员获得升迁的机会，甚至为其打开职业发展的捷径。在领导群体中具有党员身份的成员都要比他们的无党派同事的年龄小。他们之中的门外汉也往往来自于执政党。"[164]

最近，在北莱茵·威斯特法伦州进行的个案研究为行政机关内部的政党分赃活动的典型模式提供了新的实证证据。现在，我们将探讨前面提到的第四个问题，对整体情况的研究显示，造成政党分赃实践存在的主要原因并不是分享共同观念的政党政治团结的产物，而是各位部长希望在"他的"地盘里能够建立一个高效行政组织的技术化利益。与此同时，人们也需要看到，仅仅靠一个党员身份或与某个政党有着密切联系一般来说并不足以获得该党的庇护。为了不在一些法律规定的资格条件或者行政机关的内部程序上栽跟头，他们还需要具有各种正式的资格条件，这样他们才能正式加入被提携者的行列。

各级政府部门内部的人事部门通常都由一些符合特定资格要求的人员组成，其在决定行政机关中下层人员的升迁和奖赏问题上发挥着核心作用。这些人员也保证了德国行政制度中一个传统的延续，即要想担任任何公共职位都需要严格符合相应条件，相应人员的职业生涯也应当根据年资和工作能力来安排。[165]但是，斯特凡尼·约翰（Stefanie John）和托马斯·波贡特科（Thomas Poguntke）的研究显示，在**州**层面上，政党政治的考虑对行政部

205

门中层人员的工作和职位提升发挥着特别的作用，并且，"存在于这些领导层的政党分赃实践活动往往超越了法律允许的范围"。[166]

约翰和波贡特科写道："新上任的部长因此经常发现，一些重要的岗位总是被一些终身职业公务员占据，对于这些人，新上任的领导发现自己既不能解雇他们，也不能让他们暂时休假。"面对这种情况，部门重组是一种"经常被利用的手段"。但是，这种在人事政策上的规避手段同样"不能超出特定的任职条件限制范围"。[167]在这些情况下，领导式分赃会更有利于对行政机关内部等级体系的控制，相比于以照顾式分赃的方式去奖赏那些党的忠诚战士，政党政治中的庇护人更愿意采用领导式分赃以实现自己的领导利益，"对个人忠诚（最大的信任与忠诚度）和政治可靠的追求经常成为各位部长对其部门内部的中高层级领导人事任免的核心理由"。不过，在绝大多数时候，这些政治上可靠的个人背景也需要与"各种职业资格要求结合在一起"。[168]

作为两位学者的北威州研究工作最重要的结果之一，他们认为，德国的政党分赃活动基本上是个别高级政党政客个人政治战略考虑的结果，而"不是像联邦政党领导层这样的有组织的政党团体协调行动的产物"。各种人事政策的目标使部长们可以将自己的团队团结在他周围忠诚地工作，从而使他可以更轻松地实现自己的政治战略设想，"从这一角度来看，德国的政党分赃活动具有明显的个人化的组织色彩"。[169]

我们前面提到的与无法禁绝的职位分赃活动有关的第五个也是最后一个问题是：它在很多方面都超越了可被允许的范围。无论是行政机关内部的各种程序规定，如公务员代表大会的参与决策权，还是司法机关的否决权（其中包括竞选人申诉），都对过度发展的政党分赃实践起着遏制作用。甚至过去使得政党分赃活动的中枢可以大显身手的各种社会网络，现在也已经明显萎缩了。许多过去重要的国营企业，如邮政、铁路、通讯和州立银行，自从实行管制政策以来都已经不再能被政党政治染指了。这种情况同样发生在市镇层面，公共事业单位和建筑企业同样在很大程度上被私营化。新管理模式改革同样发挥了这种效果：在"分散化的资源责任"思想的指引下，在那些属于市镇的职能领域，市镇议会也将相应地从行政机关手中获得过去以等级化的方式分配的领导权，[170]其后果同样是缩小了受政党政治推动的人事政策发挥作用的空间。

公务部门的就业人数自 1990 年代以来就一直在下降，这也使得政党分赃活动不仅在规模上不断缩小，更使在机关内部基于政党原则的调动变得更加困难。现在，这些政党政治的庇护人也开始限制自己的影响力。例如，2009 年以来，莱茵兰·普法尔茨州长贝克和联邦议会的绿党党团就一直在推动一项立法改革并向联邦宪法法院提起规范诉讼，要求减小德国电视二台中政府代表的人数，"如果这一目标得以实现，所有的政党在德国电视二台中的权力都将被削减"。[171]

如果人们承认，在各种人事决定中，候选人的职业素质才是起决定作用的标准，党员身份或者与政党的密切关系一般来说只是这些决定性标准之外的附加标准，那么领导式分赃"几乎可以说是合法的"，[172]德国政党国家制度中所谓的职位分赃活动愈演愈烈的说法也就不能成立了。

不过，在过去十几年的时间里，德国的部门行政机关对自身职能定位的理解显然变得越来越政治化。2009 年，公务员中只有很少的人才会承认，自己在作出决定时只会考虑各种客观事实而不考虑政治目的，更多的人会在事实和政治考虑间进行权衡，并 207 最终更多地考虑客观事实因素。不过，相比于过去的研究结果，采取后一种思维方式的人正在减少。"相反，现在在这种权衡过程中最终服从于政治考虑的人越来越多，其中，政治公务员中有18%～30%的人，职业公务员中有22%～25%的人会这么做。"[173]

现在，行政机关的政治领导制是一条比过去得到了更多承认的金科玉律，但是前文提到的各种研究也显示，它也不一定总在政府活动的各项指导原则中居于最重要的地位。2009年，54%受访的行政机关领导表示会在政府更迭之后继续执行过去的部门政策，即使它与新政府的政治纲领存在**冲突**，这至少还是可以在一定程度上被接受的。早在1987年，当时还有80%的人认为自己没有这种反抗倾向。[174]

行政部门官僚体系的忠诚观因此或许已经发展到了一种极端化的政治官僚观的地步，现在，这种政治官僚不仅认为自己的工作具有政治色彩，他们还会以削弱甚至反对部门领导要求的方式采取行动。如今人们不能再以经典官僚的形象来解释这种不忠现象了，因为这已经不再是一些非政治化的专业官僚纯粹基于客观事实的反对意见，相反，它是相关公务员在政策问题上不同倾向的反映。

一方面是部门政策方针越来越多地得到肯定和承认，另一方面却是新政府的新政治纲领越来越有可能被规避，这两种倾向乍一看很难和谐共处。作为各种调查问卷对象的公务员群体有可能涉及两类不同的公务员，其中一类公务员在政府出现更迭时并不会对新政府表现出绝对的忠诚，这类公务员主要是由来自不同政党的公务员组成。仅仅是政党分赃实践并不会带来这种效果，因为实证研究已经证明，政党分赃实践没有取代作出用人决定时的各种专业资格限制规则。受政党提携的公务员不仅为行政机关带来了专业能力，他们更在工作中学会了如何将自己的政党政治倾向与自己的专业素质结合起来。一旦实现了这两方面的统一，当政府更迭时，这些公务员表现出不忠诚的倾向就是符合逻辑的反映，因为只要这些新的政治纲领在他们看来没有充分的专业理由基础，那么他们还是按照到目前为止实行的方式工作，但是，在获得具体的指示时，他们也会承认政治领导层的指导权。

行政精英的独立化显然是"经典官僚"向"政治官僚"转变的代价，虽然这种转变具有功能上的理由。相关法律制度也支持 208 行政精英这种特性的存在与发展，各种相关的宪法和行政法规范都为预防政党分赃活动的过度发展建立了防波堤。各种政党庇护人的政治实践本身就是职位分赃活动大行其是的动力源泉，因为前文提到的各种与权力行使有关的原因，这些分赃活动不断地冲击着可被允许的活动边界的底线，人们也没有办法完全阻止这种现象的发生。与政党资助领域发生的情况一样，我们在这里再一次看到了政党与第三权力机关之间的各种**分权制衡**机制的互动。此时，法律的纠错作用再一次显示出了它的重要性。

七、竞争与共存：市镇活动领域内的政党与没有政党背景的选民团体

（一）分权层面中的优势与麻烦

市镇组织是宪法民主秩序的固有组成部门。在联邦德国，多层级联邦主义制度以联系紧密的各种公共职能的纵向划分以及联邦、州和市镇职权的分级安排表现出来，其中，市镇政治活动既涉及其固有的职能，也涉及委托给其的职能。《基本法》第28条将市镇自治法律制度提高到了宪法制度的层面。市镇（以及在受到一定限制前提下的市镇联合体，尤其是地区）因此可以拥有完全的宪法权利，独立处理自身事务。这些**自治**行政活动还包括所谓的执行**委托**行政的义务。这意味着，在国家最缺乏基层行政组织的领域，市镇行政机关可以代替国家履行一些法律规定的国家任务。

社会学理论将这些公共职能的分散执行方式用从属原则加以

说明。按照该原则，各种公共职能应当相应地由规模最小的共同体来执行。[175] 这一思想最初来自天主教的社会伦理观，现在被欧盟的立法实践接受，提高到超国家规范的高度。1960 年代末的民主理论与 1980 年代的行政政治学也为这种分散化的职能履行方式提供了进一步的实质理由。民主理论认为，分散化的政治决策过程不仅可以扩大公众参与的机会，更可以使各种"地方理性"拥有更大的决策过程影响力，即将会受到不同决定影响的具体当事人对具体问题的理解吸收到决策过程中来，决策的质量相应地也会得到提升。[176] 行政政治学的研究则表明，"作为州的执行、联系和整合机构"，市镇层面在整个国家行政职能的履行过程中发挥的作用越来越重要。[177]

直到今天，无论是大部分普通民众，还是许多市镇制度研究学者，都还在坚持认为，市镇层面是整个国家和宪法秩序中没有"重要政治意义"、具有独特地位的一个权力层面。在普通民众中对市镇政治活动广泛存在的一种看法简单来说就是：对于当地的问题，只能用"客观"的方式来解决。此时，"政党意识形态"只会发挥出阻碍作用，因为此时不能让一些党的头头脑脑坐在遥远的党部中央大楼里以遥控的方式在市镇议会中说三道四。相反，应当由一些在当地土生土长、被当地人熟悉的公民，在个人荣誉感的推动下，根据对各种事实的权衡判断来掌控当地市镇的政治命运。

市镇的法律性质是地域公法人，是"没有国家政权性质，作为州组织部门的社团"。[178] 按照在 1980 年代占主流地位的国家法学说的理解，市镇自治制度应当被视为"整个国家行政制度的组成部分"。[179] 过去有关市镇制度的法学理论强调市镇地方自治中的行政色彩，事实上不承认它具有政治属性，基于这种法律形式主义的理解，面对市镇组织和制度中越来越强的政治色彩，这种理论却无法给出合适的解释，因为这些组织和制度其实是对整个国家代议制度中的分权模式的镜像反映。当时在整个联邦范围内执行的"双重"市镇组织体制将市镇的职能分别分配给选举产生的市镇代议机构和市镇长。选举产生的市镇议会行使市镇组织主权，尤其在市镇预算、建设规划和市镇税费问题上具有决定权。　210此外，它还选举行政部门专职工作人员。因此，市镇的政治意志形成过程实际上与联邦和州议会的运作模式非常类似，这种模式尤其体现为相应政府与议会**中**执政多数的统一体：市镇长、市镇议会领导人、市镇各行政部门负责人、市镇议会多数党团领导人（其中包括为了形成执政多数而特别组建的议会内多数团体），以及在特定的情况下各种专家和拥有否决权的人员在市镇议会内部组成的所谓"拥有预先决定权"的小团体。这种非正式领导团体的存在自然在市镇层面引入了各种政治竞争因素——与此同时还有民主磋商的各种机制，使得各种国家和私行动人可以在解决各种问题时共同发挥作用，并在作出政治决定的过程中互相影响。[180]

（二）市镇政治中的政党：一种不相称的社团

关于市镇自治的政治色彩，在目前对地方政治活动的政治学研究中已经没有太多争议。但是，市镇议会制度究竟是联邦和州议会制度的缩微版，因而也要服从政党国家领导规律的要求，还是服从自身独特发展规律的制度，在这个问题上目前的确还存在争议。有观点认为，市镇政治具有明显的民主政治竞争色彩，因此，其运作机制其实是地方化的政党国家制度的体现；但是，反对意见认为，市镇层面的政党政治化倾向并不是市镇政治活动的必然发展规律。市镇选举制度造就了市镇政治民主竞争的大背景，使选举产生的市镇议会中的各种团体带上了多元主义色彩，但是，市镇政治的实践其实更多地受到和谐民主原则和活动方式的影响：市镇选举中的个人因素更强，政党倾向更弱；政党的社会基础和党团纪律的影响力也相对薄弱；对"客观事务"决定的强调也得到了市镇代议机构的承认，其影响是使市镇代议机构的表决总是希望达成一致意见。[181]

211　在实践中人们很容易看到，对政党的疏离态度在地方政治文化中有着很深的基础，这一点尤其通过各种无政党背景的市镇选民团体的存在表现出来。市镇选民团体尤其在那些规模较小的市镇中成功挑战了政党在市镇议会中的政治领导地位，而且，现在这些市镇选民团体的影响力已经不再局限于德国的西南地区（巴登·符腾堡州、巴伐利亚州），这些地区在德意志联邦共和国成立之初就是市镇选民团体的活动中心，得益于 1990 年代的选举法改革以及整个国家范围内对政党政治越来越强的厌恶情绪，市镇选民团体的影响力也已经扩大到联邦的其他州。就政党而言，它们也意识到自己需要对地方层面上疏离政党的各种政治情绪作出相应的调整，以免进一步失去政治领地。格哈德·莱姆布鲁赫（Gerhard Lehmbruch）在 1975 年有一句非常著名并经常被引用的评论，各地方政党已经或多或少成功地"摆脱了它们的政党色彩"。[182]

（三）市镇选举的特征：地方政党与选民团体的双重领导

起源于德国西南部，目前在大部分州的市镇都存在着一种双重政体，即地方政党和没有政党背景的选民团体形成了一种双重领导体制。虽然 1994～2010 年，在各种市镇选举中，有 56% 的候选人来自于政党，但是选民团体提出的候选人还是占到了 29%，接近三分之一（剩下的候选人来自各种独立候选人、联合候选人名单和与政党有关系的"塔恩候选人名单"）。[183] 1990 年以来，没有政党背景的候选人几乎在所有联邦州的市镇选举中，无论是得票率还是获得的席位都出现了上升。其中在东德的上升趋势甚至还要明显高于西德（见图 21 和图 22）。

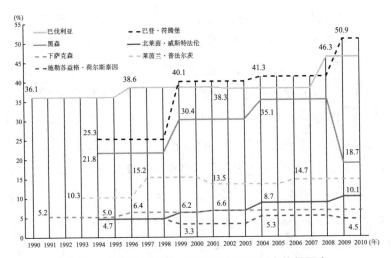

图 21　市镇选民团体在西德各非城市州中的得票率

资料来源：Wahldatenspeicher Teilprojekt A6 des SFB 580，Jena – Halle. 下萨克森州的调查数据从 2006 年开始出现了中断，因为该州统计局还没有对这段时间以来各地区的数据进行综合分析。

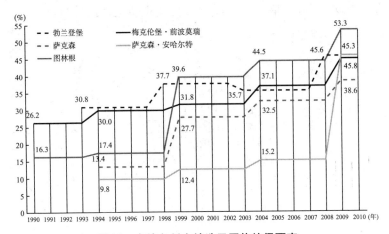

图 22　东德各州市镇选民团体的得票率

资料来源：Wahldatenspeicher Teilprojekt A6 des SFB 580，Jena – Halle. 下萨克森州的调查数据从 2006 年开始出现了中断，因为该州统计局还没有对这段时间以来各地区的数据进行综合分析。

市镇选民团体的成功已经证明，它们并不是在市镇政治中苦苦支撑、可以被视而不见的组织。在市镇选举中，它们已经证明了自己作为**非政党**的政治吸引力。市镇选民团体将自己定位成与政党形成鲜明对比的另一种市镇利益代表组织：事务政治而非政党意识形态，考虑整体利益而非特殊化的个人主义。研究市镇选民团体现象时，人们需要注意三个方面的问题：首先，市镇选民团体是否在其基本政治动机上就存在着明显的疏远政党和政党政治的情况；其次，地区政党和没有政党背景的各类组织在其组织特征和社会构成方面是否存在着本质差别；最后，在市镇日常政治活动中，这两者是否在事实上表现出不同的政治活动模式，并且代表了市镇决策过程中完全对立的两种决策模式（**竞争**与**合作**的对立）。

212

213 （四）选民团体的基本动机："事务政治，而非政党政治"

在整个联邦范围内的研究证实：超过80％的没有政党背景的市镇议会成员声称，他们在参与市镇议会活动时受到了"事务政治而非政党政治"的推动，这也是促使市镇选民团体成立的主要原因（见图23）。

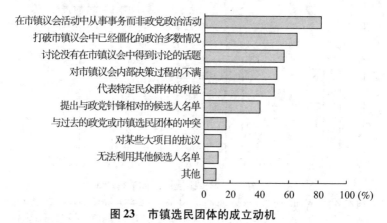

图 23 市镇选民团体的成立动机

资料来源：对市镇议会中市镇选民团体代表调查问卷（2005～2006）；Marion Reiser, Everhard Holtmann, Alter und neuer Lokalismus, "Zu Rolle und Bedeutung parteifreier kommunaler Wählergemeinschaften in der Bundesrepublik Deutschalnd", in: Gesine Foljanty-Jost (Hrsg.), Kommunalreform in Deutschland und Japan, Wiesbaden 2009, S. 189～220.

　　在受访的没有政党背景的议员中，对其中超过一半的人来说，重要的事情有：作为选民团体的代表"打破僵化的政治多数情况"（63.6%），提出在议会活动中被忽视的话题（57.3%），改变市镇议会的决策方式（53.8%），使特定民众群体的要求得到更多的重视（51.3%）。五分之二的受访者认为自己所在市镇的选民团体提出的候选人名单是与政党针锋相对的，有14%的人认为地方政党或其他市镇选民团体的分裂造成了新选民团体的出现。

214

　　从这些调查结果中我们可以清楚地看到，对"事务政治"的 215
追求实际上是市镇选民团体成立的主要动机。但是，市镇选民团体的出现和发展还是包含着政治冲突的解决机制，这也是民主竞争活动中经常存在的现象：新的议题会不断进入政治讨论的视野，要求更多的透明化、重视一直被忽视的利益诉求并使这些利益诉求得到更好的代表，而这些要求无论在历史上还是在现代，无论是在整个联邦还是在州的层面，一直都是通过在既有的政党体制内形成和组建新的政党来满足的。因此，人们或许可以说，在这些没有政党背景甚至对政党持敌意团体的表象之下（其中，在一些地区还包括右翼民粹主义以及极右翼反体制政党[184]）隐藏的是政党活动的实质。在2009年北威州的市镇选举中，有右翼倾向的各种团体进入了四个大城市和四个大区的议会。但是，与魏玛共和末期弥漫于社会的反民主思潮以及我们已经讨论过的对政党国家的拒斥态度不同，我们从现在市镇选民团体的整体表现中还看不出这种类似的倾向。

　　在参与市镇选民团体活动的个人动机方面，对"事务政治"的追求以及实现特定利益诉求的希望同样高居榜首。至于政党，则因为其远离人民和内部组织中的各种不足受到了批评（见表4）。

表4 参与市镇选民团体活动的动机

单位:%

问题:为什么你在市镇政治活动中积极参与市镇选民团体而非政党的活动	总计	市镇选民团体成员(样本数1739)	市镇选民团体与政党成员(样本数131)	不同政党的前成员(样本数430)
"因为我不喜欢政党的活动"	64.3	70.9	16.8	52.1
"因为政党远离人民"	46.2	48.8	27.5	41.4
"因为在我的市镇没有一个我感觉亲切并愿意参与其活动的政党的地方或地区委员会"	17.4	20.0	24.4	4.7
"在市镇层面上事务政治比政党政治更重要"	89.4	95.0	75.6	70.9
"市镇选民团体能够更好地代表各种利益"	86.5	93.5	45.8	70.5
"与其他党员的个人分歧"	11.5	5.4	10.7	36.5
"因为政党相对于市镇选民团体其选举成功的可能性更小"	4.0	–	40.5	9.3
"我之所以是党员是想在联邦和州的层面上更好地代表市镇选民团体的利益"	1.7	–	29.8	–

资料来源:对市镇议会中市镇选民团体成员的调查问卷(2005~2006)(Reiser & Holtmann,2009)

第一栏:这些受访的市镇选民团体的议员或者从未成为某一政党的成员,或者同时也是某政党的成员,或者已经退出了某政党。

第二栏:这些市镇选民团体的议员从未加入过任何政党。

第三栏:这些积极参与市镇选民团体活动的不仅是市镇选民团体的议员,同时也是某政党的成员。

第四栏:这些市镇选民团体的议员依然在市镇选民团体中扮演着活跃的角色,并且放弃了自己过去的党员身份。

根据这些数据我们可以得出结论,这些没有政党背景的选民团体一般来说并不是作为我们前面提到的反政党政党而产生并发展的，对现实情况的进一步观察将更加支持我们的判断：市镇选民团体之所以会在一些地区存在，其原因恰恰是因为各政党在当地没有建立相应的地方委员会。在这些地区，市镇选民团体并非作为政党的反对组织，而是作为政党的替代组织而存在的。当政党政治的舞台出现角色空白时，这些自愿的救火队员们就登场了，而且因为在市镇议会选举中没有其他候选人名单可加利用，因此他们就以一种没有政党背景的组织参与选举活动。例如，在2004年图林根州的764个选民团体中，这些救火队员式的候选人名单有265个，大约占到了前者的三分之一；同年，萨克森州的314个选民团体中有45个这样的候选人名单，占到了前者的九分之一。[185]这些替代性的候选人名单之所以自1990年以来在东德地区大量出现，或许也是因为当时各政党在东德地区的这些组织和活动相对于西德地区依然非常虚弱，但是，在这些救火队员式候选人名单的背后，人们并没有看到什么针对政党的敌意。

216

（五）市镇选民团体的组织与社会构成

没有政党背景的市镇选民团体从来没有出现过突然崩溃的情况，相反，它们基本上都是一些稳定存在的组织，其组织结构的稳定程度甚至可以与政党媲美。在2008年被研究的活跃在西德地区的市镇选民团体中，有三分之二的团体成立于1990年以前，其中，七分之一的团体甚至成立于1960年以前。在东德，这些团体的成立时间大都是在两德统一之后，但其中还是有近四分之一的团体在民主德国倒台前十年的时间里就已经存在了。[186]

无论在东德还是西德，市镇选民团体都表现出明显的年龄偏大的特征：作为市镇选民团体党团的成员，其大部分的年龄都在46~65岁。这种成员年龄的U型结构其实与政党在地方和全国层面的结构完全相同，在这种U型结构中，成员的"参与在其年轻的年龄段非常少，当他们进入到中年阶段时参与度将上升，但是此后随着年龄的增长又将下降"。[187]

没有政党背景的党团主席团成员基本上都是男性，其比例高达80%。在这一问题上，其成员的性别比甚至与社民党在市镇议会中的成员性别比相同（基民盟和自民党的男性成员比例更高）。在政治态度上，选民团体一向表现出倾向于新中产阶层和经济界的立场。公务员在市镇选民团体领导圈中获得的代表数量低于各地方政党党团相应团体所获得的代表数量，但是自主创业和自由职业者的比例则要高于后者三分之一以上。工人则很少成为市镇选民团体和地方政党领导层的成员（见表5）。

表5 党团主席团成员的职业情况

单位:%

组织类型、地区 \ 成员	自主创业/独立工作者	公务员/公务部门雇员	私营企业职员	工人
市镇选民团体	36.7	35.2	26.0	2.1
东德	48.4	26.6	23.4	1.6
西德	33.2	37.8	26.7	2.3
政党	26.4	45.9	26.9	0.8
东德	33.9	37.1	26.6	2.4
西德	24.5	48.1	27.0	0.4

资料来源：对党团主席团成员的调查（2006～2007）SFB 580, Jena‐Halle.

（六）没有政党背景的议员对市镇政治的态度

在考察市镇选民团体的领导层对待市镇政治的态度时，我们将再次看到有关事务政治的各种表述形式，这也是他们参与选民团体活动的最重要动机。几乎所有的市镇选民团体党团领袖都声称自己服从于"事务工作高于政党政治"的要求（见表6），这一点甚至在东德与西德、在不同规模的市镇中几乎都一样。大约有70%～85%无政党背景的议会党团领导人认为，市镇代议机构应当针对具体项目作出决定，即使是参与决策的各政党也应当在这些问题上表现出充分的妥协精神，此时，议员们应表现出"成熟练达的"个人素质而不是一副典型的政党政客的嘴脸。

表6 市镇议会党团主席团成员针对政党政治的态度

单位:%

我完全支持这种说法	市镇选民团体	政党
市镇层面的事务工作要优先于政党政治	95.3	79.1
市镇政治与"大政治"有点不一样，市镇政治主要是解决具体问题	85.5	81.0
各政党应当克制自己的竞争倾向，并且，要将努力获得可行的妥协方案置于第一位	85.3	61.3
在市镇政治中，"成熟练达"的个人素质要比政党政客的行为模式更重要	72.6	53.6
政治冲突是民主政体的家常便饭，它们有助于找到更优的问题解决方案	59.2	59.4
公民应当自己来决定地方问题	38.2	21.3
在市镇政治中，政党对于形成整体观念是必要的	32.4	64.2

资料来源：对党团主席团成员的调查（2006~2007），SFB 580, Jena - Halle.

这些议员将自己的职能定位成"纯粹事务"性的、相互之间也表现出合作的姿态，再加上随之而来的对典型政党政客活动方式的批评和怀疑，这都明显表现出市镇选民团体对政党政治的各种规则和政治对立的疏远态度，对地方政治的研究也部分证实了市镇选民团体的这种观点。研究表明，随着市镇议会中没有政党背景的各种组织的不断发展壮大，市镇政治政党化的趋势不仅被停止甚至还有了被扭转的倾向。当我们看到那些**市镇议会政党**的主席团的绝大多数成员都承认"事务政治"的重要性时，这种被停止甚至被扭转的趋势就更加明显了（见表6）。

不过，2005～2006 年进行的另一项具有代表性的调查显示，还是有 57% 的市镇选民团体的普通成员认为，政党在当地还是扮演着"重要"的角色。至于认为"政治冲突是民主政体的家常便饭"而且这些冲突将有助于在议会活动中"找到更好的问题解决方案"的观点，正如表 6 显示的，无论是市镇选民团体还是政党的党团领袖都对其持赞成态度。即使是那些没有政党背景的党团领导，他们也显然相信，在市镇政治活动中需要对各种对立冲突的利益进行平衡，而不应该试图找到一个客观正确的方案并执行。

（七）走向纲领政党：市镇选民团体关注的问题

市镇选民团体在作出各种决定的过程中，其决策模式普遍表现为欲将民主竞争与民主协调的各种方式调和起来，这就使得市镇选民团体和各地方政党在一些涉及政治纲领的领域走得更近。按照没有政党背景的市镇议会议员的说法，市镇选民团体将占领市镇政治生活的所有领域。单一主题团体很少出现，即便有，也只出现在一些大城市中。选举平台上出现的各种议题中，受重视度靠前的话题有：预算与经济问题，基础设施与公共服务，接近人民与直接民主，教育与文化以及促进经济发展。一项历时 5 年的前后对比的研究显示，这些受重视议题的组成几乎没有发生什么改变，与此同时，市镇选民团体关注的话题领域也出现了明显的扩展（见图 24）。

人们当然不会因为市镇选民团体的政治纲领关注的问题范围如此广泛，就将它们与人民政党等同起来。不过，人们至少可以说，市镇选民团体还是与活跃在市镇政治生活中的各种纲领政党有着明显的趋同现象，只不过不能因为这种趋同性而推导出市镇选民团体的政党属性。相反，市镇选民团体关注的议题经常因为当地政治形势的变化而出现相应的快速变换，每个议题被关注的时间通常也很短，其背后也没有什么基于整个社会政策的整体考虑。

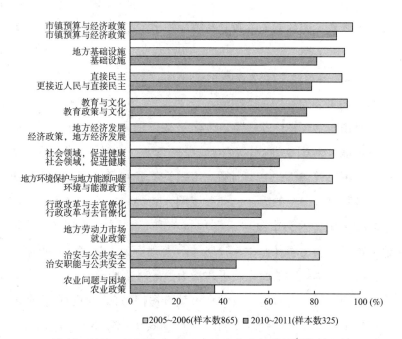

图24　2005～2006年与2010～2011年市镇选民团体关心的
议题与其政治纲领涉及的重点领域

资料来源：对市镇议会中市镇选民团体的调查问卷，2005～2006年（从548个市镇的市镇选民团体中随机挑取865名议会代表），2010～2011年（从284个市镇的市镇选民团体中随机挑取325名议会代表），SFB 580，Jena – Halle.

　　但是，市镇选民团体与地方政党此消彼长的关系并不只表现为双方的互相疏远和竞争，它同时表现为双方的合作、和平共存和政治活动方式的逐渐接近，并且，最终实际上都采用了政党政治的形式。当地方政党来到市镇议会的入口处挂上自己的党徽并以这种形象登台表演的时候，没有政党背景的市镇议员们遵循的政治纲领的导向和行为模式也与政党政治的实质有着密切的联系，代议民主制的程序要求可以同时容纳这两种组织。因此，人 220们可以说，虽然各种没有政党背景的团体正从地方政党手中夺取越来越多的选票和议席，但是，这并没有改变市镇政治活动在程序和内容上具有越来越强政党的政治倾向这一事实。从这一角度看，市镇选民团体和地方政党是德国政党国家基层组织中的"双胞胎"。

（八）地方政党制度发展的新动向：制度改革、社会极化和新的地方主义

市镇政治现在绝非已经进入风平浪静的稳定期，相反，各种因素正催生着新变动和不确定性：一方面，对市镇法律制度的改革降低了市镇选举的准入门槛，市镇组织和制度的经济化要求更强，各种直接参与的因素也被普遍引入；另一方面，在各种大城市的社区中，因为市镇"经济危机"和福利国家制度的明显萎缩，市民社会的各种群体和阶层的疏离程度越来越高，这也带来了各种新的危机，从而影响了政治力量的对比情况。

这两种新动向对地方政党和市镇选民团体的影响也随之逐渐显现出来。首先是市镇制度的改革。2008 年，联邦宪法法院根据一些小党的申诉，废除了在所有联邦州实行的市镇选举 5% 得票率准入门槛条款后，随之而来的更低的准入要求对各大党产生了不利影响。随着过去的准入条款被取消，市镇政治的"碎片化"也开始扩大，越来越多的组织开始进入市镇代议机构。取消准入门槛将使市镇议会的大门敞得更开，对北威州的实证研究也证实了这一点。[188]最近进行的市镇议会选举表现出越来越强的碎片化倾向，这一点在各个大城市尤为明显，[189]市镇选民团体的数量增长也与地区规模的大小表现出绝对正相关的关系，[190]这使得市镇选民团体成为选举要求放松后市镇政治活动中的受益人。

但是，市镇行政活动经济化色彩的增强、直接民主因素的增多却没有对市镇选民团体的发展起到什么促进作用。在引入新管理模式的各种制度因素和对地方公共服务部门（如燃气、供水、供电和建筑部门）进行去管制化改革，即将这些单位的法律形式从过去的市镇企事业单位转变成独立核算的企业甚至私有化企业

221

后，各种公民动议和公民决议的制度安排进一步限缩了市镇议会的运作空间。面对这些改革大潮，有政党背景和没有政党背景的市镇议员现在都坐在了一条船上，一起驶向控制力明显下降的彼岸。

1990年以来的改革提出了市镇自治制度的经济化原则，该要求同时具有制度内外的含义。从行政组织内部来说，改革的目的是改变存在已久的官僚行政模式，这种模式以等级化和集权化的结构为特点，改革的目标是建立分散化、目标和结果导向的管理体系，它的蓝图就是所谓的新管理模式。在这种经济化的理性标准的要求下，过去一直规模庞大的行政机关将被拆分为各种规模更小的行政单位，这些单位将面对市场经济的竞争压力，因此必须具备更强的成本和绩效意识。[191]

这些市镇制度改革也带来了行政制度的**外部**变化，因为在将行政机关拆分为各种具有独立地位的小执行单位、市镇公共事业单位也私营化后，市镇代议机构和行政机关的职权划分也将重新洗牌。按照新管理模式的逻辑，现在由选举产生的市镇议会从此以后应当"放弃对行政活动的个别干涉"，这不仅将提高行政机关的活动能力，更会提高市镇议会自身的活动能力，因为这样一来，从处理个别问题中解放出来的市镇议会委员们将有更多的精力处理"视野更广阔的全局问题"，例如预算和规划问题以及对行政机关的控制问题。[192]市镇制度在新管理模式指导下进行行政改革的同时，对市镇长和区长的选举也在成功地推行直接选举的改革，各种公民动议和公民决议的制度空间也在扩大，这再一次改变了各种机关间的权力关系。

在这些市镇制度改革中，人们可以看到对各种经济成本、政治成本和收益的考虑占据了上风，但是这些不同的改革目标也具有相互抵消的作用。在具有宪法意义的直接民主不断扩大的过程

222

中，"管理改革的推动力"[193]相比于"民主的推动力"显然只在一定程度上实现了成功，因为到目前为止，几乎没有一个德国市镇完全实行了这种新的管理模式，但是市镇政治中的各种政治机关，即市镇长和市镇代议机构对各种已经独立甚至私营化的行政部门和企事业单位已经失去了影响力和控制力。赫尔穆特·沃尔曼（Hellmut Wollmann）早就指出过这两个机关会面对"参与管理的困难"。[194]

在这些改革中，最大的输家无疑是市镇代议制度以及当地的政党国家制度。由选举产生的市镇代议机关现在被拔去了羽毛，从"上"往下看，现在，它更要面对一个获得选民直接委托而拥有更强势地位、身处等级化的管理体制中的市镇长。进入 21 世纪的市镇改革将在未来进一步强化直接选举产生的市镇长的执行领导地位，其后果是使得市镇自治制度向着行政长官制的方向发展，市镇的行政长官也随之将对自己的政党（如果他属于某一政党的话）和相应的市镇议会拥有更强的独立性。[195]

当市镇企事业单位获得独立地位后，市镇长和市镇代议机关对这些企事业单位的管理和控制权也将不断下降。从"下"往上看，现在市镇的市民群体如果想使用自己新获得的公决权利，那么这两个市镇机关偶尔又会受到过度的干涉。至少在市镇代议机构看来，它们会觉得这种新的直接民主的方式将降低代议制决策方式的重要性。在 2005 ~ 2006 年受访的市镇选民团体和地方政党的市镇议会党团的主席团成员中，大部分人（前者有超过 60%，后者约 80%）反对"市民可以自行决定当地事项"的观点。[196]

其次，市镇财政赤字以及城市社群的极化也在地方层面对市镇政治形成了新的实质性压力。社会变迁经常会对政党体制提出重组和调整的要求，曾经习以为常的选民倾向性不再确定，体制内政党的政治地位也开始摇摇欲坠。再考虑到联邦德国的联邦、州和市镇紧密联系在一起的情况，地方政党制度将会更强烈地感受到这种变化的影响力。

1970年代，克劳斯·奥弗（Claus Offe）曾经提出，市镇政治只有"自治的表象"，它所扮演的是整个国家政治的"缓冲器和过滤网"。当在全国层面发生的政治活动引发了当地社会冲突时，当地的市镇行政部门将会采取应对措施，这样就可以转移各种政治决策者对一些不受欢迎的措施需要承担的政治责任。[197]

但是，目前的确有许多意见反对这种认为市镇层面普遍承担着政治过滤功能的观点。虽然现在地方行政部门承担的社会服务职能正在不断减少，但是，这并没有缓解相关当事人对市镇政府的不满。因为在联邦德国的合作联邦主义体制中，大部分立法活动都是在联邦和州的协商下完成的，相应地，也使得双方对各种特定的决策承担的政治责任混合在了一起，而且，对普通公民来说，他们一般也不会对两者特定的政治责任进行泾渭分明的划分。

基于这种背景，当人们看到市镇政治和行政活动总是要扮演国家立法决策的替罪羊角色时，他们一点都不会吃惊，因为市镇政治和行政活动总是要根据自身独立的或被委托的职权来执行这些决策。根据一项在特定的东西德各市镇进行的（不具有代表性的）民意调查显示，在这段时间里，选举产生的市和地区议会、地方行政机关享有的信任度的下降幅度超过20%，只有42%～45%。[198]

目前，大城市中的社会不平等现象（在小市镇中，这种不平等现象要好很多）在加重，公民之间有关各种社会政策的冲突也更明显，这些情况也在进一步推动前述各种发展趋势。城市中的社会分化现象也得到了很多资料的证实：在城市中一些特定地区，居民收入有限的情况尤其严重，例如在德国各个大城市靠近市中心的街区中，有八分之一的居民需要领取社会救济。[199]

这种不断发展的城市中的富人区与穷人区的自我分离现象不

仅使得市镇团体丧失其社会联系功能，也带来了对政治的回避态度以及各种极化现象。当社会下层成员不再对政治抱什么幻想，越来越多地不去参与投票时，在中产阶层中也浮现一种**新的地方主义**的迹象。在市镇财政不断吃紧的情况下，这些中产阶级开始积极参与到争夺市镇自主职能（例如，在文化与社会服务领域）这块正在变小的蛋糕份额的行动中，而且，他们在市镇选举中越来越多地以没有政党背景的候选人的形式出现。

最晚到市镇代议机构的分裂化以各种形式表现出来的时候，目前的社会变迁过程对政党制度的实际变化在地方层面的影响将清楚地反映出来。不过，认为市镇代议机构的碎片化不仅是撤销选举门槛条款的结果，更是城市中产阶层地方主义倾向越来越强的产物，对于这一假设，人们还需要进一步的研究。但是，从总体上看，各种没有政党背景的组织获得的选民支持率越来越高的情况的确导致了各地方政党组织的重组，这对两大人民政党来说尤其是一种不利的形势。

这种变化既有来自某个地方当地的原因也有超越一定地区的原因。2010 年 1 月，当时的汉堡市长奥勒·冯·博伊斯特（Ole von Beust）在接受新闻采访时提到了社会极化现象对政党体制造成的一个尤其值得注意的消极影响：在汉堡这个汉莎城市中，经济上获得成功的市民阶层与以工会形式组织起来的社会下层群体在几十年的时间里形成了一种传统联盟关系，但是，现在该联盟不仅正在失去自己稳定的联系力量，更使得精英的政治和经济地位面临越来越强的不信任感。[200]

因为这些政党是联邦德国多层级体制中最重要的政治维系力量，地方民众感受深刻且对当地社会有着实质影响的世界经济和金融危机以及各种贫穷和不安感，使那些大党付出了沉重的政治代价。当各种社会和公益服务被削减、市镇文化预算也在萎缩的时候，这些大党也要相应地承担各种政治责任，这也是为什么社民党和联盟党在最近的市镇选举中不断受到选民惩罚的一个原因。

　　在市镇政治活动中，中产阶层的自觉且资源丰富的成员正在努力合作，实现从被大幅度削减的市镇预算中获得"合理"社会服务份额的目标，而且他们表现得越来越活跃。但是，与德国的欧洲临国如比利时和荷兰不同，德国中产阶层的这种政治动员政策的战略目标并不是针对政党的、反对各种体制内的"政党卡特尔"的、自下而上的民粹主义运动。造成这种差别的一个原因是，德国的福利国家制度在世界范围内的经济衰退中经受住了考验。目前，德国市镇阶层中地方主义的兴起还局限在市镇层面，各自由选民团体联盟在州议会的选举中——除了 2008 年的巴伐利亚州议会选举——都没有取得成功。

　　地方主义的新形式自我限制在市镇政治空间中的现象或许可以在一定程度上证明前文提到的奥弗的观点的正确性，即地方层面是整个体制的"政治缓冲器和过滤网"，但是各大政党的地方分支却没有从地方层面的这种特性中获益。拥有选举权的市镇居民作为政治委托人，在他们眼中，在全国和地方政治活动中扮演政治代理人角色的政党都不是可以完全值得信赖的。这些政党在市镇选举中选票和议席不断流失的现象证明它们正在为全国和市镇（政党）政治中的各种不足甚至错误接受惩罚，可是，这些政党又没有能力将市镇中产阶层的各种新的特殊利益诉求表达到政治过程中来。

八、多层级体制中的领航员：在政府治理中扮演着关键角色的政党和政党政客

（一）政治理论演变过程中政党功能的变化

《政党法》第 1 条第 2 款规定了政党在德国代议民主制政体

中承担的职能。按照它的规定，政党"在公共生活的各个领域"参与人民政治意志的形成，尤其是影响公共意见，推动政治教育及其深化，鼓励公民积极参与公共生活，培养可以履行公共职能的有能力的公民，向联邦、州和市镇选举推荐候选人，影响议会和政府的政治意志的形成过程，将自己的政治纲领引入国家意志的形成过程中，并且"积极投身于维护人民与国家机关之间稳定且活跃的联系"。[201]

这些功能类别其实并没有穷尽政党在现代政府治理体系中实际扮演的各种角色。《政党法》第 1 条第 2 款提出的基本上只是"立法者的行为模式期待"，[202]是一种在代议民主政体中得到宪法授权的行为模式。不过，这种对政党**可以**从事的活动的规范描述无论是现在还是将来，对一个有效运作的民主政体来说都是不可或缺的。但是，在对政治制度的分析过程中，从实现各种目标的条件以及最终实现良善治理的角度来看，政党在现实中发挥的其他各种"现实功能"将进一步进入人们的考察视野。

政治社会学的研究也证实了政党这些更丰富的功能的存在，这些研究主要着眼于各种长期存在的社会政策冲突与政体制度发挥的中介协调功能之间的关系。1960 年代中期，政党研究学者希摩尔·马丁·里普瑟特与施泰因·罗坎区分了政党发挥的四种不同的功能：表达、代表、整合与减压。政党的"表达"功能体现为在各种竞争性的政治活动中，将各种以期待和要求表现出来的社会对立引导到政治活动中去。在发挥第二个功能（代表）时，政党将扮演社会某个特定利益群体稳定代言人的角色。政党的整合功能主要表现为，它促成各种妥协方案的达成并建立各种联盟合作关系，从而在各种对立的社会政策冲突中找到出路。政党的减压功能体现在，当民众开始产生对政治决定——或不决定——的不满情绪时，政党可以使这种不满情绪不至于一股脑地倾泻到整个政体秩序上从而对其造成损害，相反，只会针对特定的从事政治活动的行动人。其中，首先是形成执政多数的各政党，对其进行具体的政治清算。[203]

最近，对政治活动的分析研究以及政府学说从另一种视角对政党的功能作出了定义，它们更强调政党的协调与领导功能，其中包括：形成政治目标、整合不同的政策领域、将政治体制中各层面的行动统一起来以及对政府内部与议会的决策过程进行统一领导。[204]形成政治目标的功能是指，政党在各种专门的政策领域中形成自己的政策草案，如在社会与教育政策领域。然后将这些专门领域内的政策草案整合进其整个政治纲领，最终实现"将自己的各种政治目标表述到国家意志形成过程中去的目标"。[205]

现实政治生活中总是存在着各种变动。各种政策领域以及在这些政策领域活动的各种行动人总是处于不断的互动与博弈之中。政治学者安德希勒·黑利梯尔（Adrienne Héritier）在1987年就指出了这些互动与博弈的形式及其排外化的政治后果。他提出，在政治生活中存在着一种"政策网络"，这种网络具有"固化且相互隔绝"的倾向：

> "在一个政策网络内部的各种行动人之间存在竞争关系，但是对外部而言他们却是团结一致的。（……）因此政客与行政机关的组成人员会觉得他们对自己身处的功能系统具有一种义务感，要保护他们的功能系统不受削弱和侵犯。"[206]

因为在这种政策网络中，当事人在不同的政党以及国家和各国家机关间分割了自己的忠诚对象，相应地就会带来失去控制的后果。但是在黑利梯尔看来，在代议民主政体中，除去那些将不同的利益组织起来的各种团体，"人民政党具有的联系功能"也可以抵消这种政策网络过度独立化的倾向。[207]

（二）特殊利益与公共利益：政党的社会平衡功能

对人民政党来说，将各种局限在社会特殊领域中的部分利益整合起来是它们的一种特殊功能。这些特殊利益群体因为实现自身利益的能力不同，可能会在政治活动中表现出不同的政治实力，人民政党的这种整合功能就将起到防止这种不对称的权力分配局面产生的作用。各种利益团体的组织和对抗能力的不同是造成这种权力分配失衡状态的主要原因，对于随之而来的代表不足的情况，克劳斯·奥弗早在1970年代就已经有过论述：

> "那些需要将自己的特殊诉求以一种社会组织的形式表现出来的社会利益才有可能会被组织起来。……因此，各种最基本的生活需要（消费与投资机会，规避社会风险，获得休息时间）以及内部同质化的社会群体（农民、工人、职员、公务员、中产阶层、企业家等）更有可能也更易于被组织起来。……
>
> 某个组织及其相关功能团体的对抗能力表现为以集体行动的方式拒绝提供相应的服务或者以一种对整个制度有影响的方式威胁拒绝提供某种服务。"[208]

按照这种定义，各种普遍公共利益是难以被组织起来的，其抵抗能力也因此非常低，"因为这些利益虽然涉及整个社会共同生活中的健康、道德和审美方面的问题，但是却处于市镇和经济分配领域之外"。[209]此外，失业和领取失业救济的人群是作为社会边缘群体而存在的，它们面对那些组织起来的社会利益群体是很难有甚至根本没有对话能力的。

当所有的社会成员在一些基本需要上面临威胁并共同分享着

228

生存受威胁的感受时，就会在整个社会形成一种共同的政治需要，对那些政治决策者以将面临信任度严重下滑甚至无法再当选等政治惩罚措施来推动其采取行动。这种现象最近的例子发生在消费者保护领域，如疯牛病、禽流感以及其他流行性疾病的情况，最近废除利用核能的政策也是这种现象的一个例子。因为在民主政体中，处理危机的全部权力不能只交给行政机关，面对那些难以自我组织起来的社会利益诉求，政党将扮演双重角色：一方面，它要在自己代表的特殊社会利益与整个社会公共利益间进行权衡；另一方面，它要让那些在社会上处于弱势地位且相对来说对抗能力较低的群体可以在政治舞台上发出自己能够被倾听到的声音。首先是绿党其次是左翼党在整个联邦范围内的兴起并加入德国政党体制的历史显示出，人民政党扮演社会整体和部分利益群体代言人的角色时并没有充分发挥自己的这种双重代表功能。

（三）在政府治理中的领导功能

在政党的代表功能之外是政党在政体中的领导功能。对于阿克塞尔·穆斯威克（Axel Murswieck）提出的"政府事务中的整合功能"[210]的实现，政党同样能够发挥积极作用。在德国这种联邦、州和市镇多层级系统中，政党能够在联邦主义制度确定的不同层级间发挥使其相互接近的协调作用。在这种地域形式上的连接与沟通功能之外，政党还可以促进各种政府职能，即组建政府、支撑政府的运作等职能的实现：它可以扩大政党追随者的规模，吸引更多的选民支持（vote seeking）；它可以使政党的各种政策目标尽可能被吸收到政府的正式政策方针中去（policy seeking）；它还可以将自己对获得各种政治领导岗位的诉求表达出来（office seeking）。[211]

如果我们将自己的观察视角从具有规范意义的民主理论转向

对政府制度的实践分析，我们就会进一步看到在涉及政府治理活动的各级层面以及各部门，政党需要发挥的各种功能。这在扩大政党功能外沿的同时也会增加政党的政治负担，因为这使政党在政府中发挥的协调作用显得更为重要，其中既包括纵向协调作用，即为紧密联系在一起的各权力层面打开对话通道，也包括横向协调作用，即将根据更强的政策专业色彩划分的政治活动不同领域统合起来。其中，在横向政治活动中，问题的解决需要政府与私人部门更多的协作。这种发展趋势也使政治领导层更难清楚地把握实际情况，更容易在决策过程中陷入僵局。这就对政党提出了更苛刻的要求，使其需要以非正式的方式更多地参与政府治理活动。

政府治理，或者说在目前的学术讨论中以 governance 表达的概念，虽然有各种相反的发展趋势，但是，受到国家主权的限制，它还是主要局限于各种国家活动，处于一国领土范围之内。所以，当实行代议民主制的国家也必然是政党国家的时候，政党和政党政客自然成为了在各种盘根错节地纠缠在一起的政策领域形成的政治海洋中航行的船只领航员和政治驾驶员。参与政治活动的机会甚至义务也对政党提出了三个方面的调整要求。首先，政党需要将自己的组织形式根据时代的要求不断作出调整；其次，当各种经典民主原则要求决策过程透明化且鼓励尽可能多的人员参与到决策过程中来时，政党具有的各种"专业性"的领导功能却与这些民主原则存在一定的冲突，相应地，对政党的组织和活动形成了进一步的压力；最后，国家活动与国家职能的变化本身也会给政党带来第三种挑战。

230

（四）国家活动的变化：政党职能的变迁

我们首先来讨论国家活动变化的情况。在这里，我们需要区分职能的变化与决策模式的变化这两种不同现象，虽然它们都与国家职能履行有关。当公众看到主权国家对世界经济、金融和通信网络等各种有目共睹的现象显得有心无力时，他们已经开始谈论诸如"国家的碎片化"与"告别国家"之类的话题。但是，与这些看法恰恰相反的事实是："国家依然存在，只不过其职能发生了变化。"[212]虽然主权国家的各种干涉活动，如在国外的维和行动不断扩大，在国内的各种公共服务事业（铁路、邮政、能源和通讯业等）也在很大程度上私营化，但是，现代欧洲国家就像过去一样"是一个以形式多样的方式组织起来的系统"：

> "它规制着劳动力市场，调控着经济运行，与犯罪活动作斗争并提供各种教育机会；国家管理着交通，创造并维护着民主政治过程的框架，拥有自己的企业，为武装力量征募人员，发动战争，缔结和约，创造可靠的法律秩序，维持养老金制度的运作并征收税款。"[213]

因此，人们可以谈论国家某些职能的萎缩，但却不能因此证明国家已经将自己的所有职能都转交给了超国家的组织或私人部门。2008 年末到 2009 年初，当世界金融和经济危机达到它的第一个顶峰时，当时的联邦大联盟政府通过了关于政策调整的一揽子方案，这些政治举措证明主权国家基本上还是保留着自己的各种干涉能力。而且在国民看来，各种国家措施合法性的出发点还是对国内政治情况优先考虑。只要政党还在主权国家的框架内发挥其功能，它们就还远没有到应该谢幕的时候。

造成国内政治决策**模式**改变的真正原因是在各种政策网络中越来越强的独立决策的倾向。"部门自我规制"（雷娜特·迈因茨语，Renate Mayntz）已经出现在健康、教育部门以及农业、社会保障和工业政策领域，形成了指导决策过程的新的理性化原则。231

按照这种新的指导原则："今天的政治过程，与其要听从一个来自政府或立法机构的中央集权化权威的指令，还不如将尽可能多的参与人引入到决策过程，其中这些参与人既包括公共部门也包括私人组织的成员。"[214]

在这种新的制度安排中，无论是来自国家还是来自私人部门的参与决策的当事人都可以从中获利。国家因此可以获得一些垄断性的信息（例如，某些医药研发信息），而且国家也可以因此"节省执行成本"，[215] 例如，当国家在执行一些降低医疗保障体系运作成本的措施时，它也可以规定医师、药剂师甚至医疗保险公司采取相应举措的义务。但是，实践中的这些在国家与私人部门之间普遍发生的具有约束性的决策过程却有可能对民主政治带来消极影响。国家法学者迪特尔·格林曾经指出过这个问题：与立法活动不同，这些决策"并不是公众普遍参与和讨论的结果"，这些在很小的决策圈子中达成的协议有很大的透明度问题。这种具有排外性的作出事先决定的小团体来自各种政策网络的内部组织，它将使得一些私人利益代言人的地位上升到具有"准宪法机关"的程度，即成为一种地位不明的宪法决策人，这将使议会和议会程序的自身价值受到削弱。[216]

在政府部门行政机关之外，议会内的各个政党也可以参与到决策中来，成为游戏的参加者，为了不让政治决策成为一些私人当事人的掌上玩物，这一点就显得尤为重要。对一些特定决策领域的研究也显示事实的确如此。在联邦层面，在专业官僚之外，联邦议会中的一些职业政客也以党团代表的身份参与到这种"串通一气的国家活动"（格林语）中。当然，在这一过程中，来自执政党和反对党的议员的影响力自然是不同的。[217]

现代政党的组织形式也反映出目前国家功能的发展与变化情况，其中，政党的各种功能一般也会根据国家功能的变化而进行相应的结构调整和发展。目前的政党机器在政权体系的三级层面都有自己的活动，而且主要是通过一些专职核心人员来推动，政党的组织又划分为各种专业化的部门、工作团队和独立的外围营利机构（例如出版企业），政党更充分地利用着各种专业人才和现代通信技术，这些都是政党活动不断职业化的表现，也有助于政党在挑战越来越多的今天能够跟上时代的步伐。[218]

232

（五）分散化的问题解决方式与不断变换的领域：在德国联邦国家中的政党

德国的政党制度具有多个层级，各政党分散化的组织结构并不仅仅是立法要求政党内部政治意志形成过程民主化的结果，更是联邦主义的产物。各政党在州的组织一方面是整个联邦政党的组成部分；另一方面，在政治纲领和政治形象上，政党的地区组织又具有自己一定的独立性。正如约瑟夫·施密德（Josef Schmid）对基民盟的研究成果显示的那样，我们可以提出政党制度的一些具有标志意义的特征：州的政党在"政策形成的联邦主义的子系统中"基本上可以不受政党联邦中央机关的控制自由行事，[219]"即使是社民党在今天表现出的形象也不再是过去等级森严并且奉行传统集权主义的政党"，而是具有分散化的组织结构的政党，政党的各级层面也紧密地联系在一起。[220]当党的州分支组织固执己见的时候，党的联邦领导机构没有什么有效的压力手段可以使其让步。例如，1998年萨克森·安哈尔特州的社民党的活动就证明了这种情况。当时，该州的社民党准备接受民社党参加的少数政府，这一设想中的政治联盟计划在社民党的柏林中央领导机关和马格德堡地方领导层之间引起了争论。

就像在德国的联邦主义体制下政党政治的各种职能在联邦和州之间进行了划分一样，政党发挥功能的领域也被区分为三个方面，即社会组织（植根于基层的政党）、议会内的政党与政府内

的问题上最容易产生摩擦和冲突，政府、议会和基层组织这三个层级的政党组成部分都主张自己拥有优先决定权，其理由也都有一定的道理，而且其目的也都是"为了不断推动来自于社会的基本政治观点的不断具体化"。[223]

从另一方面来说，也只有政党才有能力在代议政府体制中消化这些起源于不同政治活动领域的冲突和矛盾。在发挥这种作用的过程中，政党不仅可以保证政府治理这座大厦的复杂平衡，还能使政治领导层对选民的需要有起码的尊重。虽然 2011 年在柏林的内阁会议上通过的能源政策改变决议没有事先得到基民盟党代会的批准，但是，默克尔总理还是向各地区的主席团成员进行了事后的说明。甚至在社民党及其党团内部引起部分争议的 2010 年执政计划，当时提出该计划的前任联邦政府总理施罗德事后还是在社民党的党代会上获得了支持。而且，对于施罗德后来失去总理职位的情况，人们也可以解释为他没有在自己的党和议会党团内部进行及时恰当的沟通，[224]这种情况也再一次证明，政党在政治体制中超越特定的决策领域进行协调和自我控制时发挥的关键作用。

政党为民主政治发挥出的这种有益且非正式的控制功能同样也出现在联邦和州的关系中。政治学者阿图尔·本茨（Arthur Benz）曾经提出，在执政党内部，对政府组成人员的批评虽然并不多见，但在议会中这种现象还是比较容易发生的。虽然党代会的代表一般来说都不会反对自己所在的政党继续掌握权力，但是，这些党代表对政府各项政策的批评对党内政治生活而言还是具有实际意义，"这些党内机制存在的目的是保证州政府的整体政策倾向或者它们在联邦参议院中的所作所为不会与其所属政党代表的选民意志相去甚远。"[225]

（六）障碍制造者还是清除者？——"交织"在一起的联邦主义

联邦和州的关系有其自身的运作逻辑，不同的研究文献对政党和政党政治在这种关系中扮演的角色有着不同的看法。1970年代中期，格哈德·莱姆布鲁赫第一次提出了他的德国政治制度中存在着"结构断裂"现象的观点。这种观点的核心是，政党制度和联邦国家原则是两个互相对立冲突的决策原则，存在着使对方瘫痪且无法发挥作用的倾向。一方面，在议会活动领域存在着一种双重极化的冲突，即执政多数与反对党的政治竞争；另一方面，在联邦参议会这个联邦主义的主要舞台上，争端和冲突的解决都主要是依靠达成各种妥协来实现的，这也是它的典型运作方式。但是，如果在联邦议会和联邦参议院中多数政党团体的组成情况正好相反，反对党又恰好在利用这种"护墙"，那么德国议会的这两个决策机关的决策规则就会形成无法统一的"不和谐现象"。[226]

还有其他一些政治学者最初也认为，对德国"交织"在一起的联邦主义制度来说，政党竞争活动是一种干扰因素。阿图尔·本茨（2003）认为，政党竞争活动是围绕着多数决定和争夺政治权力展开的。遵循这种行动逻辑的政治行动人力图通过"各种政治交易、妥协或者相互说服来消除相互之间的对立和冲突，最终达到一致"。在这一过程中，虽然不一定必然会产生阻碍政治体制正常运作的情况，但还是会在一定程度上削弱体制的问题解决能力。[227]不管怎么说，德国联邦主义制度的实践是在政党政治的形式下展开的，这也可以防止某个州的政治活动出现各行其是的情况，或者在联邦各州之间发生政治竞争的现象。[228]

同样是作为政治学者的沃尔夫冈·伦奇（Wolfgang Renzsch）对这种结构断裂说提出了最鲜明的反对观点。他在1995年写道，

236

当时既没有作为普遍现象的政治磋商僵局，也没有什么联邦主义的实质内涵正被掏空的现象，因为并不是发生在联邦国家的所有政治冲突都有政党意识形态的背景，例如，在财政分配的问题上，不同的州以及联邦与州之间的冲突"通常不具有政党政治的色彩"。两德统一后，在对国内财政平衡问题进行磋商的过程中，恰恰是"受到政党政治动机推动的、对磋商程序的控制"在时刻警惕发生在行政层面的磋商走进死胡同。因为联盟党和社民党领导下的各州以**政党的形式**在试探着各种妥协的可能性，这也使得磋商过程总能在有可能面临失败的紧要关头转危为安。因此，在"某大党的党内磋商过程中，如果找到问题解决方案，这种方案就可以为其他参与决策的当事人接受"。[229]

而且，在伦奇看来，这种党内协调活动"对于联邦主义框架内的政治磋商过程来说显然具有提高效率的作用"。但是，在这一过程中，首先被考虑的并不是找到什么符合客观事实需要的最佳解决方案，相反，其最终目的是在所有参与磋商的当事人中找到大家都满意的妥协方案。至于是否符合客观需要的问题，一般来说获得的都是"第二套解决方案"。[230]

针对德国联邦主义制度这种解决客观问题能力的缺陷，莱姆布鲁赫还是坚持自己的结构破裂理论，虽然在他讨论该问题的新版著作中其批评倾向已经有所缓和。在德国，政党政治竞争活动中的极化现象模式还是依然存在，它推动着政府和反对派不断走向充满对立和斗争的政治立场，"使得一些需要借助很高的共识度才能实现的结构改革"——例如州边界的重新划分、在不同州之间的财政平衡——很难实现。[231]

但是，有一点人们是可以肯定的，那就是"这些党内妥协过程和协调斡旋功能"（伦奇语）[232]在联邦主义制度框架内的决策过程中可以发挥积极作用。一些个案研究也显示出（例如在建筑政策领域）：

　　"政党政治的因素在不同的层面、不同的领域和不同的磋商方式间起到了铰链般的连接作用。虽然议员之间总是存在着相互竞争的倾向，但是他们依然能够不断地超越政党的界线进行政治交流，即善于学习并时刻准备达成妥协；……他们能够做到这一点是因为，从整个党团利益的大局出发，他们懂得磋商程序本身相对于磋商结果具有不可比拟的重要作用，而这正是议会活动的宝贵之处。"[233]

　　"在各种现代政策冲突中——从停业时间、财政平衡到环境保护——它们越来越多地摆脱了传统政党界线的限制"，这也是政党政治在联邦德国发挥出的整合作用的体现。[234]换句话说，随着意识形态冲突的日渐缓和，各个政党不再进行内耗般的互斗，相反，为了使国家的大船在多层级体制这条艰难的水道中航行时不偏离航道，它们共同作为领航员正在通力合作。

九、政党正在失去人民？——政党国家与公民社会的关系

（一）渐行渐远的党众与人民

　　如果人们愿意相信那些在欧洲议会、联邦议会和州议会中的德国议员们说的话，那么从这种信任关系中就可以推导出公民才是议员的政治委托人：耶拿大学 2010 年对议员的研究显示，只有 7% 的议员才认为自己首先是所在政党的代表，绝大多数的人认为自己是整个国家（大约 60%）或所在选区（超过 30%）的代表。[235]

　　面对这些数据人们也许会说，议员虽然构成了政党国家中政治精英的主体，但是，在看到公民越来越疏远政党的倾向时，他

们也将这种疏远倾向吸收到了对自己职位的理解中去。实际上，正如我们在前面章节提到的，不仅在一般民众中，甚至在党众的核心成员中，远离政党的现象也已经在很长的时间里无法再被回避了。这些现象不仅表现为党员数量和中坚选民规模的不断萎缩，更表现为积极参与政党活动的公民数量始终很少的情况：2001～2008年，在东部和西部地区都只有4%～5%的受访者承认自己参与了某个政党的工作。[236] 最新的对志愿者的研究（2009年）也显示，在14岁以上的德国人参与的各种志愿活动中，政治参与活动只有2.7%，属于相当靠后的情况（见图25）。

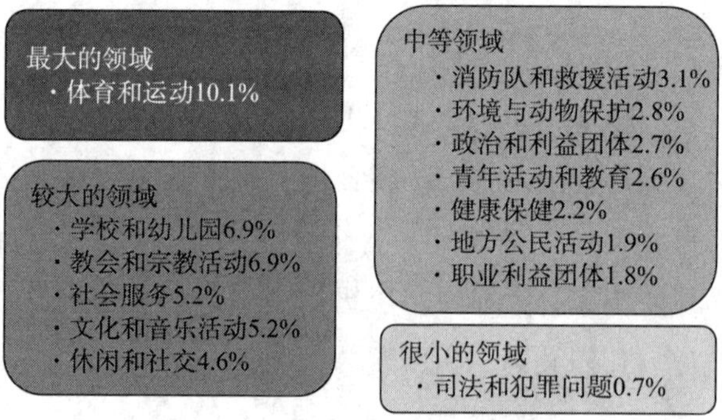

最大的领域
· 体育和运动10.1%

较大的领域
· 学校和幼儿园6.9%
· 教会和宗教活动6.9%
· 社会服务5.2%
· 文化和音乐活动5.2%
· 休闲和社交4.6%

中等领域
· 消防队和救援活动3.1%
· 环境与动物保护2.8%
· 政治和利益团体2.7%
· 青年活动和教育2.6%
· 健康保健2.2%
· 地方公民活动1.9%
· 职业利益团体1.8%

很小的领域
· 司法和犯罪问题0.7%

图25 不同领域的参与情况 （2009）

资料来源：Bundesministerium für Familie, Senioren, Frauen und Jugend (BMFSFJ) (Hrsg.), Monitor Engagement. Freiwilliges Engagement in Deutscland 1999 – 2004 – 2009, Berlin 2010.

对政党认同感的范围和强度同样也在下降之中。这种政党认同感代表着那些没有正式党员身份但是从心理上认为自己是某党成员的公民的态度。1990年代以来，东西部地区公民的这种认同感的水平正在不断接近。虽然东德民众与某个政党的亲近和联系感一开始只有10%～15%这样的低水平，但其后又有了些许上升，"而在西德，至少在70年代末的时候，在老联邦共和国的一些地区也已经出现了传统的政党联系情感明显松动的情况"。[237]

正如加布里尔和内勒指出的，对政党认同感的下降也发生在欧洲所有的民主国家以及美国。但是，大部分德国公民——在西德有70%、在东德有60%——还是对某个政党有联系感，这还是高于一般水平的。[238]

　　虽然德国公民在政党认同感问题上表现出可以进行两种解读的情况，但是，他们与政治精英的鸿沟却表现得非常明显。长期以来，政党显得越来越远离人民。[239]在2010年上半年，对于这些政客的表现，在西德只有42%的公民、在东德只有34%的公民表示满意。对联邦层面的政治领导层"完全信任"与信任的公民，在东德占17%，在西德约占15%（至于州的政治领导层，尤其是活动在地区层面的政客，相对来说其支持度就要高许多）。[240]在这种情况下，如果人们发现有超过三分之二的德国选民希望公众能够直接参与政治决策过程，[241]他们就不会觉得奇怪了。

　　（二）政治委托人与代理人之间的关系

　　讨论了上述问题后，我们现在是不是要说，作为政治委托人的公民整体与其长期以来的政治代理人即政党，由于婚姻破裂而不可避免地将走向离异的结局？但双方关系中出现的这些危机实际上还没有严重到这种程度。在所有重要的政策领域，大部分德国民众还是认为某个政党是有能力的（见第三章第一节），大约三分之一的人至少不反对参与某个政党的工作。在2003年年底，只有30%的德国公民认为，"为了更好地代表自己的利益需要建立一个全新的政党"，在这30%的人中，年轻人、不参与投票的人和对政治不满的人占了绝大部分。而且，该数字自1990年代以来就没有再上升过。[242]超过三分之二的人对于政治活动中"为了满足公共利益的需要而做出决定正越来越难"的现象还是持理解态度的，只有37%的人认为，要利用一切机会"批评政治

239

名相当靠后（见图25）。

不过，这些位于政治活动领域之外的个人参与形式并不排斥各种政治参与活动，尤其是当这种参与活动并不只是个人活动，而且还具有社会交往意义时更是如此。不过，这种社交网络的政治化作用有其不确定性，如果它涉及**政党**问题，它的作用就有限；但如果它涉及**特定的议题**，它的作用就会大许多：相比于参与某个政党的活动，如果只针对某个具体的事项，后者将更易于为参与人赢得友谊或友好的同事或邻居。建立各种社会联系并通过这些联系培养各种友谊，该效果的存在"使得人们更愿意在各种社会组织中或者在针对特定事务的政治决策过程中发挥自己的影响力"。[253]

发生在公民社会中的这种政治参与方式在很大程度上回避了政党政治。因此，从参与公民社会过渡到参与政党政治的现象很少发生。

不过，对某些经济与社会文化组织的成员来说，他们还是会在一定程度上参与和政党有关的活动。[254]当个人与其他公民一同参与公民社会的活动时，他所处的社会环境和他从事的政治活动具有"相互加强的作用"。[255]但是，积极参与社会活动是否最终会转变为政治参与，主要还是取决于当事人的个人特点（尤其是教育背景），以及他对活动重要性的看法、对本人生活状况的评价。耶拿和哈勒大学的研究显示，相比于政治参与，对公民社会的参与更易于受到身边当事人例子的鼓励——人们总是会以自己的朋友、亲戚或者组织中的其他成员为榜样。但是，在政治参与中，当事人对榜样人应当首先有着基本正面的个人评价而且信任此人，这是具有决定性作用的前提，至于是否最终参与政治活动，还取决于当事人的日常生活在经济上是已经处于稳定状态还是处于不安全状态。因此，公民社会的参与活动具有明显的社会交往意义，而对政治活动的接受显然至少在一开始，其社会交往的意义要淡许多。[256]

当人们在自己的个人生活世界中建立更紧密的社会网络的努力中，虽然参与公民社会活动的门槛非常低，但这种参与活动很少会转化为政治参与活动，尤其是参与某个政党的具体工作。政治参与活动在受到前文提到的各种个人积极评价影响的同时，还取决于当事人的经济条件和文化素质。这种情况同样适用于各种不具有政治色彩的公益性公民参与形式，教育背景更好且职业地位更高的人士，其参与情况也更活跃。[257]

243

（四）公民的社会资本：推动还是阻碍政治参与？

对这一问题的讨论将回到我们在前面提到的第二个问题，即现有的社会资本将在多大程度上提高公民参与的积极性，并为民众对政治活动的主观评价加分（用专业术语来说就是"显著性"）。各种研究文献对此问题的回答几乎是众口一词："信任、规范忠诚度和社会网络"这三驾马车构成了社会资本的基本内涵，它们将提高公民政治参与（"政治相关"）的积极性。但是，政党研究学者扬·范德特（Jan van Deth）却对这种公认的观点明确提出了自己的不同意见，他认为社会资本以及其他个人条件，如更高的收入水平，不仅会提高公民政治参与的积极性，它们甚至还有可能会抑制这种积极性。在范德特这种异端般的思想看来，社会资本在不同的场合会扮演两种不同的角色，有时"会为民主政治拾薪添柴"，有时却会为政治活动开出死亡通知书。[258]

在对43个国家的情况作出比较研究之后，范德特一方面发现占据主流的观点得到了证实：在受教育程度更高的人群中，政治参与的现象更多，这些参与表现为加入各种利益团体、社会运动，或者表现为各种后物质主义的思想倾向。但是与此同时，范德特也发现了其中有11%到13%的人只属于围观者：这些人的收入很高、对他人也更信任，并且经常是各种社会或公益组织的成员，对政治抱有强烈的兴趣。但是，正是物质条件的优渥使得他们"可以在不亲自过问的情况下实现自己的政治利益，将自己定位成政治活动的旁观者，但是在相同的情况下，对于其他人来说这些政治活动或许将具有更重要的意义"。[259]对这些财大气粗的社会群体来说，"政治活动并没有什么义务上的含义"。[260]

此外，在那些正处于退化状态的地区，即那些因为人口结构变化，如受到人口流出和老龄化影响的国家，公民社会参与活动的环境也在恶化。社会学者莉莎·鲁罗尔特（Lisa Ruhrort）和安德烈亚斯·克尼（Andreas Knie）提出："在那些社会结构较弱、处于退化状态的地区，恰恰是那些在其他地区能够有机会找到更好的社会地位、能够更灵活地适应社会变化并发挥出自己新价值的人士会更有可能离开这些地区。"结果在这些地区"恰恰缺乏那些最有可能表现出公民社会参与活动热情的社会阶层"。[261]因此，社会资本的存在不仅会造成越来越多的对政治的纯粹旁观者，更会在不利的社会环境中，如经济下滑、愿意参与的人群流失以及居民因为受到生活环境的影响而离开，无法再形成有利参与的条件。

现在，我们可以作一小结：德国的公民社会中存在着非常丰富的公民参与活动，涌现出各种成熟的社会组织形式并不断发展。虽然有时这些公民参与活动会转化成政治活动，但是，这种转化过程总会针对特定的目的表现为个别化的形式。此时，人们并不总能清楚地区分推动公民参与的因素究竟是对公共利益的追求还是从个人特定利益出发。针对"斯图加特21号"项目的公民抗议运动以及最近发生在汉堡的反对教育改革的公民决议或许就是针对这种现象的两个很好的例子。

当人们尝试建立某种组织或与某个组织建立联系的时候，各种新的组织类型往往更受青睐，如非政府组织，它们处理的都是一些困扰整个人类世界的难题。在公民参与的这条大河中，政党只能引导一条涓涓细流进入自己的田地。虽然今天参与政党活动的人士往往具有很高的教育背景或者收入水平，但是，这些财大气粗的公民在参与公共事务的同时却也只有很少一部分人最终会成为政党的正式成员。

德国的政党国家在公共生活中的位置已经从主席台的中央被挪到公民社会中的一个小板凳上，那些拥有可观的社会、经济和文化资源并且的确愿意参与政治活动的公民，他们更多地是在政党之外活动，或者他们更愿意扮演有兴趣而且也在一定程度上了解情况的围观者的角色。但是那些资源有限的民众，尤其是社会下层民众却又很难接触到各种政治活动。因为社会资本匮乏，他们对政治活动相应地表现出更强的冷漠态度，或是不愿意参与体制内的政治活动，或是表现出强烈的抗议倾向，但最终都是对政治活动作出负面评价。公民社会远离政党的趋势在两个维度上表现出来，因为它同时影响了两个完全不同的社会组织。在这种情况下，政党国家的确面临着与人民的联系中断这种危险。   245

（五）偏爱直接民主的公民社会

现在，我们要讨论第三个问题：各种公民直接参与的法律制度，就像德国的州和市镇层面的各种已经制度化的直接民主制度一样，是否是一种有效的、填补政党国家与公民社会之间越来越大的裂缝的制度手段？

我们首先讨论一种特殊的政治文化模式，它将政治参与主要视为对当时当地的、内容上具有特定性的问题以无严格组织形式的方式作出决定的可能性。从公民直接民主的逻辑出发，政治参与不仅不应采取稳定的组织形式，更要反对这种形式。人民动议、人民决议以及市镇制度上的公民动议、公民决议，[262] 在它们不涉及市镇长的选举与罢免事项时，总是只针对某个具有争议的特定事项。个人在这些问题上的投入无论是在涉及问题的范围上还是时间上都相当有限，而且，那些参与投票的当事人却不会对相关决定承担明确的责任。承担这些决定的长远影响带来的政治责任的当事人并不是那些参与投票的公民，事实上依然是那些选举产生的市镇议会。而且，直接民主也会助长公民抗议情绪的发展。"对直接民主因素进行补充的代议民主制度使主权者可以挑选自己的代表，然后在两次选举之间一走了之、不再过问。"[263]

现实中的确有推动直接民主发展的一些因素。民意调查也总能显示出多数民众对直接民主决策制度的支持以及强化这种制度的要求，而且在东德，1990年以来这种支持度一直高于西德。人民的这种呼声也早就获得了民主理论的支持。在这种现象的背后，是希望将直接民主与民众有更多的参与以及政治决定能够更透明的要求结合起来的期待。面对目前政治活动中各种僵化、排外的现象和"各种来自于社会的动议"，直接民主活动空间的扩大，据称可以对这种政治局面施加一定的约束性影响。[264]

过去，德国的政治精英们对在宪法层面提高直接民主的地位持有明确的保留态度，但是，现在他们在很大程度上放弃了这种态度。正如社会学者海因里希·贝斯特曾经提到的，承认不同意见的可取之处，现在对政客们来说已经成了一种正确的政治观点。[265] 在耶拿大学2004年对议员的研究中，接近一半的议员（47%）无保留地同意，人民决议是对代议民主制的必要补充。其中，最不支持这种观点的议员来自自民党（44%）和联盟党（23%）。[266]

正是在这种普遍偏爱公民直接民主的政治氛围中，在州和市镇层面利用这些公民直接民主制度的活动，到目前为止显然还在很大程度上存在。截至2005年底，在州的层面上出现了35次公民投票（其中涉及宪法问题和区域划分问题）、13次人民决定

（全部为有关宪法修订的问题）和52次发生在正式的人民决定之前的人民动议。此外还有172次人民倡议，不过它们只具有建议意义，其作用仅仅表现为在一定程度上推动议会对相关问题进行考虑和处理。大约有一半的人民动议没有达到最低签名数要求（"法定人数"），7次人民决定获得了成功。[267]

在市镇层面，1956～2007年出现了总计4587次公民动议和2226次公民决定。其中，六分之一的公民动议（711）来自市镇议会的动议。平均有48%即大约二分之一的公民动议能够获得成功，如果是来自市镇议会的动议，其成功率更高达61%。其中，各种被重点考虑的问题来自公民社会服务、教育组织领域（18%），交通建设项目（17%），基本设施（14%）和经济建设项目（14%）。[268]

但是，如果考虑到在德国一直存在着超过10 000个市镇，在过去50年的时间里发生的针对具体事务的市镇直接民主实践的例子其实并不多。造成这种现象的主要原因是法律上的限制：虽然具体数额要求不同，但在不同的州都存在着事先收集签名的要求；有时还会进一步存在对决议内容的限制，这些限制或表现为对可被投票决定内容的普遍描述（肯定类别），如财政和人事问题，或表现为对一些内容的排除性规定（否定类别）；此外，启动相关程序的准备时间也往往比较紧张。[269]

（六）脱节的下层：直接民主的一种不受欢迎的副作用

目前，对改进德国民主模式的公共讨论并非表现为对代议民主或直接民主激进的非此即彼的选择倡议。即使对那些支持直接民主实践的人们来说，他们中的大部分人也是将直接民主视作一种"制度补充形式"，[270]即在《基本法》规定的代议制度中混合一些直接民主的因素。但是，这些宪法改革中最小的动作也会引起各种疑问，即这些改革是否的确会带来期待的各种效果，并且

247

避免遇到各种不受欢迎的副作用。

人们在解释这些改革的效果时经常提到的一种情况是"更多的民主"，即通过公民直接民主的程序实现这些期待。事实上，在实践直接民主的地方投票活动中，投票率达到了非常可观的50%，只比市镇选举的投票率略低一些。显然，在涉及当地具体事务的问题上可以直接参与决策的机会，已经表现为市镇公民的参与需要。对德国各个大城市中公民决定的个案研究显示，具有争议的市镇建设项目尤其具有政治动员的效果，并且可以远远超出那些原本对政治活动感兴趣且活跃的民众发挥的影响力。[271]

但是，只有在非常少的情况下，各种公民动议或公民决定才会从那些本来处于"沉睡"状态的公民社会基层层面上自发地形成发展而来。促使这些公民直接民主实践能够真正成功的推动力和条件是，这些与当地民众休戚相关的决策"可以与当地精英、各种社会组织和媒体发挥出的更强的协调作用"结合起来。[272]为了使这些针对具体事务的公民直接民主实践可以获得保证其成功的支持和社会反响，各种团体、机构或组织发挥的倡导和后勤保障功能必不可少，因为它们能够将自己的成员影响力、经济实力、专业知识和推动公共运动的能力都投注到这些直接民主的实践中。在这些引人注目的发起人和支持者中，很多时候同样有政党的身影。这也证实了恩斯特·弗伦克尔（Ernst Frankel）早就作出过的预测，即直接民主的各种手段立刻就会作为"政党实践"在议会外的另一种活动轨迹中发现。

直接民主的实践并不一定就会提高"人民"参与决策的机会，至少当我们认为公民群体是一个相互之间具有相同影响力的共同体时，情况就是如此，获利者往往是各种组织起来的社会部分利益。在美国同样也有这种类似的现象。在美国，公民直接民主的实践并不纯粹是来自草根阶层，而是由一些资金雄厚、组织完善的利益团体来推动。政治学者约翰·哈斯克尔（John Haskell）在对美国各州的公民动议和投票活动进行研究后得出结论，直接民主更容易受到各种利益团体的控制，而这些利益团体也往往表现为直接民主的支持者，"那些没有什么资源的公民或团体，实际上很难在直接民主的实践中发挥自己的影响力。"[273]

这种不平衡现象并不仅限于此。各种"强势"与"弱势"利益群体影响力的不平衡分配状态进一步放大了日常政治决策过程中社会利益未得到平等反映的现象。在德国，人们总能不断发现人民直接民主实践中的社会倾斜现象。例如 2008 年，莱比锡公民决定针对能源服务问题进行了表决，但是，参与表决的公民主要是收入水平较高或不动产的所有者，而那些处于社会弱势地位的公民，如领取社会救济的公民，则更多地表现出疏远这种参与过程的倾向。[274]相同的情况也发生在两年后的汉堡市关于教育制度改革的人民决定中："在汉堡市一些收入情况低于一般水平的地区，当地居民参与人民投票活动的比率只有收入水平较高的布兰肯尼兹区（Blankenese）参与率的三分之一。"[275]

许多政治学家对直接民主这种不受欢迎的社会过滤副作用表现出了非常认真严肃的看法。早在十年前，奥斯卡·W. 加布里尔就已经指出，在积极推动针对各种具体事项的直接民主实践的人士中，他们的一些社会背景属性比社会一般水平高许多，其中包括更高的教育程度、对政治活动更强的兴趣、对自己的政治能力有着更高的自觉意识。但是，在那些到目前为止远离政党活动的社会群体中，直接民主并没有使这些群体的大多数更接近政治活动。[276]在看到学术界对直接民主越来越强的支持态度时，沃尔夫冈·默克尔（Wolfgang Merkel）不久前提出，在各种人民直接民主的实践中，相对于普通选举活动，存在着更严重的社会扭曲现象。实际上，并不是作为整体的人民而是地位较高的社会阶层会更多地参与各种公投，社会下层人员依然远离这些投票活动。在默克尔看来，如果在整个联邦范围内引入人民决定制度，会进一步加剧不同社会群体受到不同重视的情况：

> "在现代民主政体中发生的最令人烦恼的现象是下层民众悄然离去的情况，而直接民主实践甚至会加速这一趋势。维护自身既得利益的各种本能反应将会使在经济生活和社会生活中占据优势地位的群体，进一步利用各种制度化的方式来维护自己的特权地位。从中就会产生不是有'更多'而是'更少'民主的危险。"[277]

249

默克尔建议引入参与一般选举和各种投票活动的公民义务，虽然这么做的确可以纠正这种社会倾斜现象，但却与民主政体的基本原则存在抵牾，因为在民主政体中，政治参与应当是一种自愿行为。但是，如果一个社会强调机会平等的重要性，而社会成员参与控制公共活动和服务的可能性却是不平等的，那么这将是一个自相矛盾的社会，这一社会缺陷恰恰很有可能会因为直接民主的实践而变得更严重。此时，代议制度却会显示出自己的优势，即在进入正式的议会决策过程以前，可以在各种不同的特殊利益间以及某个特殊利益与整体公共利益间进行各种权衡。因此，与直接民主这种相对单薄的参与程序相比，民主政党国家制度将更能发挥出促进公共利益的作用。

（七）目前的组织和制度面临的风险

在直接民主实践是否会增强目前的政治制度合法性这一问题还存疑的情况下，另一个问题的答案也是不明确的："直接民主的各种程序会对目前的各种组织和制度带来怎样的影响，或者会在一定的情况下对现有的制度带来怎样的结构改革？"[278] 人们至少可以肯定的是，随着在联邦层面引入公民动议和公民决定制度，这种直接民主形式的立法方式在联邦参议院具有共同决策权的领域，会与联邦参议院的管辖权发生冲突。在宪法层面发生的权力冲突，如多数州的州议会的看法与人民直接民主的决定不同，会带来与人民主权原则不可调和的矛盾。至于在市镇层面上，当市镇长通过直接选举获得了更强的机关地位和权力，而当地公民群体又可以通过各种公民动议或公民决定以无法预期的方式加以干涉时，经过选举产生的市镇议会是否注定会丧失自己的执行能力，在这个问题上目前也尚无定论。而且，可以想见的是，市镇议会有时也会采取一些投机主义的行动。如果这些情况的确存在的话，那么直接民主不仅不会弥补目前代议制度中的各种缺点和弱点，甚至会加强这些不足。 249

展　望

正在走向一个有瑕疵的政党国家？

德国的政党国家具有各种优点和不足的情况就像民主政体一样，前者是后者的组成部分并决定了后者的形式。许多著名的理论家在分析目前的民主制度时都提出了目前的民主政体正处于危机之中的观点。英国的政党学者科林·克罗奇（Colin Crouch）在 2004 年发表了一篇具有争议性的论文，该文指出，目前的工业国家正在不断地远离经典民主思想的要求，"并在接近后民主制的模式"。当各种民主制的组织和制度从形式上看没有发生改变的时候，各种政治精英和财大气粗的经济团体正以一种非正式的方式将政治权力玩弄于自己的股掌之上。[1]

这些后民主制的挑战因此也改变着政党在政治生活中的领导地位以及政党内部的各

种组织关系。在克罗奇看来，政党的内部领导圈子正表现出一种
"椭圆化"：在这种椭圆化的内部组织结构中，"党的领导干部以
及各种职业化的积极分子居于核心地位"，他们与各种同大企业
关系密切的游说团体或受雇为政党工作的专家紧密合作，这些专
家会处理诸如选举计划之类的工作。这种模式的"后民主"性表
现在，其运作是建立在对选民意见专业政治准备工作的基础上；
"这种模式的前民主性表现在，它使得个别大企业或商业利益能够
优先接触政治活动。"[2]这种民主模式将自决的政治模式替换为他
决的政治模式："大部分公民扮演的只不过是一种被动、沉默有时
甚至是冷漠的角色，无力对政治活动组织发出自己的声音。"[3]

　　"后民主制"一词揭示出了一种静悄悄地发生但却具有划时
代意义的制度变革，带来的是一种"瑕疵民主制"的政权类型，
就像人们在分析过去的共产主义国家的制度变迁时发现的情况一
样。"有瑕疵"的民主制在一些文献看来是"民主制的一种不完
全的亚形式"，在这种表现形式中，"人民主权原则虽然在实质上
得以实现，但是却因为各种正式和非正式的权力限制而被扭曲甚
至削弱"。[4]与发生在"后民主制"中的情况不同，"有瑕疵的民
主制"在一些正式的制度上也存在问题，例如实现横向分权的各
种限制被取消。但是，这两种类型有一点却是相同的，即有些政
治活动向具有优势地位的各种小团体敞开了大门，"结果助长了
一些反民主的非正式规则的影响力"。[5]

　　无论如何，"有瑕疵"的民主制与"后民主制"从其大致发
展轨迹来看，它们都在走向一个人们可以想见的终点。在这个终
点，精英卡特尔将会攫取各种政治权力，并努力维持一种远离人
民的统治体制。那么，在德国得到稳固发展的政党民主政体是否
也正在走向一种有瑕疵的政党国家呢？

　　至少从现实中的种种迹象来看，要对这一问题下一定论还是

251

很难。就像本书前面的一些章节详细讨论的一样，德国政党国家的发展过程正显示出一种越来越不稳定的民主政治文化迹象。公民与政党国家的各种制度、规范、组织和具体推动人之间曾经在几十年的时间里保持了稳定的相互理解态度，但这种态度目前正被越来越具有负面意义的疏离感所取代。目前，民众对政党政客和受到政党政治控制的各种组织和制度的信任度不断流失，公民的参选率持续下降，对政治活动效率的满意度也在下滑，而民众与政治精英之间的鸿沟更在不断扩大。**政治联盟破裂**的现象，即选民与政党之间曾经存在的稳定关系的松动甚至崩溃，看起来也在不断加速。最无法回避的是在民众当中普遍存在的一种猜疑情绪，即他们认为政客们总是在从事一些暗箱操作的勾当，是一群只会考虑自身利益的精英小圈子。

　　但是，这种同时由后民主制和有瑕疵的民主制表现出来的充满危机的画面，却并未充分揭示出政党国家的现实情况。政党国家的各种运作方式和问题并不能简单地在"好"的正式制度与"坏"的非正式的精英实践间作一个简单的二分法式的区分。与只关注精英自给自足的统治方式所产生的各种问题这种狭隘的视角不同，在实际运作的政党国家中发生的各种政治现实问题涉及的方面要多得多也复杂得多。对于各种政治活动以及这些活动面对的各种外部限制，至少有两个因素始终值得人们认真考虑：其一是社会结构的整体作用，其二是单个个人的个性特点。就第一个因素而言，其中显然值得注意的是社会的构成、变迁以及各种组织的形成状况；就第二个因素而言，它又主要通过单个公民拥有的各种资源和社会资本及其自我实现的个人主观感受，并以不同的方式表现出来。

　　只存在于精英之中、远离人民的这种共识，罗奇和其他观察者提出的平等原则正面临被架空的危险，这两方面的因素也会强

252

化前文提到的那两种社会现象，但是，有时这两种因素却会起到相反的作用。出现这种情况最明显的一个例子是：各种社会利益从传统形式上看是以社团的方式组织起来的，从而可以实现自己的各种诉求。各种组织起来的社会利益的各不相同的政治影响力取决于它们的成员数量、财政实力以及在公共生活领域创造政治压力的能力。教会、工会和大的人民政党通常与各种精英团体关系密切，并且只与这些精英分享强大的社会联合权力，但各种利益组织却并非以这种相同的方式与各种存在政治竞争关系的政治精英结成单方面的政治联盟关系。相反，有些实力雄厚的非政府组织与各种小党甚至运动政党保持着紧密的联系，例如绿党。而且有证据表明，各种新出现的或者被忽视的社会利益，甚至包括各种新的社会公共利益，它们总可以借助后一种方式进入核心权力圈的视野。有关这种现象最近的例子是移民团体或代表受虐者利益的团体。所以人们可以说，联邦德国的政党——以及社团——国家绝不是像它看起来的那样运作的。

特定的个人究竟是会选择表现出政治冷漠的态度（对精英施加更少的公共控制），还是积极从事政治参与（积极从事政治参与使精英表现出"更强的回应性"，也使他们对民众的反馈意见需要付出更大的重视），我们在前文的讨论中已经详细地讨论了造成这种不同态度的关键因素，即在公民的社会联系之外，他们的物质和文化资源情况也会起到决定性作用。中产阶层的受教育程度和经济实力都更好，并且有着更强的政治自我意识的成员，其构成了公民社会中活跃的核心群体，该群体并不会畏惧于与体制内的权威发生直接的冲突。这种自我发展、公民直接干预的兴趣自然不能与公民受精英卡特尔操纵而只具有从属地位的情况和谐共处。

21世纪初，社会与政党制度之间的对立冲突再次浮现出来，就像 19 世纪政党初创时期发生的事情一样。但是，这种对立冲突的产生并没有推动社会现实回归到过去的形势中。相反，今天的市民社会正表现出丰富多彩的公民参与活动，对市民社会本身来说，这些参与活动也意味着一种政治学习的过程，这种学习过程发端于德意志联邦共和国成立之日，迄今已经有超过半个世纪的时间。这种社会学习过程带来的是作为个人的公民发现了自身的个别利益和能力，并将他们运用在现实生活中，从而最终摆脱了前民主政体年代里作为整体的人民在思想上的各种自我禁锢。

这种公民个人发现自身个性、从而转变成公共人的过程经历了多个漫长的发展阶段，而且，这一过程并不是按照什么具有指导性的人民教育计划来实现的，相反；它是一种渐进发展的结果，建立在多个阶段性进步的基础上。第一个阶段性的成果出现在 1950 年代和 1960 年代初，当时，经济资本主义的各种运作原则得到了更多的肯定和承认，表现在政治文化上就是民众对当时联邦共和国经济秩序的普遍高度评价。在这种理性经济制度被确立之后，则是发生在 1970 年代的第二次社会价值变迁过程。产生在第一阶段的文化模式直至今日还是被人们（不公正地）视作不具有政治含义，但是，第二阶段的文化模式则表现出鲜明的政治色彩。在第二阶段尤其值得注意的是政治参与的形式得到了极大的扩充，即所谓的非传统参与方式的出现。

第三个发展阶段，也就是目前最近的一个发展阶段的结果表现为公民社会的形成。该阶段性成果的政治意义在于它使得公民的个性得到了更多的重视和发展，但却是以与过去不同的方式表现出来，即对政党从潜意识中表现出批评态度。按照路径依赖理论的思维方式，政党国家的发展目前已经到达了一个不容乐观的瓶颈。如果政党政治一直处于声名狼藉的境地，将不可避免地产生偏离既有发展轨迹的情况，即远离代议民主政体的制度设计框架。对今天的政治家和政党来说，如何使有着越来越强的自我意识的公民与政党民主政体中的团结原则实现和谐共处，将是一个巨大的挑战。

最后，人们需要意识到的是，在精英领导权基本缺位的情况下，人们也不要期待会从中产生什么"完美"的民主政体。在处理一些棘手的问题时，政客们只有以一种秘密的方式行事，并且在处理公众的委托时与一些私人行动人进行磋商，才有可能完成交给自己的政治委托。当公务员工会与联邦和州的内政部长们就工资问题进行谈判时，人们无法想象可以将这一谈判过程在凤凰电视频道上公开转播。在解决一些复杂问题的过程中，人们总是需要裁量空间和暂时的不透明操作。只有在这些问题得到解决之后，相关的信息才可以公之于众。

但是换个角度看，在人民之中始终存在的这种建设性不信任感也是有其必要性的，并且是一种正常现象。如果这种不信任感还处于可控范围内，那么它还不能被称为表现出民主政体正处于明显危机状态中的迹象。在民众中广泛存在着一种思想倾向，他们将"政治阶层"视作一种有着否定性职业特征的人员的集合概念，怀疑政党会利用它们的分赃活动削弱行政机关领导人员的职业素养。因为在民众看来，领导人员的职业素养与政治领导层组成人员应当具备的素质是不同的，在这种思想倾向的影响下，民众也会倾向于拒绝对不同现象作出不同对待。

与此同时，各种存在于社会内部的不平等现象，它们通过个人之间不同的物质与文化资源占有情况表现出来，这些现象虽然并不能成为证实民主政体和政党国家从整体上看存在"瑕疵"的充分证据，但还是可以揭示出民主政治秩序中一些具体的不可回避的瑕疵，其中包括存在于德国的政党国家中的这些相同的问题。当与某一政治主题相关的公民参与活动同政党保持了有意的距离，就像在德国发生的情况一样，那么其不仅会使政党的行动能力受到影响，更会使民主政党国家的各种思想基础面临挑战，因为这些思想是建立在政治代议制原则基础上的。此时尤其需要注意的是不同社会阶层表现出的不同政治形象，这种政治形象的差异已经明显削弱了民主秩序的合法性：不平等的社会地位与极化的生存状态，如在一些巨型城市中经常存在的现象，使社会下层对政治活动越来越表现出无兴趣的状态。"那些不用担心贫穷问题的人们会在政治上和担任公民名誉职务时表现得更积极。至于那些已经深陷贫困境地的人们，他们则很少行使自己的政治参与权利。"[6]

民众中的弱势群体远离政治活动的现象，正是人民作为政治委托人及其政治代理人政党之间关系出问题的一个很好的例子，而且，这些问题并不是人民对政党一时不快的表现，双方不会马上重修旧好。相反，造成人民疏远政治现象的是一些表现出长期趋势、受到社会结构的影响并且具有社会价值观或个人生活规则变化意义的原因，例如，更多地关注家庭生活和个人闲暇时光；对参与一些大型社会组织，尤其是教会、工会和政党表现出不断下降的热情。

虽然公民的这些个人内在标准和社会生活领域正在远离政治参与，但是从长远来看，这些远离倾向也是可以被重新纠正的。但是，如果各种政治决定（或不决定）使民众对良善政治的一些基本期待落空，人们面临的情况就将完全不同。因此，问题并不在于造成疏远政治活动现象的各种社会标准和行为准则，相反，问题在于政治精英本身，在于这些精英在他们的具体活动中在事实上或被假定无视普通道德规范的情况。如果真的存在这种情况，重新赢回那些失去的政治权威的可能性就不大了。不过，只要不是面对已经稳定地镶嵌在社会结构中的针对政治和政党的疏

255

远情绪，政客们相对来说还是有着比较大的活动空间，在这种空间中他们可以利用自己的行动采取各种纠正措施。

因此，政治活动想要迅速弥补自己已经损失的信任度，这种可能性是非常有限的。前文已经提及，不仅对生活在贫困线以下的人们来说，政治参与没有什么吸引力；甚至对那些社会地位不错而且拥有充分政治信息的"旁观者"来说，在他们的个人生活计划中，政治活动也只是一种可有可无的价值。这种越来越只关注私人生活安排的倾向，以及个人在成为各种大型社会组织的稳定成员时表现出的越来越强的犹豫态度，都是一种社会普遍趋势的表现形式，这种社会趋势最大的受害者除了政党，还有工会和各种宗教团体。1990～2009年，社民党、基民盟、德国总工会下属各工会以及基督教的各教会分别失去了46%、33%、21%和15%的成员。[7]

借助政治活动的各种手段，想要纠正这些已经深深渗透到社会生活方方面面的对政治活动的疏远感，不是一朝一夕可以实现的。与此同时有证据表明，个人更高的教育水平与对政治活动更强的兴趣间存在着一定的联系。"那些认为自己可以影响自己身处的环境，并且在这种影响过程中自己是充满想象力、原创性和独创力的人们，即使身处贫困境地，也会积极投身其中。"[8]因此，如果人们想推动那些教育水平不高的社会阶层参与政治和政党活动，那么从长远来看首先要提高这些民众的教育和职业培训水平。因此，推动社会弱势群体参与公民活动的过程不仅漫长而且艰辛。

现在人们可以清楚地看到，为了重新弥合自己与公民社会之间越来越大的裂痕，政党的机会只存在于政治制度输入领域非常有限的范围内。我们可以回忆一下弗里茨·沙普夫对输入领域的定义，该领域包括"公民的参与与统治者对被统治者的责任"。[9]在输入端这一面，直接民主的各种实践方式正在不断扩大其运用范围，这也是政治精英们在过去几年里自身推动的结果。这种制度改革虽然从形式上看为人民直接民主式的政治参与活动打开了闸门，但是在这些民主形式真正活跃的地方，有证据证明，大部分小人物和政党的参与实际上却有可能变得越来越小。

这种以输入为导向的改革方案同样考虑到了党内改革的各种形式和方案，最近的一个例子是社民党领导人计划将非党员也纳入政治职位候选人名单的举措。[10]但是，这种改革举措是否会实现使政党政治对普通公民来说重新显得有吸引力的期望，其前景尚不明朗，尤其是考虑到来自党内的各种反对力量时更是如此，因为这些反对意见担心这会使传统的党员身份失去意义。[11]

至少在招募新党员时，那些新入籍的移民是一个确定的社会来源。目前，有选举权的外国人据估算大约为240万。根据联邦选举委员会的报告，在2009年的联邦议会选举中，大约有9%的新选民具有移民背景。[12]在党员、政府领导人和议员中，移民和外国人的代表性都严重不足。2009年年底，在社民党的党员名册中（也只有该党才公开提供此项数据），移民和外国人总计有6755人，只占到该党党员总数的1%。[13]当市民社会的多元主义文化背景日渐强烈时，相应的应当有政治补偿或者革新举措，目前各政党也同样意识到了这种必要性。[14]但是，面对整个社会对政党政治的疲惫感，在此类特殊的社会群体中招募新成员的成功只能在一定程度上改变这种消极情况。

与输入领域相比，在政治制度输出领域，政党想要成功的发力点基本上会有更大的成功可能性，从而使作为政治委托人的公民同作为代理人的政党之间的关系重新稳固。沙普夫将输出的视角定义为："政治活动的质量以及实现公共利益导向时的效率，尤其是后者可以在集体行动中使对承担牺牲的个人提出辩护理由。"[15]但是，公民现在恰恰拒绝授予政治活动和政党这种道德上的信用。目前，对各政党的信任度无一例外都非常低，甚至在2009年的联邦议会选举后，这种信任度还在进一步下降。在选举开始前是否会诚实地提出自己在选举之后愿意执行的各种承诺的问题上，绿党相对来说拥有的信任度最高，它在2011年初还获得了大约三分之一（32%）的信任度（2009年9月，该信任度为48%）。社民党拥有的信任度为26%（下降了4%），基民盟/基社盟为21%（分别下降了8%和4%），左翼党为20%（下降了11%），自民党为14%（下降了24%）。[16]此外，民众之中长期以来就普遍存在着一种情绪，认为从整体上看，在德国发生的各种事件并没有走向更公正的局面。在2010年秋天，有57%的民众认同这一观点。[17]

在政治活动中，让对真诚性和公正性的承认并不仅仅停留在口头承诺上，而是成为现实中更有意义的真实实践，自然是一个巨大的挑战。虽然面对着各种不利的现实条件，但这个国家的政治精英们还是表现出能够实实在在地改善自身已经受损形象的能力。在2008年和2009年之交，德国的政治家们在处理全球金融和经济危机时的表现已经为他们的这种自我改善能力提供了一个有力的证据。因为德国的政治活动在接下来的发展过程中继续沿着过去路径前进，将市场经济的企业政策、社会合作主义的调控方式、福利国家和各种保障在历史上发展起来的各种形式整合在了一起，德国政治家们的政治活动在大多数德国民众的眼中已经通过了这次严格的考试。

科林·克罗奇提出："我们必须以批判性的态度并且在任何情况下都不能无保留地继续依赖政党，因为在政党的各种后民主制的替代方案中，没有一种方案在实现政治与社会平等这些目标的过程中，具有相同的能量。"[18]在实现这一目标的过程中，德国的福利国家模式并不是一种不适当的前提条件。虽然人们不应当在生活条件上期待一种完全的平等状态，但他们至少有权要求在分配公共物品时可以获得基本的公正。当政治精英们重新认真思考在这个国家得到广泛信任的这条道路时，政治委托人即人民将肯定会对他们在政党国家的这些政治代理人不再那么苛求。

注 释

导 言

〔1〕Vgl Karre Strom, Parties at the Core of Government, in: Russell J. Dalton/Martin P. Wattenberg (Hrsg.), Parties without Partisans, Oxford – New York 2000, S. 183.

〔2〕参见《南德意志报》2010 年 10 月 29 日的报道，其中包括示威者提交的一份调查问卷。

〔3〕Vgl. Neuestens Ulrich von Alemman, Das Parteiensystem der Bundesrepublik Deutschland, Bonn 2010[4].

〔4〕Vgl. Hans – Herbert von Arnim, Staat ohne Diener. Was schert die Politiker das Wohl des Volkes? München 1993ö ders. , Volksparteien ohne Volk. Das Versagen der Politik, Müchen 2009.

〔5〕这些思想来自大卫·伊斯顿系统理论的一些方法。A Systems Analysis of Political Life, New York u. a. 1965.

〔6〕Michael Stolleis, Bericht, in: Ders. /Heinz Schäffer/Rene A. Rhinow, Parteienstaatlichkeit – Kriesensymptome des demokratitschen Verfassungsstaats? (Veröff. der Vereinigung der dt. Staatsrechtslehrer, Heft 44). Berlin – New York 1986, S. 8.

〔7〕Ebd.

〔8〕BverfGE 1, S. 224.

〔9〕Vgl. Oskar Niedermayer, Bürger und Politik, Wiesbaden 2001；奥斯卡·W. 加布里尔也谈到了德国民主政体的"政党国家的各种组织和制度"（Oskar W. Gabriel, Politische Einstellungen und Politische Kultur, in：Ders. , Everhard Holtmann（Hrsg.）Handbuch Politisches System der Bundesrepublik Deutschland, München – Wien 20053, S. 502 ff. ）.

〔10〕Karl Loewenstein, Verfassungslehre, Tübingen 1975³, S. 397. 需要注意的是，在英语语境中，"Parteienstaat"一词通常被译为"Party Government"。而"Party State"通常是指一党制政权或者只有一个政党的国家（Vgl. Paul G. Lewis, Party States and State Parties, in：Richard S. Katz/William Crotty（Hrsg.）, Handbook of Party Politics, London u. a. 2006, S. 471）。

〔11〕M. Stolleis（Anm. 6）, S. 9.

〔12〕Oskar W. Gabriel/Katja Neller, Bürger und Politik in Deutschland, in：Ders. /Fritz Plasser）Hrsg. , Deutschland, Österreich und die Schweiz im neuen Europa. Bürger und Politik, Baden – Baden, hier S. 94.

〔13〕托马斯·曼在他的《一位政治冷漠症者的观察》（柏林 1919[11-14]）一书中以文学语言的方式对这种思想进行了表述。

〔14〕Global Corruption Barometer 2010, S. 43（www. transparency. org）.

〔15〕2008 年 6 月，联邦德国有 82% 的公民对政党的信任度表现为"不怎么信任"甚至"根本不信任"。2001 年，这一比例才 65%（Infratest diamp. Deutschland Trend, Juni 2008）。不过在 2009 年 3 月，面对世界金融危机的压力，这种信任度出现了明显的上升。

〔16〕Hierzu mit Belegen Oscar W. Gabriel/Everhard Holtmann, Der Parteienstaat-ein immerwährendes demokratische Ärgernis? Ideologiekritische und empirische Anmerkungen zu einer aktuellen Debatte, in：Zeitschrift für Politik, 57（2010）3, S. 307 ~ 328.

〔17〕Martin Morlok, Für eine zweite Generation des Parteienrechts, in：Dimitris T. Tsatsos（Hrsg. ）, 30 Jahre Parteiengesetz in Deutschland, Baden – Baden 2002, S. 53.

〔18〕Im Gespräch：Verfassungsrichter a. D. Dieter Grimm, in：Frankfurter

Allgemeine Zeitung（FAZ）vom 7. März 2009.

〔19〕Vgl. Dazu Elmar Wiesendahl, Zwei dekaden Party Change – Forschung. Eine kritische Bilanz, in: David Gehne/Tim Spier（Hrsg.）, Krise oder Wandel der Parteiendemokratie?, Wiesbaden 2010, S. 92 ~ 118.

〔20〕D. Gehne/T. Spier（Anm. 19）.

〔21〕Jörg Bogumil, Parteien in der Kommunalpolitik. Hoffnungsträger oder Auslaufmodell? in: D. Gehne/T. Spier（Anm. 19）, S. 37.

〔22〕有些政党研究工作填补了对这种现象进行描述的空白。例如，Alf Mintzel, Parteienstaat, in: Dieter Nohlen（Hrsg.）, Wörterbuch Staat und Politik, München 1991, S. 457; und Peter Lösche, Parteienstaat Bonn-Parteienstaat Weimar? in: Eberhard Kolb/Walter Mühlhausen（Hrsg.）, Demokratie in der Krise. Parteien im Verfassungssystem der Weimarer Republik, München 1997, S. 142.

第一章

〔1〕Vgl. 参见 Paul Pierson 的各种经典性的研究，Politics in Time. Historical Institutions and Social Analysis, Princeton – Oxford 2004.

〔2〕Rainer – Olaf Schultze 的"路径依赖性"一文可以认为是对该理论的一个比较好的概括，in: Dieter Nohlen/Florian Grotz（Hrsg.）, Kleines Lexikon der Politik, Bonn 2011, S. 440 ~ 442.

〔3〕Hakan Nesser, Eine ganz andere Geschichte, München 2010, S. 196.

〔4〕Theodor Schieder, Staat und Gesellschaft im Wandel unserer Zeit, München 1958, S. 139.

〔5〕So Susanne Lütz, Zwischen Pfadabhängigkeit und Wandel, in: polis（2006）62, Fern Uni Hagen, S. 9.

〔6〕Vgl. Amir Abedi, Anti – political establishment parties. A Comparative Analysis, London 2006.

〔7〕Vgl. Richard S. Katz/Peter Mair, Changing Models of Party Organization and Party Democracy. The Emergence of the Cartel Party, in: Party Politics 1

（1995）1，S. 5 ~ 28.

〔8〕So Kaare Strøm, Delegation and accountability in parliamentary democracies, in: European Journal of Political Research, 37（2000）3, S. 268.

〔9〕Ebd. S. 269.

〔10〕Ebd.

〔11〕Oskar Niedermayer, Nach der Vereinigung: Der Trend zum fluiden Fünfparteiensystem, in: Oscar W. Gabriel/Oskar Niedermayer/Richard Stöss（Hrsg.）, Parteiendemokratie in Deutschland, Bonn 2001², S. 107.

〔12〕Vgl. Franz Urban Pappi/Michael Terwey, The German Electorate: Old Cleavages and New Political Conflicts, in: Herbert Döring/Gordon Smith（Hrsg.）, Party Government and Political Culture in West Germany, London 1982, S. 174 ~ 196.

〔13〕Seymour Martin Lipset/Stein Rokkan, Party System and Voters Alignments. Cross – national Perspective, New York 1967.

〔14〕Klaus von Beyme, Theoretische Probleme der Parteienforschung, in: Politische Vierteljahrsschrift（PVS）, 24（1983）3, S. 245.

〔15〕Vgl. Everhard Holtmann, Politik und Nichtpolitik, Opladen 1989, S. 97ff.

〔16〕Vgl. Herbert Kitschelt, Movement Parties, in: Richard S. Katz/William Crotty（Hrsg.）, Handbook of Party Politics, London etc. 2006, S. 278 ~ 290.

〔17〕Vgl. Everhard Holtmann, Die angepassten Provokateure, Opladen 2002.

〔18〕So Jochen von Bernstorff, Nichtstaatliche Akteure in der Rechts – und Politikgestaltung, Konrad – Adenaur – Stiftung（Hrsg.）, St. Augustin 2008, S. 6.

〔19〕Ebd. , S. 5.

〔20〕Ebd. , S. 8.

〔21〕Ebd.

〔22〕Ebd. , S. 17.

〔23〕Friederike Bauer, In der Sphäre der Staatferne, in: Frankfurter Allgemeine Zeitung vom 10. September 2001, S. 14.

〔24〕Thilo Bode, Nichtregierungsorganisationen sind keine Bedrohung, in: Frankfurter Allgemeine Zeitung vom 22. Februar 2000, S. 19.

〔25〕Ebd.

〔26〕 R. S. Katz/P. Mair（Anm. 7），S. 6（从英文版翻译而来）.

〔27〕 Vgl. Gabriel Almond/Sidney Verba, The Civic Culture. Political Attitudes and Democracy in Five Nations, Princeton – New York 1963, S. 234.

〔28〕 Vgl. Ossip Fürnberg/Everhard Holtmann/Tobias Jaeck, Sachsen – Anhalt – Monitor 2007.

〔29〕 1998 年 5 月 23 日，在一些跨地区的报纸上出现了对这种联邦选举竞选活动的大规模报道。

〔30〕 Joseph Schumpeter, Kapitalismus, Sozialismus und Demokratie, Tübingen 19506［zuerst New York 1942］, S. 433；Peter Bachrach, Die Theorie demokratischer Elitenherrschaft. Eine kritische Analyse, Frankfurt/M. 1970［Boston 1976］, S. 119.

〔31〕 Giovanni Sartori, Demokratietheorie, Damstadt 1992, S. 235.

〔32〕 Süddetusche Zeitung vom 26. Mai 2009.

〔33〕 Hohlspiegel in Der Spiegel, Nr. 49（1998）.

第二章

〔1〕 Bundeswahlleiter（Hrsg. ），Daten von politischen Vereinigunen, Berlin 2007, S. 5 und 17. 不过，在这部分资料中讨论的并不仅仅是《政党法》第 2 条规定的法律意义上的政党。

〔2〕 Vgl. Frank Decker/Viola Neu（Hrsg. ），Handbuch der deutschen Parteien, Bonn 2007. 此书的考察年度是 1982 年。

〔3〕 Vgl. Max Weber, Wirtschaft und Gesellschaft, Tübingen 1976^5, S. 9f.

〔4〕 Max Weber, Gesammelte Aufsätze zur Wissenschaftlehre, Tübingen 1988, S. 190.

〔5〕 Bernd Hofmann, Annäherung an die Volkspartei. Eine typologische und parteiensoziologische Studie, Wiesbaden 2004, S. 109.

〔6〕 M. Weber（wie Anm. 3），S. 841.

〔7〕 Maxx Weber, Parlament und Regierung im neugeordneten Deutschland, in：Ders. , Gesammelte politische Schriften, Tübingen 1980^4, S. 315.

〔8〕 Ebd. , S. 372.

〔9〕 Ebd. , S. 318, 336, 381 f.

〔10〕 Vgl. M. Weber（wie Anm. 3）, S. 167f.

〔11〕 Sigmund Neumann, Parteiensysteme und Intergrationsstufen, in：Kurt Lenk/Franz Neumann（Hrsg. ）, Theorie und Soziologie der politischen Parteien, Darmstadt 1974, S. 341 ff.

〔12〕 B. Hofmann（wie Anm. 5）, S. 55.

〔13〕 Otto Kirchheimer, Der Wandel des westeuropäischen Parteiensystems, in：Politische Vierteljiahresschrift（PVS）, 6（1965）1, S. 27.

〔14〕 Ebd. , S. 32.

〔15〕 Vgl. B. Hofmann（Anm. 5）, S. 55.

〔16〕 Otto Kirchheimer, Der Wandel des westeuropäischen Parteiensystems, in：Poitische Vierteljahresschrift（PVS）, 6（1965）1, S. 27.

〔17〕 Richard S. Katz/ Peter Mair, Changing Models of Party Organization and Party Democracy. The Emergence of the Cartel Party, in：Party Politics, 1（1995）1, S. 5～28（从英文版翻译而来）.

〔18〕 Ebd. , S. 19～21.

〔19〕 Ebd. , S. 19f.

〔20〕 Ebd. , S. 5f. Und 18.

〔21〕 Vgl. Klaus von Beyme, Parteiensystem in der Krise?, in：Gewerkschaftliche Monatshefte, 50（2000）. Vgl. Auch die synoptische übersicht bei Bernd Hofmann（wie Anm. 5）, S. 105 f.

〔22〕 Klaus Detterbeck, Cartel Parties in Western Europe? A Comment on the Notion of the Cartel Party, in：Party Politics, 11（2005）2, S. 173～191, hier S. 188（由英文版翻译而来）.

〔23〕 Ruud Kool, Cadre, Catch – All or Cartel? A Comment on the Notion of the Cartel Party, in：Party Politcs, 2（1996）4, S. 507～523, hier S. 507 und 520.

〔24〕 Thomas Poguntke, Zur empirirschen Evidenz der Kartellparteien – These, in：Zeitschrift für Parlamentsfragen（Zparl）, 33（2002）4, S. 790～806.

第二章

〔25〕 Ebd.

〔26〕 H. – J. Puhle（Anm. 16）, S. 72.

〔27〕 Vgl. Everhard Holtmann, Die angepassten Provokateure. Aufstieg und Niedergang der Rechtsextremen DVU als Protestpartei im polarisierten Parteiensystem Sachsen – Anhalts, Opladen 2002, S. 67ff.

〔28〕 Vgl. Amir Abedi, Anti – Political – Establishment – Parties. A Comparative analysis, London – New York 2004, S. 12ff.

〔29〕 Vgl. Cas Mudde, Populist radical right parties in Europe, Cambridge 2006, S. 12ff. und 24ff.

〔30〕 Vgl. Cas Mudde, The Paradox of the Anti – Party – Party, in: Party Politics, 2 (1996) 2, S. 265 ~ 276.

〔31〕 H. – J. Puhle（Anm. 16）, S. 74.

〔32〕 Ebd. , S. 79.

〔33〕 Ebd. , S. 65, 72 und 80.

〔34〕 Ebd. , S. 78.

〔35〕 R. S. Katz/P. Mair（Anm. 17）, S. 17.

〔36〕 Vgl. Seymour Martin Lipset/Stein Rokkan, Party Systems and Voters Alignments. Cross – national Perspectives, New York 1967.

〔37〕 在这里我借用了乔万尼·萨托利的政党分类方法，Demokratietheorie, Darmstadt 1992.

〔38〕 S. Neumann（Anm. 11）, S. 344.

〔39〕 Franz Urban Pappi, Sozialstruktur, gesellschaftliche Orientierung und Wahlabsicht, in: PVS, 18 (1977) 2 – 3, S. 196.

〔40〕 M. Rainer Lepsius, Parteiensystem und Sozialstruktur: Zum Problem der Demokratisierung der deutschen Gesellschaft, in: Whihelm Abel u. a. (Hrsg), Wirtschaft, Geschichte und Wirtschaftsgeschichte, Stuttgart 1966, S. 388.

〔41〕 Ebd.

〔42〕 Jürgen Falter, Die Wählerpotentiale politischer Teilkulturen, in: Detlev Lehnert/Klaus Megerle（Hrsg. ）, Politische Teilkulturen zwischen Integration und Polarisierung. Zur Politischen Kultur der Weimarer Republik, Opladen 1990,

S. 300, 302; vgl. auch Everhard Holtmann, Republiktreu-republikverdrossen. Linke Gegenkultur, in: Ders. (Koord), Die Weimarer Republik, Bd. 2 (1924 – 28). Der brüchige Friede, hrsg. von der Bayerischen Landeszentrale für politische Bildungsarbeit, München 1994, S. 241 ~ 292.

〔43〕 Richard N. Hunt, German Social Democracy 1918 – 1933, Chicago 1970, S. 53 (译自英文版).

〔44〕 Vgl. Jürgen Falter, Kontinuität und Neubeginn. Die Bundestagswahl 1949 zwischen Weimar und Bonn, in: PVS, 22 (1981) 3, S. 236 ~ 263.

〔45〕 Ebd. S. 243.

〔46〕 Vgl. hierzu Wolfgang Zapf, Wandlungen der deutschen Elite. Ein Zirkulationsmodell deutscher Führungsgruppen, München 1965.

〔47〕 Hans – Peter Schwarz, Der Geist der fünfziger Jahre, in: Ders. , Der Ära Adenauer. Gründerjahre der Bundesrepublik 1949 – 1957, Wiesbaden 1981, S. 392,

〔48〕 Ebd. , S. 384.

〔49〕 Vgl. Werner Sörgel, Konsensus und Interessen, Stuttgart 1969, S. 12.

〔50〕 Vgl. B. Hofmann (wie Anm. 5), S. 52 und 54.

〔51〕 与中央党类似的实践的命运相似，得到重建的基督教工会联盟（CGB）还是不能摆脱它只具有边缘意义的命运。

〔52〕 Karlheinz Niclauß, Kanzlerdemokatie, Stuttgart 1988, S. 67 ~ 69 (已经再版多次).

〔53〕 Ebd. , S. 69.

〔54〕 Ebd.

〔55〕 Vgl. Everhard Hotlmann, Dürfen die das, wo sie doch Dänen sind? Über den Umgang mit Macht und Minderheiten in Deutschland, in: Zparl, 36 (2005) 3, S. 616 ~ 629.

〔56〕 Siehe Hans Woller, Die Wirtschaftliche Aufbau – Vereinigung, in: Richard Stäss (Hrsg.), Parteien – Handbuch, Bd. 4, Opladen 1986, S. 2479.

〔57〕 Richard Stöss, Der Gesamtdeutsche Block/BHE, in: Ders. (Anm. 56), Bd. 3, 1984, S. 1434.

第二章

〔58〕 Zitat nach Martin Virchow, Der GB/BHE, in: Parteien in der Bundesrepublik. Studien zur Entwicklung der deutschen Parteien bis zu Bundestagwahl 1953, Stuttgart – Düsseldorf 1955, S. 461.

〔59〕 Zitat nach R. Stöss (Anm. 57), S. 1424.

〔60〕 Franz Neumann, Der Bolck der Heimatvertriebenen und Entrechteten 1950 – 1960, Meisenheim an Glan 1968, S. 317.

〔61〕 Vgl. Everhard Holtmann, Politische Interessenvertretung von Vertriebenen: Handlungsmuster, Organisationsvarianten und Folgen für das politische System der Bundesrepublik, in: Dierk Hoffmann/Marita Krauss/Michael Schwarz (Hrsg.), Vertriebene in Deutschland. Interdisziplinäre Ergebnisse und Forschungsperspektiven (Sondernummer Schrftenreihe der Vierteljahreshefte für Zeitgeschichte), München 2000, S. 187 ~ 202.

〔62〕 Horst W. Schmollinger, Die Deutsche Partei, in: R. Stöss (Anm. 56), Bd. 2, 1984, S. 1025.

〔63〕 Vgl. Ilse Unger, Die Bayernpartei. Geschichte und Struktur 1945 – 1957, Stuttgart 1979, S. 103 f. , 112.

〔64〕 Ebd. , S. 18 und 23ff.

〔65〕 Ebd. , S. 31, 41, 65f.

〔66〕 Alf Mintzel, Geschichte der CSU. Ein überblick, Opladen 1977.

〔67〕 Ebd. , S. 24, 29ff. , 53 und 104.

〔68〕 Ebd. , S. 289 ff. , 295 ff.

〔69〕 Ebd. , S. 289ff. , 295ff.

〔70〕 So die Formulierung A. Mintzels, ebd. , S. 202.

〔71〕 Ebd. , S. 413 ff.

〔72〕 关于在地方层面政党超越一定的地区限制而表现出其影响力的例子, 参见 Everhard Holtmann, Die neuen Lassalleaner. SPD und HJ – Generation nach 1945, in: Martin Broszat/Klaus – Dietmar Henke/Hans Woller (Hrsg.), Von Stalingrad zur Währungsreform. Zur Sozialgeschichte des Umbruchs in Deutschland, München 1986, S. 169 ~ 210.

〔73〕 帕德博恩的主教——Lorenz Kardinal Jaeger 在 1945 年 10 月向驻扎

在阿恩斯贝格英军长官提交的报告中有这样的评论。参见 Everhard Hotmann, Demokratische Transformation im frühen Nachkriegsdeutschland: Abrupter Systemwechsel oder lang anhaltender Prozoß? in: Hans Braun/Uta Gerhardt/Everhard Holtmann (Hrsg.), Die lange Stunde Null. Gelenkter sozialer Wandel in Westdeutschland nach 1945, Baden – Baden 2007, S. 303 ff.

〔74〕So Werner Jann (1988), Zitatnachweis bei Everhard Holtmann, Dieöffentliche Verwaltung, in: Oscar W. Gareil/Everhard Holtmann (Hrsg.), Handbuch Politisches System der Bundesrepublik Deutschland, München – Wien 20053, S. 364.

〔75〕BverfGE 22 (1990), 180 und 204.

〔76〕Dieter Grimm, Das Grundgesetz nach Jahren – Versuch einer staatsrechtlichen Würdingung, in: BMI (Hrsg.), Bewährung und Herausfordderung. Die Verfassung vor der Zukunft, Opladen 1999, S. 49.

〔77〕BverfGE 45 (1978), 376 und 387.

〔78〕Grimm (wie Anm. 76), S. 49.

〔79〕Arthur Benz, Der moderne Staat, München – Wien 2001, S. 201.

〔80〕Vgl. Holger Bachhaus – Maul/Thomas Olk, Verhandeln und Kooperieren versus autoritative Politik, in: Ulrich Hilpert/Everhard Holtmann (Hrsg.), Regieren und intergouvernementale Beziehungen, Opladen 1998, S. 128.

〔81〕Vgl. Josef Schmid, Wohlfahrtsstaaten im Vergleich, Opladen 1996, S. 56 ff.

〔82〕对地区经济扶助和结构政治的问题的讨论，参见 Rolf G. Heinze/Helmut Voelzkow (Hrsg.), Regionalisierung der Stukturpolitik in Nordrhein – Westfalen, Opladen 1997; ferner Arthur Benz/Everhard Holtmann (Hrsg.), Gestaltung regionaler Politik. Empirische Befunde, Erklärungsansätze und Praxistransfer, Opladen 1998.

〔83〕Vgl. Hans – Hermann Hartwich, Sozialstaatspostualt und gesellschaftlicher Status Quo, Opladen 1970, S. 19f.

〔84〕Vgl. hierfür exemplarisch die Fallstudie zu Solingen von Voler Wünderich, Arbeiterbewegung und Selbstverwaltung. KPD und Kommunalpolitik in der

Weimarer Republik, Wuppertal 1980, S. 14.

〔85〕 Dokumentiert Bei Everhard Holtmann, Nach dem Krieg, vor dem Frieden. Der gesellschaftliche und Politische Neubeginn nach 1945 im Kreis Unna, Köln 1985, S. 371 ff.

〔86〕 Hans Grüner/Wolfgang Jaedicke/Kurt Ruhland, Rote Politik im schwarzen Rathaus? -Bestimmungsfaktoren der wohnungspolitischen Ausgaben bundesdeutscher Großstädte, in: PVS, 29 (1988) 1, S. 50.

〔87〕 Ebd. , S. 54.

〔88〕 Volker Kunz, Parteien und kommunale Haushaltspolitik im Städtvergleich, Opladen 2000, S. 337.

〔89〕 Alf Mintzel, Großparteien in der Bundesrepublik. Thesen zu ihrer Entwicklung und Situation (unveröff. Thesenpappier zum Berliner Symposium von November 1988), S. 6.

〔90〕 Hans – Dieter Klingemann/Andrea Volkens, Struktur und Entwicklung von Wahlprogrammen in der Bundesrepublik Deutschland 1949 – 1998, in: Oscar W. Gabriel/Oskar Niedermayer/Richard Stöss (Hrsg.), Parteiendemokratie in Deutschland, Bonn 20012, S. 527.

〔91〕 Vgl. Andrea Volkens, Parteiprogramme und Polarisierung, in: Oskar Niedermayer (Hrsg.), Intermediäre Strukturen in Ostdteuschland, Opladen 1996, S. 233.

〔92〕 So Karl – Werner Brand/Detlef Büsser/Dieter Rucht, Aufbruch in eine andere Gesellschaft. Neue soziale Bewegungen in der Bundesrepublik, Frankfurt/ M. -New York 1986, S. 155.

〔93〕 Ebd. , S. 202 ff.

〔94〕 Vgl. Ronald Inglehart, The Silent Revolution in Europe: Intergenerational Change in Post – Industrial Societies, in: American Political Science Review, 65 (1971) 4, S. 991 ~ 1007.

〔95〕 Vgl. Kai Hildebrandt/Russell J. Dalton, Die Neue Politik. Politischer Wandel oder Schönwetterpolilik?, in: PVS, 19 (1977) 2 – 3, S. 230 ~ 256.

〔96〕 Ursula Feist/Klaus Liepelt, Modernisierung zu Lasten der Großen. Wie

第二章

die deutschen Volksparteien ihre Integrationskraft verlieren, in: Journal für Sozial-forschung, 27 (1987) 3 – 4, S. 277.

〔97〕 Ebd. , S. 281 und 284. Zu ähnlichen Ergebnissen kommt Konrad Schacht, Wahlentscheidung im Dienstleistungszentrum. Analyse der Frankfurter Kommunalwahl vom 22 März 1981, Opladen 1986.

〔98〕 Vgl. Ferdinand MüllerßRommel, "Parteien neuen Typs" in Westeuropa: Eine vergleichende Analyse, in: ZParl, 13 (1982) 3, S. 369 ~ 390.

〔99〕 Ebd. , S. 375.

〔100〕 Bodo Zeuner, Die Bedeutung der grünen/Alternativen Parteien für Parteientheorien und-typologien, in: Jürgen W. Falter/Christian Fenner/Michael T. Greven (Hrsg.), Politische Willenbildung und Interessenvermittelung, Opladen 1984, S. 122.

〔101〕 Ebd. , S. 120 und 122.

〔102〕 Joachim Rasche, Die Grünen. Wie sie wurden, was sie sind, Köln 1993.

〔103〕 Ebd. , S. 864 f.

〔104〕 So ein definitorisches Merkmal der Bewegungspartei bei Herbert Kitschelt, Movement Parties, in: Richard S. Katz/William Crotty (Hrsg.), Handbook of Party Politics, London u. a. 2006, S. 280.

〔105〕 Vgl. Vorwort zu Roland Czada/Gerhard Lehmbruch (Hrsg.), Transformationspfade in Ostdeutschland, Frankfurt/M. 1998.

〔106〕 Vgl. Henry Kreikenbom/Carsten Bluck, Das Wahlverhalten von ostdeutschen Bürgern am Beispiel der Jenaer Wahlbefragungen 1990, in: Oskar Niedermayer/Richard Stöss (Hrsg.), Parteien und Wähler im Umbruch, Opladen 1994, S. 298 ~ 312.

〔107〕 Oskar Niedermayer/Richard Stöss, DDR – Regimewandel, Bürgerorientierungen und die Entwicklung des gesamtdeutschen Parteiensystems, in: Dies. (Anm. 106), S. 11.

〔108〕 Andrea Volkens/Hans – Dieter Klingemann, Die Entwicklung der deutschen Parteien im Prozeß der Vereinigung, in: Eckhard Jesse/Armin Mitter (Hrsg.), Die Gestaltung der deutschen Einheit, Bonn 1992, S. 189.

〔109〕 O. Niedermayer/R. Stöss（Anm. 106）, S. 12～17.

〔110〕 Hierzu ausführlich Uwe Thaysen（Hrsg. ）, Der Zentrale Runde Tisch der DDR. Wortprotokoll und Dokumente, 5 Bände, Wiesbaden 2000.

〔111〕 Ebd. , S. 18.

〔112〕 Zeitung des Reformhauses（Halle）, 6. Ausgabe, 22. Februar 1990.

〔113〕 Vgl. Dietrich Starity/Siegfried Suckut, Strukturwandel des DDR – Parteiensystems, in: Oskar Niedermayer/Richard Stöss（Hrsg. ）, Stand und Perspektiven der Parteienforschung in Deutschland, Opladen 1993, S. 216, 220.

〔114〕 Robert Grünbaum, Deutsche Einheit. Ein überblick 1945 bis heute, Berlin 2010^2 , S. 93.

〔115〕 Ebd, S. 223.

〔116〕 A. Volkens/H. -D. Klingemann（Anm. 108）, S. 189.

〔117〕 Ebd. , S. 225.

〔118〕 O. Niedermayer/R. Stöss（Anm. 107）, S. 12.

〔119〕 Angaben bei R. Grünbaum（Anm. 114）, S. 88.

〔120〕 D. Staritz/S. Suckut（Anm. 113）, S. 225 f.

〔121〕 Zitat nach Freiheit（Halle）, Nr. 64 vom 16. 03. 1990.

〔122〕 Daten nach Froschungsgruppe Wahlen: Analyse der Landtagswahl vom 26. Juni 1994, in: FGW – Bericht, 72（1994）, S. 12f. Und 94.

〔123〕 Oskar Niedermayer, Nach der Vereinigung: Der Trend zum fluiden Fünfparteiensystem, in: Ders. u. a. （Anm. 90）, S. 115.

〔124〕 Vgl. mit Blick auf die frühen 1990er Jahre Everhard Holtmann, "Weimarer Verhältnisse" von Osten her?, in: Ders/Heinz Sahner（Hrsg. ）, Aufhebung der Bipolarität. Veränderungen im Osten, Rückwirkungen im Westen, Opladen 1995, S. 85 ff.

〔125〕 Ebd. , S. 86.

〔126〕 So Eva Kolinsky, Das Pareiensystem der Bundesrepublik: Forschungsthemen und Entwicklungslinien, in: O. Niedermayer/R. Stöss（wie Anm. 113）, S. 54.

〔127〕 Zahlenangaben nach Everhard Holtmann/Rernhard Boll, Sachsen –

第二章

Anhalt. Eine politische Landeskunde, Magdeburg 1995, S. 54.

〔128〕Zahlenangaben nach Frank Decker/Viola Neu（Hrsg. ）, Handbuch der deutschen Parteien, Bonn 2007, S. 287.

〔129〕D. Straritz/S. Suckut（Anm. 113）, S. 224.

〔130〕H. Kreikenbom/C. Bluck（Anm. 106）, S. 305f.

〔131〕Vgl. Forschungsgruppe Wahlen, Wahl in den neuen Bundesländern. Eine Analyse der Landtagswahlen vom 14. Oktober 1990, in: FGW – Bericht 60 （1990）, S. 85 ff. ; ferner Ursula Feist/Hans – Jürgen Hoffmann, Landtagswahlen in der ehemaligen DDR am 14. Oktober 1990: Föderalismus im wiedervreinigten Deutschland – Tradition und neue Konturen, in: ZParl, 22（1991）1, S. 29 ff.

〔132〕Oskar W. Gabriel/Oskar Niedermayer, Entwicklung und Sozialstruktur der Parteimitgliedschaften, in: Oscar W. Gabriel/Oskar Niedermayer/Richard Stöss （Hrsg. ）, Parteiendemokratie in Deutschland, Bonn 1997, S. 289 ff.

〔133〕Werner J. Patzelt/Karin Algasinger, Das Parteiensystem Sachsen, in: O. Niedermayer（Anm. 91）, S. 259.

〔134〕O. Niedermayer（Anm. 123）, S. 126.

〔135〕Ebd. , S. 126 f.

〔136〕Vgl. hierzu die Daten – Zeitreihen bei Oscar W. Gabriel/Katja Neller, Bürger und Politik in Deutschland, in: Ders. /Fritz Plasser（Hrsg. ）, Deutschland, Österreich und die Schweiz im neuen Europa. Bürger und Politik, Baden – Baden 2010, S. 88, 99, 103, 105.

〔137〕So zu Recht Viola Neu, Bundestagswahl in Deutschland am 27. September 2009, Konrad – Adenauer – Stiftung, http: //www. kas. de/wf/doc/ kas __18443 – 544 – 1 – 30. pdf, Berlin 2009, S. 10.

〔138〕Infratest dimap, Wahlreport der Wahl zum 14. Dt. Bundestag am 16. Oktoer 1998, S. 7.

〔139〕Ebd. ; vgl. Auch Everhad Holtmann, Die Bundestagswahl 1998-Wahlergebnis und Wählerverhalten, in: Gewerkschaftliche Monatshefte, 21（2000）2, S. 103 und 106.

〔140〕Hanna Kaspar/Jürgen W. Falter, Angenähert oder ausdiffenrenziert?

第二章

Das Wahlverhalten in Ost – und Westdeutschland bei der Bundestagswahl 2005,
in: Oscar W. Gabriel/Bernhard Weßels/Jürgen W. Falter (Hrsg.) , Wahlen und
Wähler. Analysen aus Anlass der Bundestagswahl 2005, Wiesbaden 2009, S. 202.

〔141〕Eckhard Jesse, Ist zwei mehr als drei? Das Parteiensystem vor und
nach der Bundestagswahl 2009, in: Ders. /Roland Sturm (Koord.) , Bilanz der
Bundestagswahl 2009. Voraussetzung, Ergebnisse, Folgen, München 2010,
S. 35. Ferner: Infratest dimap, Wahlreport Bundestagswahl 2009, S. 91.

〔142〕Vgl. Jürgen W. Falter/Siegfried Schmann, Nichtwahl und Protest-
wahl. Zwei Seiten einer Medaille, in: Aus Politik und Zeitgeschichte (ApuZ) ,
(1993) 1, S. 36 ~ 49; ferner Siegfried Schumann, Unzufriedenheit und bind-
ungslosigkeit als Ursachen für die Neigung zur Wahl extremer Parteien und zur
Stimmenthaltung, in: Max Kaase/Hans – Dieter Klingemann (Hrsg.) , Wahlen
und Wähler. Analysen aus Anlaß der Bundestagswahl 1994, S. 571 ~ 598.

〔143〕E. Holtmann (Anm 27.) , S. 48.

〔144〕Infratest dimap, Wahlerreport Sachsen 2009, S. 21.

〔145〕S. Schumann (Anm. 142) , S. 572.

〔146〕Oskar Niedermayer, Die Entwicklung der Parteimitgliedschaften von
1990 bis 2009, in: ZParl, 41 (2010) 2, S. 425 und 428.

〔147〕Hierzu ausführlich Bernhard Boll/Everhard Holtmann (Hrsg.) , Par-
teien und Parteimitglieder in der Region. Sozialprofil, Einstellungen, Innerparteili-
ches Leben und Wahlentscheidung in einem ostdeutschen Bundeland. Das Beispiel
Sachsen – Anhalt, Wiesbaden 2001, hier: S. 130 ff.

〔148〕Tim Spier/Markus Klein/Ulrich von Alemann/Hanna Hoffmann/Anni-
ka Lux/Alexandra Nonnenmacher/Katharina Rohrbrach (Hrsg.) , Parteimitglieder
in Deutschland, Wiesbaden 2011, S. 67f.

〔149〕Boll/Holtmann (Wie Anm. 147) , S. 139ff.

〔150〕Ebd. , S. 152.

〔151〕O. Niedermayer /R. Stöss (Anm. 107) , S. 27.

〔152〕Ebd.

〔153〕B. Boll/E. Holtmann (Wie Anm. 147) , S. 198.

〔154〕 H. Kaspar/J. W. Falter（Anm. 140），S. 223f.

〔155〕 Bernd Hofmann，Annäherung an die Volkspartei. Eine tzpolotische und parteiensoziologische Studie，Wiebaden 2004，S. 223.

〔156〕 Ebd.，S. 224f.

〔157〕 Ebd.，S. 270f.

〔158〕 Ebd.，S. 278.

〔159〕 Ebd.，S. 281.

〔160〕 Ebd.

〔161〕 Ebd.，S. 285.

〔162〕 Ebd.

〔163〕 Infratest dimap，WahlReport Bundestagswahl 2009，S. 91.

〔164〕 O. Niedermayer（Anm. 146），S. 427.

〔165〕 Vgl. Manuela Kulick/Holger Onken，Die Wähler der Linkspartei in ihren Hochburgen: eine empirische Analyse zur niedersächsischen Landtagswahl 2008 in Oldenburg，Delmenhorst und Wilhelmshaven，in: ZParl，39（2008）2，S. 311f.

〔166〕 Richard Stöss，Mehr Kontinuität als Wandel. Das Parteiensystem vor und nach der deuschen Vereinigung，in: Roland Czada/Hellmut Wollmann（Hrsg.），Von der Bonner zur Berliner Republik. 10 Jahre Deutsche Einheit（Leviathan Sonderherf 19/1999），Wiesbaden 2000，S. 323.

〔167〕 Wolf Dieter Narr，Editorial zu: Ders.（Hrsg.），Auf dem Weg zum Einparteienstaat，Opladen 1970，S. 11.

〔168〕 Alf Mintzel，Großparteien im Parteienstaat der Bundesrepublik，in: APuz（1989）11，S. 3.

〔169〕 R. Stöss（Anm. 166），mit Hinweis auf Wiesendahl（1989），S. 315.

〔170〕 Elmar Wiesendahl，Volksparteien im Abstieg. Nachruf auf eine zwiespältige Erfolgsgeschichte，in: APuZ（1992）34 – 35，S. 3f.

〔171〕 O. Niedermayer（Anm. 146），S. 425. Angaben für 2010 nach Mitteldeutsche Zeitung vom 29. 12. 2010，S. 6.

〔172〕 Infratest dimap，WahlReport Bundestagswahl 2009，S. 95 und 97.

〔173〕 E. Wiesendahl（Anm. 170）, S. 5.

〔174〕 O. Niedermayer（Anm. 123）, S. 118f.

〔175〕 Viola neu（Anm. 137）, S. 61f.

〔176〕 O. W. Gabriel／K. Neller 2010（Anm. 136）, S. 138.

〔177〕 Helmut Wiesenthal, Transformation oder Wandel? Impression aus（fast）zwei Jahzehnten Transformationsforschung, in: SFB 580 Mitteilungen 31, Jena – Halle 2009, S. 17.

〔178〕 Infratest dimap（Anm. 172）, S. 30.

〔179〕 Ebd.

〔180〕 Hierzu ausführlich Everhard Holtmann, Die Politische Vorgeschichte der vorgezogenen Bundestagswahl, in: O. W. Gabriel／B. Weßels／J. W. Falter（Anm. 140）, S. 15 ~ 39.

〔181〕 Vgl. Manfred G. Schmidt, Die Sozialpolitik der zweiten rot – grünen Koalition（2002 – 2005）, in: Christoph Egle／Reimut Zohlnhöfer（Hrsg. ）, Ende des rot – grünen Projekts. Eine Bilanz der Regierung Schröder 2002 – 2005, Wiesbaden 2007, S. 303.

〔182〕 E. Holtmann 2009（Anm. 180）, S. 30 ff.

〔183〕 Infratest dimap, Wahlreport Bundestagswahl 2009, S. 30.

〔184〕 Ebd. , S. 30, 56f.

〔185〕 Infratest dimap, Wahlreprt Nordhein – Westfahlen 2010, S. 10f.

〔186〕 Ebd. , S. 52 und 55.

〔187〕 So Der Spielgel, Nr. 46（2010）, S. 83.

第三章

〔1〕 Vlg. Hans Rattinger, Abkehr von den Parteien? Dimensionen der Parteiverdrossenheit, in: Aus Politik und Zeitgeschichte（APuY. ）,（1993）11, S. 24.

〔2〕 Vgl. Mariano Torcal／Richard Gunther／Jose Ramon Montero, Anti-Party-Sentiments in Southern Europe, in: R. Gunther／J. R. Montero／Juan J. Linz（Hrsg. ）, Political Parties. Old Concepts and New Challenges, Oxford

2003, S. 255.

〔3〕 H. Rattinger（Anm. 1）.

〔4〕 Oscar W. Gabriel, Politische Einstellungen und politische Kultur, in: Ders./Everhard Holtmann（Hrsg.）, Politisches Handbuch der Bundesrepublik Deutschland, 3. Auflage, Müchen – Wien 2005, S. 462.

〔5〕 H. Rattinger（Anm. 1）, S. 26, 33.

〔6〕 Oscar W. Gabriel/Sonja Zmerli, Politisches Vertrauen: Deutscland in Europa, in: APuz,（2006）30 – 31, S. 12.

〔7〕 Ebd. , S. 10.

〔8〕 Vgl. Bertelsmann – Stiftung（Hrsg.）, Politische Partizipation in Deutschland, Gütersloh 2004, S. 68, Abb. 28（Skala von + 5 bis − 5）.

〔9〕 Vgl. Günter Rieger, "Parteienverdrossenheit" und "Parteienkritik" in der Bundesrepublik Deutschland, in: Zeitschrift für Parlamentsfragen（ZParl）, 25（1994）3, S. 461f.

〔10〕 O. W. Gabriel（Anm. 4）, S. 511.

〔11〕 So Oscar W. Gabriel/Sonja Zmerli（Anm. 6）, S. 11.

〔12〕 Infratest dimap, Deutschland Trend Juli 2009, S. 11.

〔13〕 Bernhard Weßels, Bürgervertrauen ist parteiisch. Von einer Krise der Repräsentation kann in Deutschland keine Rede sein, in: WZB – Mitteilungen, 124（Juni 2009）, S. 9 ~ 12, hier S. 11.

〔14〕 这种概念构造上的不清楚同样在下文受到了批评, Bertelsmann Stiftung（Hrsg.）, Politische Partizipation in Deutschland, Güterloh 2004, S. 17f.

〔15〕 Vgl. Everhard Holtmann, Politik und Nichtpolitik. Lokale Erscheinungsformen politischer Kultur im frühen Nachkriegsdeutschland, Opladen 1989.

〔16〕 Marion Reiser/Adrienne Krappidel/Everhard Holtmann/Stefan Göhlert, Parteifrei im Parteienstaat – Kommunale Wählergemeinschaften（SFB 580 Mitteilungen 25）, Jena – Halle 2008. 至于自由选民团体与民社党之间在特定政治议题上的合作关系, 参见 Carina Schnirch, Die PDS als Kommunalpartei. Ein ost-westdeutscher Vergleich, Marburg 2008, S. 195f.

〔17〕 Gabriel Almond/Sidney Verba, The Civic Culture. Political Attitudes and Democracy in Five Nations, Boston 1965.

〔18〕 Günther Pallaver/Reinhold Gärtner, Populistische Parteien an der Regierung-zum Scheitern verdammt? Italien und Österreich im Vergleich, in: Frank Decker (Hrsg.), Populismus, Wiesbaden 2006, S. 102.

〔19〕 Vgl. Everhard Holtmann/Adrienne Krappidel/Sebastian Rehse, Die Droge Populismus. Zur Kritik des politischen Vorurteils, Wiesbaden 2006, S. 33ff.

〔20〕 Ralf Dahrendorf, Gesellschaft und Demokratie in Deutschland, München 1974[3], S. 153.

〔21〕 Vgl. Oscar W. Gabriel/Everhard Holtmann, Der Parteienstaat – Gefahrengut für die Demokratie?, in: Antonius Liedhegener/Torsten Oppelland (Hrsg.), Parteiendemokratie in der Bewährung, Baden – Baden 2009, S. 197 f.

〔22〕 Zitate nach Thomas Mann, Betractungen eines Unpolitischen, Berlin 1919[11~14].

〔23〕 Robert D. Putnam, Die politischen Einstellungen der Ministerialverwaltung in Westeuropa, in: Politische Vierteljahresschrift (PVS), 17 (1976) 1, S. 23~61.

〔24〕 Hierzu ausführlicher O. W. Gabriel/E. Holtmann (Anm. 21), S. 189~209.

〔25〕 Vgl. Everhard Holtmann, Parteifreie im Parteienstaat-Wählergemeinschaften wachsen, in: der städtetag, 62 (2009) 1, S. 35~37.

〔26〕 Vgl. Serge Embacher, Demokratie! Nein Danke? Demokratieverdruss in Deutschland, Bonn 2009, S. 86f.

〔27〕 Vgl. Colin Crouch, Postdemokratie, Frankfurt / M. 2008, S. 10.

〔28〕 Vgl. Für die Vertrauendimension: Heinrich Best/Michael Edinger/Karl Schmitt/Lars Vogel, Zweite Deutsche Abgeordnetenbefragung 2007 (Teilprojekt A 3 des SFB 580), Jena 2007, S. 19f.

〔29〕 Gustav Radbruch, Die politischen Parteien im System des deutschen Verfassungsrechts, in: Gerhard Anschütz/Rudolf Thoma (Hrsg.), Handbuch des deutschen Staatsrechts, Bd. 1, Tübingen 1930, S. 286 f.

〔30〕 Dolf Sternberger, Lebende Verfassung, Meisenheim-Glan 1956, S. 45.

〔31〕 Verhandlungen des 38. Deutschen Juristentages in Frankfurt 1951, Teil

C，S. 1ff.

〔32〕 Michael Stolleis, Parteienstaatlichkeit-Krisensymptome des demokratis-chen Verfassungsstaat? Bericht auf der Tagung der Vereinigung der deutschen Sta-atsrechtslehrer in Freiburg i. Ue/Ch, Berlin – New York 1986, u. a. S. 8.

〔33〕 Gerhard Leibholz, Der Strukturwandel der modernen Demokratie, in: Ders. , Strukturprobleme der modernen Demokratie, Karlsruhe 1958, S. 90.

〔34〕 Ebd. , S. 94.

〔35〕 Gerhard Leibholz, Der Strukturwandel der modernen Demokratie, in: Ders. , (Anm. 33), S. 146f.

〔36〕 Peter Haungs, Pareiendemokratie in der Bundesrepublik Deuschland, Berlin 1980, S. 22; vgl. ferner: Ders. , Die Bundesrepublik-ein Parteienstaat? Kri-tische Anmerkungen zu einem wissenschaftlichen Mythos, in: ZParl, 4 (1973) 4, S. 502 ~ 524.

〔37〕 Dieter Grimm, Politische Parteien, in: Ernst Benda/Werner Maihofer/ Hans – Jochen Vogel (Hrsg.), Handbuch des Verfassungsrechts, Bd. 1, Berlin – New York 1984, S. 332 ff.

〔38〕 Franz Walter, Irrwege des Parteienstaats, in: FAZ vom 22. Mai 2009, S. B4.

〔39〕 Ebd.

〔40〕 M. Stolleis (Anm. 32), S. 15.

〔41〕 F. Walter (Anm. 38).

〔42〕 Konrad Hesse, Einführung: 30 Jahre Parteiengesetz, in: Dimtris T. Tsatsos (Hrsg.), 30 Jahre Parteiengesetz in Deutschland, Baden – Baden 2002, S. 42f; vgl. ferner Martin Morlok, Für eine zweite Generation des Parteien-rechts, in: Ebd. , S. 53f.

〔43〕 BVerfGE 4 (20. 7. 1954), 27.

〔44〕 BVerfGE 85 (9. 4. 1992), 264, 297.

〔45〕 BVerfGE 120 (13. 2. 2008), 82ff.

〔46〕 Ebd. ；在 2008 年根据意义相同的州宪法法院的判决，北威州和图林根州也废除了市镇选举中的门槛条款。

〔47〕 BVerfG 4（Anm. 43）, 42, mit Verweis auf vorangehende Entscheidungen.

〔48〕 BverfGE 120（19. 7. 1966）, 20, 56 ff. , 119 ff. , 134 ff.

〔49〕 BverfGE 107（18. 3. 2003）, 339. 在作出相关决定时没有达到这一法定多数, 因此这是 "一个有关程序问题的决定而不是关于实体事实的决定"。

〔50〕 Hans‑Peter Schneider, Die Institution der Partei in der Bundesrepublik Deutschland, in: Dimitris T. Tsatsos/Dian Schefold/Hans‑Peter Schneider（Hrsg. ）, Parteienrecht im europäischen Vergleich, Baden‑Baden 1990, S. 207.

〔51〕 D. Grimm（Anm. 37）, S. 338.

〔52〕 BverfGE 5, 83, mit Verweis auf BverfGE 2（23. 10. 1952）, 1ff.

〔53〕 Ebd. , 73f.

〔54〕 Vgl. Eckhard Jesse, Vom Legalitätsprinzip zum Opportunitätsprinzip, in: Peter Haungs/Eckhard Jesse（Hrsg. ）, Parteien in der Krise?, Köln 1987, S. 228.

〔55〕 H. ‑P. Schneider（Anm. 50）, S. 175.

〔56〕 So Klaus von Beyme, 30 Jahre Pareiengesetz: Zum Stand der Pareienforschung, in: D. T. Tsatsos（Anm. 42）, S. 50.

〔57〕 K. Hesse（Anm. 42）, S. 40.

〔58〕 H. ‑P Schneider（Anm. 50）, S. 175.

〔59〕 Martin Morlok, für eine Zweite Generation des Parteienrechts, in: D. T. Tsatsos（Anm. 42）, S. 61ff.

〔60〕 Ebd. , S. 64.

〔61〕 Siehe hierzu das sog. Wüppesahl-Urteil in BverfGE 80（13. 06. 1989）, 188 ff.

〔62〕 Theo Schiller, Direkte Demokratie auf Bundesländer‑ und Kommunalebene, in: Markus Freitag/Uwe Wagschal（Hrsg. ）, Direkte Demokratie, Berlin 2007, S. 116.

〔63〕 Ebd.

〔64〕 Hellmut Wollmann, Zwischen Management‑ und Politiksystem: Die

第三章

Kommunalverwaltung der 90er Jahre auf einer Modernisierungswelle, in: Thomas Edeling/Werner Jann/Dieter Wagner (Hrsg.), Reorganisationsstrategien in Wirtschaft und Verwaltung, Opladen 2001, S. 15ff.

〔65〕Vgl. Jens Aderhold/Katrin Harm/Tobias Jaeck, Lokale politisch – adminstrative Eliten (Projektbericht im SFB 580), Halle 2008.

〔66〕So Christoph Reichard, Local Public Management Reforms in Gemany, in: Public Administration, 81 (2003) 2, S. 349.

〔67〕Deutsche Städtetag 1998, Nachweis bei C. Reichard (Anm. 66), S. 355.

〔68〕Vgl. H. Wollmann (Anm. 64), S. 33.

〔69〕M. Morlok (Anm. 64), S. 69.

〔70〕BverfGE 8 (1959), 67.

〔71〕Zitiert nach Christine Landfried, Parteienfinanzierung: Das Urteil des Bundesverfassungsgerichts vom 9. April 1992, in: Zparl, 23 (1992) 3, S. 447.

〔72〕Im Wortlaut nach AFP – Meldung 301338 vom 30. 11. 1999.

〔73〕So Karl – Heinz Naßmacher, Parteienfinanzierung in Deutschland, in: Oscar W. Gabriel/Oskar Niedermayer/Richard Stöss (Hrsg.), Parteiendemokratie in Deutschland, Bonn 20012, S. 171.

〔74〕Zitat nach Süddeutshce Zeitung vom 4. /5. Juli 2009, S. 10.

〔75〕K. -H. Naßmacher (Anm. 73), S. 163 und 165.

〔76〕黑森州基民盟的黑金丑闻的后果是 2100 万欧元的罚款，科尔拒绝揭发捐款人身份的事实使得基民盟付出了 330 万欧元的罚款，社民党在科隆和乌珀塔尔当地的捐款丑闻使得它被施加了大约 50 万和 75 万欧元的罚款。因为德国民族民主党财务报告中的各种不当行为，联邦议会在 2009 年 4 月向它开出了大约 250 万欧元的罚单。2009 年 7 月初，自民党收到了有史以来第二高的罚单，它需要支付 430 万欧元的罚款，因为自民党在北威州的州委员会没有说明其捐款的来源，相反却采取了各种拼接篡改的财务登记措施（vgl. ，"Möllemanns teuers Erbe"，in: Mitteldeutsche Zeitung vom 3. Juli 2009）。

〔77〕详细的年代划分参见 Alf Mintzel/Heinrich Oberreuter (Hrsg.), Parteien in der Bundesrepublik Deutschland, Bonn 1992², S. 564~567.

〔78〕 BVerFGE 8（Anm. 77），S. 550.

〔79〕 Ebd. , 63.

〔80〕 A. Mintzel/H. Oberreuter（Anm. 77），S. 550.

〔81〕 Vgl. C. Landfried（Anm. 71），S. 442.

〔82〕 K. -H. Naßmacher（Anm. 73），S. 172；vgl. ferner Wolfgang Rudzio, Das neue Pareienfinanzierungsmodell und seine Auswirkungen, in：ZParl, 25（1994）3, S. 394.

〔83〕 Siehe Artikel, "Mitgliedsbeiträge der Pareien brechen ein", in：Süddeutsche Zeitung vom 18. – 20. April 2009.

〔84〕 Ebd.

〔85〕 Hans Leyendecker in der Süddeusche Zeitung vom 3. Juli 2009.

〔86〕 Vgl. Jens Borchert（Hrsg. ）, Politik als Beruf. Die politische Klasse in westlichen Demokratie, Opladen 1999；ferner Klaus von Beyme, Die Politische Klasse im Parteienstaat, Frankfurt/M. 1993.

〔87〕 K. Von Beyme（Anm. 86）, S. 30.

〔88〕 Erhard Eppler, Die sogenannte politische Klasse, in：Süddeutsche Zeitung vom 26. Oktober 2010, S. 2.

〔89〕 Kritisch ausführlicher Everhard Holtmann, Die "Politische Klasse"：Dämon des Parteienstaates? Zum analytischen Nutzen eines geflügelten Begirffs, in：Stefan Marschall/Christoph Strünck（Hrsg. ）, Grenzenlose Macht? Politik und Politikwissenschaft im Umbruch, Baden – Baden 2004, S. 41 ~ 60.

〔90〕 E. Eppler（Anm. 88）.

〔91〕 尽管克罗斯·冯·拜梅青睐政治阶层这一概念，但他也强调指出："作为一个整体是的政治阶层就是政党国家。政治精英构成的整体就代表着代议制度。"（K. von Beyme（Anm. 86）, S. 33）.

〔92〕 Hierzu Heinrich Best/Stefan Jahr/Lars Vogel, Karrieremuster und Karrierekalkühle deutscher Parlamentarier, in：Michael Edinger/Werner J. Patzelt（Hrsg. ）, Politik als Beruf, PVS-Sonderheft 44,（2010）, S. 172.

〔93〕 Ebd. , S. 173 und 179.

〔94〕 Ebd. , S. 177.

第三章

〔95〕所有的数据来自 SFB 580，Jena-Halle 2010 年的民意调查。

〔96〕Robert Michels, Zur Soziologie des Parteiwesens in der modernen De-mokratie, Stuttgart 19573〔Zuerst Leipzip 1911〕, S. 370.

〔97〕Peter Mair/Richard S. Katz, Changing Models of Party Organization and Party Democracy. The Emergence of the Cartel Party, in: Party Politics, 1 (1995) 1, S. 18.

〔98〕Ebd.

〔99〕J. Borchert (Anm. 86).

〔100〕Ebd. , S. 9ff.

〔101〕Lars Holtkamp, Professionalisierung der Kommunalpolitik? Empirische und normative Befunde, in: M. Edinger/W. J. Patzelt (Anm. 92), S. 114.

〔102〕Heinrich Best, Associated Rivals: Antagonism and Cooperation in the German Political Elite, in: Comparative Sociology 8 (2009) 3, S. 428 (转译自英文版).

〔103〕Ebd.

〔104〕Ebd.

〔105〕Ebd. , S. 434.

〔106〕H. Best u. a. (wie Anm. 92), S. 174.

〔107〕Max Weber, Wirtschaft und Gesellschaft, 1976^5, S. 167.

〔108〕Heinrich Best/Michael Edinger/Karl Schmitt/Lars Vogel, Zweite Deutsche Abgeordnetenbefragung 2007, Jena 2007, S. 22.

〔109〕Ebd.

〔110〕Vgl. Heinrich Best/Stefan Jahr, Politik als prekäres Beschäftigungsve-rhältnis. Mythos und Realität der Sozialfigur des Berufspolitikers im wiedervereinten Deutschland, in: ZParl, 37 (2006) 1, S. 63～79.

〔111〕H. Best u. a. (Anm. 108), S. 22.

〔112〕H. Best (Anm. 102), S. 431.

〔113〕Bernd Hofmann, Zwischen Basis und Parteiführung: Mittlere Parteie-liten, in: Bernhard Boll/Everhard Holtmann (Hrsg.), Parteien und Parteimit-glieder in der Region. Sozialprofil, Einstellungen, Innerparteiliches Leben und

Wahlentscheidung in einem ostdeutschen Bundesland. Das Beispiel Sachsen – Anhalt, Wiesbaden 2001, S. 187.

〔114〕 E. Holtmann（Anm. 89）, S. 55.

〔115〕 Ebd.；vgl. auch B. Hofmann（Anm. 113）, S. 188 ff.

〔116〕 B. Hofmann（Anm. 113）, S. 192.

〔117〕 Tim Spier, Wie aktiv sind die Mitglieder der Parteien?, in: Ders. / Markus Klein/Ulrich von Alemann/Hanna Hoffmann/Annika Laux/Alexandra Nonnenmacher/Katharina Rohrbach（Hrsg.）, Parteimitglieder in Deutschland, Wiesbaden 2011, S. 98.

〔118〕 Vgl. ausführlicher B. Hofmann（Anm. 113）, S. 155ff.

〔119〕 Alexandra Nonnenmacher, Wie zufrieden sind die Mitglieder der Parteien?, in: T. Spier u. a.（wie Anm. 117）, S. 141.

〔120〕 在各种答案选项中，"个人原因"也与其他一些选项一样，是"普通党员"以此作为其影响力有限而表示不满的方面（5%）。在"其他政党"这一类别下，对"党员"的不满是最经常被提及的方面（25%），但人们无法精确判断，党的领导究竟会多频繁地提及这种不满（同上，第147页）。需要注意的是，在所有被调查的对象中，只包含了14%心存不满的党员。

〔121〕 Vgl. Heinrich Best/Dietmar Remy, Die geplannte Gesellschaft. Analysen personenbezogener Massendatenspeicher der DDR（SFB 580 Mitteilungen Heft 3）, Jena – Halle 2002.

〔122〕 Heiko Biehl, Pareimitglieder neuen Typs? Sozialprofil und Bindungsmotive im Wandel, in: ZParl, 35（2004）4, S. 689.

〔123〕 Vgl. Everhard Holtmann, Repräsentation des Volkes durch Volksparteien?, in: Eckhard Jesse/Roland Sturm（Koord.）, Bilanz der Bundestagswahl 2005, München 2006, S. 230.

〔124〕 Markus Klein, Wie sind die Parteien gesellschaftlich verwurzelt?, in: Spier u. a.（wie Anm. 117）, S. 39 ~ 59, hier S. 4f. , 51 und 59.

〔125〕 Ebd. , S. 51.

〔126〕 Ebd.

第三章

〔127〕 H. Biehl（Anm. 122），S. 697.

〔128〕 Heiko Biehl, Parteimitglieder im Wandel. Partizipation und Repräsentation, Wiesbaden 2005.

〔129〕 Ebd. , S. 225.

〔130〕 So der Fraktionschef der Linkspartei im Landtag, zit. im Mitteldeutsche Zeitung vom 1. Juni 2011.

〔131〕 So Josef Isensee, Der Parteienzugriff auf den öffentlichen Dienst-Normalzustand oder Alarmzeichen?, in: Gerhard Baum/Ernst Benda u. a. （Hrsg. ），Politische Parteien im öffentlichen Dienst, Stuttgart 1982, S. 53.

〔132〕 M. Weber（Anm. 107），S. 167 f.

〔133〕 Zitiert nach Franknfurter Rundschau vom 23. November 1988, S. 2.

〔134〕 Nürnberger Nachrichten vom 24. /25. Mai 1990.

〔135〕 Süddeutsche Zeitung vom 20. Juni 2008, S. 7.

〔136〕 www. netzeitung. de/deutschland342434. html （Zugriff 06. 06. 2005）.

〔137〕 Abgedruckt in Frankfurter Allgemeine Sonntagszeitung vom 22. November 2009, S. 25.

〔138〕 Vgl. Victor Henle, Alberich und die Gremien, in: Süddeutsche Zeitung vom 9. Februar 2011, S. 2.

〔139〕 Vgl. L. Holtkamp（Anm. 101），S. 115.

〔140〕 J. Isensee（Anm. 131），S. 66.

〔141〕 Ebd. , S. 73.

〔142〕 H. -P. Schneider（Anm. 50），S. 210.

〔143〕 Hans -Ulrich Derlien, Öffentlicher Dienst im Wandel, in: Die Öffentliche Verwaltung, 8（2001），S. 325.

〔144〕 Angaben nach Derlien（Anm. 143），S. 325.

〔145〕 Vgl. Falk Ebinger/Linda Jochheim, Wessen loyale Diener? Wie die Große Koalition die deutsche Ministerialbürokatie veränderte, in: der moderne Staat（dms. ），2（2009）2, S. 327~345, hier S. 333 und 338.

〔146〕 Ebd.

〔147〕 Zum Begriff Hans – Ulrich Derlien/Christoph Gürtler/Wolfgang Hol-

ler/Hermann – Josef Schreiner, Kommunalverfassung und kommunales Entschei-
dungssystem, Meisenheim 1976, S. 116.

〔148〕 Vgl. Oscar W. Gabriel/Everhard Holtmann, Kommunale Demokratie,
in: Raban Graf von Westphalen（Hrsg.）, Parlamentslehre, München-Wien
1996[2], S. 482.

〔149〕 Everhard Holtmann, Die öffentliche Verwaltung, in: Oscar W. Gabr-
iel/Everhard Holtmann（Hrsg.）, Handbuch Politisches System der Bundesrepublik
Deutschland, München – Wien 2005[3], S. 337.

〔150〕 Vgl. R. D. Putnam（Anm. 23）, S. 25f. und 49.

〔151〕 Hans – Ulrich Derlien, Verwaltung zwischen Berufsbeamtentum und
Parteipolitik: Personalrekrutierung und Personalpatronage im öffentlichen Dienst,
in: Politische Bildung, 21（1988）2, S. 60.

〔152〕 Thomas Ellwein, Politische Wissenschaft, in: Ralf Zoll（Hrsg.）,
Beiträge zur Analyse von Politik und Gesellschaft, Opladen 1987, S. 191.

〔153〕 Vgl. Peter Eichhorn（Hrsg.）, Verwaltungslexikon, Baden – Baden
1985, S. 106 und 429.

〔154〕 Ebd. , S. 106.

〔155〕 Vgl. H. -P. Schneider（Anm. 50）, S. 211; Verwaltungslexikon（Anm.
153）, S. 430.

〔156〕 R. D. Putnam（Anm. 23）, S. 24.

〔157〕 J. Isensee（Anm. 131）, S. 70.

〔158〕 Dieter Grimm, Das Grundgesetz nach 50 Jahren-Versuch einer sta-
atsrechtlichen Würdigung, in: BMI（Hrsg.）, Bewährung und Herausforde-
rung. Die Verfassung vor der Zukunft, Opladen 1999, S. 361 f.

〔159〕 Stefanie John/Thomas Poguntke, Party Partonage in Germany: The
strategic use of appointments, in: Petr Kopecky/Peter Mair/Maria Spirova
（Hrsg.）, Party Government and Party Partonage: Public Appointments and Politi-
cal Control in European Democaracies, Oxford（im Erscheinen）, S. 2.

〔160〕 Vgl. Hans – Ulrich Derlien, Mandarins or Managers? The Bureaucratic
Elite in Bonn, 1970 to 1987 and Beyond, in: Governance, 16（2003）, S. 408.

第三章

〔161〕 Ebd.

〔162〕 So auch St. John/T. Poguntke（wie Anm. 159），S. 2.

〔163〕 Vgl. Bärbel Steinkämper, Klassische und politische Bürokratie in der Ministerialverwaltung der Bundesrepublik Deutschland, 1970, S. 50.

〔164〕 D. Grimm（Anm. 158），S. 362, mit Verweis auf B. Steinkämper（Anm. 163）.

〔165〕 St. John/T. Poguntke（wie Anm. 159），S. 4 und 14.

〔166〕 Ebd. , S. 14（wie auch die folgenden Zitate aus dem Englischen übersetzt vom Verf. ）.

〔167〕 Ebd. , S. 16.

〔168〕 Ebd. , S. 20.

〔169〕 Ebd. , S. 22 und 25 f.

〔170〕 Vgl. H. Wollmann（Anm. 64），S. 15 ~ 57.

〔171〕 Claudia Tieschky, Das Staatsschauspiel, in: Süddetusche Zeitung vom 5. /6. Juni 2009, S. 23.

〔172〕 Hans – Ulrich Derlien, Soziale Herkunft und Parteipolitisierung der Beamtenschaft. Ein Beitrag zum Politisierungsproblem, in: Landeszentrale für politische Bildung（Hrsg. ），Verwaltung und Politik in der Bundesrepublik, Stuttgart u. a. 1986, S. 128.

〔173〕 F. Ebinger/L. Jochheim（Anm. 145），S. 340f.

〔174〕 Ebd. , S. 338.

〔175〕 Arthur Benz, Föderalismus und Demokratie. Eine Untersuchung zum Zusammenwirken zweier Verfassungsprinzipien, in: polis, 57（2003），S. 6 ~ 8.

〔176〕 Vgl. Frieder Naschold, Organisation und Demokratie, Stuttgrart u. a. 1983.

〔177〕 Joachim Jens Hesse（Hrsg. ），Erneuerung der Politik, "von Unten"? Stadtpolitik und kommunale Selbstverwaltung im Umbruch, Opladen 1986, S. 25; vgl. auch Bernhard Blanke/Susanne Benzler, Einleitung zu Stadt und Staat, PVS – Sonderheft, 22（1991），S. 11.

〔178〕 Joachim Jens Hesse, Stadtpolitik, in: Ders. （Hrsg. ），Politikwissenschaft und Verwaltungswissenschaft, PVS-Sonderheft, 13（1982）, S. 432.

〔179〕 Urlrich Scheuner, Grundbegriffe der Selbstverwaltung, in: Günter Püttner（Hrsg.）, Handwörterbuch der kommunalen Wissenschaft und Praxis, Bd. 1, Berlin-Heidelberg-New York 1981[2], S. 9.

〔180〕 Vgl. Hiltrud Naßmacher/Karl-Heinz Naßmacher, Kommunalpolitik in der Bundesrepublik: Möglichkeiten und Grenzen, Opladen 1992[2], S. 245～250.

〔181〕 Vgl. L. Holtkamp（Anm. 101）, S. 83～95.

〔182〕 Vgl. Jörg Ueltzhöffer, Die kommunale Machtelite und der politische Willensbildungsprozess in der Gemeinde, in: Hans-Georg Wehling（Hrsg.）, Kommunalpolitik, Hamburg 1975, S. 113.

〔183〕 Hierzu Marion Reiser/Everhard Holtmann, Alter und neuer Lokalismus. Zu Rolle und Bedeutung parteifreier kommunaler Wählergemeinschaften in der Bundesrepublik Deutschland, in: Gesine Foljanty – Jost（Hrsg.）, Kommunalreform in Deutschland und Japan, Wiesbaden 2009, S. 189～220.

〔184〕 Vgl. Adrienne Krappidel, Politische Verhalten demokratischer Gruppierungen und rechtsextremer Wählergemeinschaften in Kommunalparlamenten-Selbst – und Fremdwahrnemung, in: Martin Morlok/Thomas Poguntke（Hrsg.）, "Politik an den Pareien vorbei" – "Freie Wähler" und kommunale Wählergemeinschaften als Alternative, Baden-Baden 2011.

〔185〕 Vgl. Stefan Göhlert, Wählergemeinschaften in Deutschland, in: M. Reiser u. a.（Anm. 15）, S. 60f.

〔186〕 Datenbasis ist die KWG-Ratsmitgliederbefragung 2005/06 mit insgesamt 2651 Befragten des Teilprojekts A6 im SFB 580, Jena-Halle.

〔187〕 Markus Klein, Wie sind die Parteien gesellschaftlich verwurzelt?, in: T. Spier u. a.（Anm. 117）, S. 45.

〔188〕 Vgl. Jörg Bogumil/Stephan Grohs/Lars Holtkamp, Zersplitterte Kommunalparlamente oder Stärkung lokaler Demokratie? Warum die Abschaffung der kommunalen Fünfprozenthürde in Nordrhein-Westfalen ein Fehler war, in: ZParl, 41（2010）4, S. 788～803.

〔189〕 Everhard Holtmann, Fluid Local Party System: A Bottom-Up Challenge for European Multi-Level-Governance? Germany as an Exemplary Case, in: Eline Van Bever/Herwig Reynart/Kristof Steyers（Hrsg.）, The Road to Europe: Main street or Backward Alley for Local Governements in Europe?, Brügge und Baden-Baden 2011, S. 49 ~ 70.

〔190〕M. Reiser u. a. 2008（Anm. 183）, S. 12.

〔191〕Vgl. Werner Jann, Artikel Neues Steuerungsmodell, in: Stephan von Bandemer u. a.（Hrsg.）, Handbuch zur Verwaltungsreform Opladen 1998, S. 70 ~ 79; ferner H. Wollmann（Anm. 64）, S. 15 ~ 57.

〔192〕H. Wollmann（wie Anm. 64）, S. 29.

〔193〕Ebd. , S. 15.

〔194〕Ebd. , S. 42.

〔195〕Vgl. Hellmut Wollmann, The Ascent of the Directly Elected Mayor in European Local Government in West and East, in: Herwig Reynaert/Kristof Steyvers/Pascal Delwit/Jean-Benoit Pilet（Hrsg.）, Local Political Leadership in Europe, Brügge 2009, S. 115 ~ 148.

〔196〕Marion Reiser/Adrienne Krappidel, Parteien ohne Parteilichkeit? Analyse zum Profil parteifreier Gruppierungen, in: Dies. u. a.（Anm. 16）, S. 91.

〔197〕Claus Offe, Zur Frage der, "Identität der kommunalen Ebene", in: Rolf-Richard Grauhan（Hrsg.）, Lokale Politikforschung, Bd. 2, Frankfurt/M. - New York 1975, S. 303 ~ 309; hierzu auch die Einleitung Rolf-Richard Grauhans, ebd. , S. 16.

〔198〕对六个挑选出来的市镇地域公法人的调查问卷（数据来自 SFB 580）。

〔199〕Bundesinstitut für Bau –, Stadt – und Raumforschung（BBSR）（Hrsg.）, Informationen aus der Forschung,（2009）5, S. 5.

〔200〕Süddeutsche Zeitung vom 7. November 2010, S. 6.

〔201〕Vgl. Sophie-Charlotte Lenski, Parteiengesetz und Recht der Kandidatenaufstellung. Handkommentar, Baden – Baden 2011, S. 25.

〔202〕Ebd.

〔203〕Seymour Martin Lipset/Stein Rokkan, Party Systems and Voters A-

〔204〕Hierzu Manfred Schwarzmeier, "Nur" Stilfragen? Informale Verhaltensregeln und Handlungsnormen im Deutschen Bundestag, in: Heinrich Oberreuter/Uwe Kranenpohl/Martin Sebaldt (Hrsg.), Der deutsche Bundestag im Wandel, Wiesbaden 2001, S. 27~45.

〔205〕So Klaus König, Parteienstaat, Parteifunktionen, Parteipolitik und Regierung, in: Hans-Hermann Hartwich/Göttrik Wewer (Hrsg.), Regieren in der Bundesrepublik 3, Opladen 1991, S. 91.

〔206〕Adrienne windhoff-Heritier, Policy-Analyse. Eine Einführung, Frankfurt/M. -New York 1987, S. 46f.

〔207〕Ebd.

〔208〕Claus Offe, Das pluralistische System von organisierten Interessen, in: Hans-Josef Varain (Hrsg.), InteressenverBände in Deutschland, Köln 1973, S. 368~371, hier S. 369.

〔209〕Ebd.

〔210〕Axel Murswieck, Die Notwendigkeit der Parteien für die funktionelle Integration der Regierungsgeschäfte, in: H. -H. Hartwich/G. Wewer (wie Anm. 205), S. 119~129.

〔211〕Ebd., S. 126f.

〔212〕Stephan Leibfried, Metamorphosen. Der Staat: Oft totgesagt, doch quicklebendig, in: WZB – Mitteilungen, 121 (September 2008), S. 6.

〔213〕Michael Zürn/Stephan Leibfried, The State of the State. Der Nationalstaat ist passe-aber was kommt danach?, in: WZB-Mitteilungen, 121 (September 2008), S. 7.

〔214〕Renate Mayntz, Policy-Netzwerke und die Logik von Verhandlungssystemen, in: Adrienne Heritier (Hrsg.), Policy-Analyse, in: PVS-Sonderheft 24 (1993), S. 39~56, hier: S. 40.

〔215〕Dieter Grimm, Das Grundgesetz nach 50 Jahren, in: Ders., Die Verfassung und die Politik, Einsprüche in Störfällen, 2001, S. 295~326, hier S. 319.

〔216〕Ebd., S. 318 ff.

第二章

〔217〕Vgl. Marian Döhler/Philip Manow-Borgwardt, Korporatismus als gesundheitspolitische Stategie, in: Staatswissenschaften und Staatspraxis, 3（1992）1, S. 64 ~ 106.

〔218〕Vgl. alf Mintzel, Großparteien im Parteienstaat der Bundesrepublik, in: ApuZ,（1989）11, S. 10f.

〔219〕Josef Schmid, Die CDU. Organisationsstrukturen, Politiken und Funktionsweisen einer Partei im Föderalismus, Opladen 1990, S. 37.

〔220〕Wolfgang Renzsch, Konfliktlösung im parlamentarischen Bundesstaat, in: Rüdiger Voigt（Hrsg.）, Der kooperative Staat, Baden-Baden 1995, S. 167 ~ 192, S. 172.

〔221〕Vgl. SPD Sachsen-Anhalt, Aussendung __32159@ mavismail. spd. de（Abruf 16. 06. 2011）.

〔222〕Zitat nach Der Tagesspiegel vom 30. Juni 2011, S. 1.

〔223〕So Thomas Ellwein, Politik und Plannung, Stuttgart usw. 1968, S. 43.

〔224〕Vgl mit Hinweisen auf die engschlägige Literatur Everhard Holtmann, Die politische Vorgeschichte der vorgezogenen Bundestagswahl, in: Oscar W. Gabriel/Bernhard Weßels/Jürgen W. Falter（Hrsg.）, Wahlen und Wähler. Analysen aus Anlass der Bundestagswahl 2005, S. 16.

〔225〕A. Benz, Reformpromotoren oder Reformblockierer? Die Rolle der Parteien im Bundesstaat, in: ApuZ,（2003）29 – 30, S. 32 ~ 38, hier S. 33.

〔226〕Gerhard Lehmbruch, Parteienwettbewerb im Bundesstaat, Köln usw. 1976, S. 7 ~ 10, 31, 176.

〔227〕A. Benz（Anm. 175）, S. 16.

〔228〕A. Benz（Anm. 225）, S. 34.

〔229〕W. Renzsch（wie Anm. 220）, S. 168, 173 ff. , 182.

〔230〕Ebd. , S. 188.

〔231〕Gerhard Lehmbruch, Parteienwettbewerb im Bundesstaat, Wiesbaden 2000³, S. 175 ~ 178.

〔232〕Wolfgang Renzsch, Föderative Problembewähltigung: Zur Einbeziehung der neuen Länder in einen gesamtdeutschen Finanzausgleich ab 1995, in:

ZParl, 25（1995）1, S. 116 ~ 138, hier 135.

〔233〕 Everhard Holtmann, Gesetzgebung in der Wohnungspolitik des Bundes: Zur Rolle des parteipolitischen Faktors, in: Ders. / Helmut Voelzkow（Hrsg.）, Zwischen Wettbewerbs－ und Verhandlungsdemokratie, Wiesbaden 2000, S. 105 ~ 128, hier S. 126 f.

〔234〕 Wolfgang Renzsch, Bundesstaat oder Parteienstaat: überlegungen zu Entscheidungsprozessen im Spannungsfeld von föderaler Konsensbildung und parlamentarischen Wettbewerb in Deutschland, in: E. Holtmann/H. Voelzkow 2000（Anm. 233）, S. 54 ~ 78, hier S. 62f. und 75.

〔235〕 Heinrich Best/Michael Edinger/Daniel Gerstenbauer/Lars Vogel, Jenaer Parlamentarierbefragung 2010, Ausgewälte Ergebnisse, Teilprojekt A3 im SFB 580, Jena 2011, S. 10.

〔236〕 Vgl. Oscar W. Gabriel/Katja Neller, Bürger und Politik in Deutschland, in: Ders/Fritz Plasser（Hrsg.）, Deutschland, Österreich und die Schweiz im neuen Europa. Bürger und Politik, Baden-Baden 2010, S. 57 ~ 146, hier S. 92.

〔237〕 Bertelsmann Stiftung（Hrsg.）, Politische Partizipation in Deutschland. Ergebnisse einer repräsentativen Umfrage, Gütersloh 2004, S. 37.

〔238〕 O. W. Gabriel/K. Neller（Anm. 236）, S. 95f.

〔239〕 Ebd. , S. 108 f.

〔240〕 Jens Aderhold u. a.（Hrsg.）Werden wir ein Volk? Deutsche Einheit im Spielgel von Bevölkerung und Führungskräften, SFB 580, Jena 2010, S. 5f.

〔241〕 Vgl. Bertelsmann Stiftung（Anm. 237）, S. 88.

〔242〕 Ebd. , S. 86 f.

〔243〕 Thomas Schmid, Auf der Suche nach des Bürgers Kern, in: Die Welt vom 24. Februar 2011, S. 5（Datenbasis: KAS Bürgergesellschaft Februar 2011）.

〔244〕 Vgl. Thomas Petersen, Die engagierte Gesellschaft, in: FAZ vom 27. Januar 2010, S. 5.

〔245〕 Bundesministerium für Familie, Senioren, Frauen und Jugend（Hrsg.）, Monitor Engagement. Freiwilliges Engagement in Deutschand 1999-2004-2009, Berlin 2010, S. 14.

第三章

〔246〕 Ebd.

〔247〕 Ebd. , S. 10.

〔248〕 T. Petersen（Anm. 244）.

〔249〕 Monitor Engagement（Anm. 237）, S. 24f.

〔250〕 Bertelsmann Stiftung（Anm. 237）, S. 24 f.

〔251〕 Vgl. Oscar W. Gabriel, Citizen Politics-Das Konzept und seine wissen-schaftliche Bedeutung, in: Ders. /Plasser（Anm. 236）, S. 11 ~ 55, hier: S. 18 f. ; ferner O. W. Gabriel/ K. Neller（Anm. 236）, S. 129 ~ 131.

〔252〕 Bernhard von Rosenbladt, Große Vielfalt bei ehrenamtlicher Tätigkeit und bürgerschaftlichem Engagement, in: Informationsdienst Soziale Indikatoren （ISI）, Nr. 24（Juli 2000）, S. 6 ~ 10, hier: S. 7.

〔253〕 Oscar W. Gabriel/Kerstin Völkl, Politische und soziale Partizipation, in: Ders. /E. Holtmann（Anm. 149）, S. 567.

〔254〕 Ebd.

〔255〕 Bertelsmann Stiftung（Anm. 237）, S. 132.

〔256〕 Erste noch unveröffentlichte Grundauswertung von Umfragedaten im Rahmen eines Innovationsprojekts, "Demographie und Demokratie" des SFB 580 （Everhard Holtmann/Rainer Silbereisen) von Frühjahr 2011.

〔257〕 B. Von Rosenbladt（Anm. 252）, S. 8.

〔258〕 Jan van Deth, Interesting but irrelevant: Social capital and the sali-ency of politics in Western Europe, in: European Journal of Political Research, 37 （2000）2, S. 115 ~ 147, hier S. 117.

〔259〕 Ebd. , S. 136 f. （转译自英文版）。

〔260〕 Ebd. , S. 138.

〔261〕Lisa Ruhrort/Andres Knie, Land ohne Bus und Bahn. Bürgerschaftliches Engagement in schrumpfenden Regionen, in: WZB-Mitteilungen, 118（Dezember 2007）, S. 21 ~ 23, hier S. 23.

〔262〕 州的层面的人民动议与人民决定和市镇层面的公民动议与公民决定是直接民主程序的两阶段制度手段。其中，不同的州有着不同的数额要求（对投票数与支持票数的最低规定）。

〔263〕 Herbert Hönigsberger, Demokratie und Volkszorn, in: Kommune (2010) 5, S. 6 ~ 8 , hier S. 6.

〔264〕 Vgl. Wolfgang Luthardt, Probleme und Perspektiven direkter Demokratie in Deutschland, in: ApuZ, (1997) 14, S. 13 ~ 22, hier S. 13 und 17.

〔265〕 H. Best (Anm. 102), S. 431.

〔266〕 Ebd. , S. 432.

〔267〕 Siehe Theo Schiller, Direkte Demokratie auf Bundesländer – und Kommunalebene, in: Markus Freitag/Uwe Wagschal (Hrsg.), Direkte Demokratie. Bestandsaufnahme und Wirkungen im internationalen Vergleich, Berlin 2007, S. 115 ~ 150, hier S. 123, 127.

〔268〕 Angaben nach dem an der Universität Marburg erstellten Ersten Bürgerbegehrensbericht (1956 bis 2007). Vgl. hierzu Everhard Holtmann, Bürgerbegehren als Weg lokaler Demokratie?, in: der Städtetag 63 (2010) 6, S. 7 ~ 9, hier S. 7.

〔269〕 Vgl. T. Schiller (Anm. 267), S. 117 f.

〔270〕 Ebd. , S. 160.

〔271〕 Vgl. zu Bürgerentscheiden in München und Nürnberg: Everhard Holtmann, "Das Volk" als örtlich aktivierte Bürgerschaft. Zur Praxis kommunaler Sachplebiszite, in: Archiv für Kommunalwissenschaften 38 (1999) 2, S. 187 ~ 211; ferner neuestens Stefan Busse, Kommunale Willensbildung – und Entscheidungsprozesse unter den Bedingungen von Bürgerbegehren und Bürgerentscheid. Eine akteurzentrierte empirische Studie zum Leipziger Bürgerentscheid 2009 (Diplomarbeit Univ. Halle, unveröffentlicht).

〔272〕 S. Busse (Anm. 270), S. 106.

〔273〕 John Haskell, Direct Democracy of Representative Government? Dispelling the Populist Myth, Boulder (Colorado 2001), S. 104.

〔274〕 S. Busse (Anm. 270), S. 111.

〔275〕 Wilfried Maier, Ist direkte Demokratie nu rein Mittel für die Reichen?, in: Kommune (2010) 5, S. 10 ~ 13, hier S. 11.

〔276〕 Oscar W. Gabriel, Das Volk als Gesetzgeber: Bürgerbegehren und

第三章

Bürgerentscheide in der Kommunalpolitik aus der Perspektive der empirischen Forschung, in: Zeitschrift für Gesetzgebung, 14 (1999) $, S. 299 ~ 332, hier S. 330 f.

〔277〕 Wolfgang Merkel, Entmachten Volksentscheide das Volk? Anmerkungen zu einem demokratischen Paradoxon, in: WZB Mitteilungen, 131 (März 2011), S. 10 ~ 13, hier S. 13.

〔278〕 T. Schiller (Anm. 267), S. 135.

展　望

〔1〕 Colin Crouch, Postdemokratie, Frankfur/M. 2008, S. 30, 13 (englische Originalausgabe: Post-Democracy, Oxford 2004).

〔2〕 Ebd. , S. 93 f. und 99.

〔3〕 Dirk Jörke, Bürgerbeteiligung in der Postdemokratie, in: Aus Politik und Zeitgeschichte (APuZ), (2011) 1-2, S. 13 ~ 18, hier S. 13.

〔4〕 Peter Thiery, Demokratie und defekte Demokratien. Zur notwendigen Revision des Demokratiekonzepts in der Transfromantionsforschung, in: Petra Bendal/ Aurel Croissant/Friedbert W. Rüb (Hrsg.), Zwischen Demokratie und Diktatur. Zur Konzeption und Empirie demokratischer Grauzonen, Opladen 2002, S. 71 ~ 91, hier S. 72 und 71.

〔5〕 Peter Thiery, Horizontal Accountability in jungen Demokratien, in: Sabine Kropp/Hans – Joachim Lauth (Hrsg.), Gewaltenteilung und Demokratie, Baden-Baden 2007, S. 280 ~ 301, hier S. 282.

〔6〕 Petra Böhnke, Ungleiche Verteilung politischer und zivilgesellschaftlicher Partizipation, in: APuZ, (2011) 1 – 2, S. 18 ~ 25, hier S. 24; vgl. ferner Dies. / Dietmar Dathe, Rückzug der Armen, in: WZB Mitteilungen, 128 (Juni 2010), S. 14 ~ 17.

〔7〕 Der Spiegel, 35 (2010), S. 66.

〔8〕 P. Böhnke/D. Dathe (Anm. 6), S. 17.

〔9〕 Fritz W. Scharpf, Versuch über Demokratie im verhandelnden Staat, in: Roland Czada/Manfred G. Schmidt (Hrsg.), Verhandlungsdemokratie, Interessenvermittlung, Regierbarkeit, Opladen 1993, S. 25 ~ 51, hier S. 27.

〔10〕 Vgl. Artikel, "SPD will Kandidatenwahl für alle Bürger öffnen", in: Süddeusche Zeitung vom 24. Mai 2011, S. 1.

〔11〕 Vgl. Artike, "SPD-LandesverBände fürchten um Wert der Mitgleiderschaft", in: Süddeusche Zeitung vom 25. Mai 2011, S. 6.

〔12〕 Karen Schönwälder, Einwanderer in Räten und Parlamenten, in: APuZ, (2010) 46 – 47, S. 29 ~ 35, hier S. 29 f.

〔13〕 Angabe nach Claudia Wiedemann, Politische Partizipation von Migranten und Migrantinnen, in: Beate Hoecker (Hrsg.), Politische Partizipation zwischen Konvention und Protest, Opladen 2006, S. 261 ~ 286, hier S. 277.

〔14〕 Siehe K. Schönwälder (Anm. 12), S. 29; ferner Johannes Schmitz/Roland Preuß, "Habt Ihr keine Deutschen?" Migranten in der Politik, in: http://www. sueddeutsche. de/politik/330/460959/text/ (Abruf 12. 03. 2009).

〔15〕 F. W. Scharpf (Anm 9), S. 27.

〔16〕 Infratest dimap, Deutschland Trend Januar 2011, S. 13.

〔17〕 Infratest dimap, Deutschland Trend Oktober 2010, S. 9.

〔18〕 C. Crouch (Anm. 1), S. 156.

展
望

译 后 记

人民主权原则是获得现代各国宪法普遍规定的一条基本原则，为了兑现该原则的要求，现代各国也大多建立了普遍直接的选举制度，使得人民可以参与到国家的政治生活中来，将纸面上的原则落实为政治生活的实践。但是，现代国家往往人口众多、幅员辽阔，在这些规模庞大的人类共同体中，要想实现单个的公民对国家政治生活的有效参与，不让宪法文本中的人民主权原则在实践中最终堕落为乌合之众的政治情绪宣泄，就需要一些中介组织对公民分散化的政治意愿进行事先的综合、提炼和引导。在这些中介组织中，因为政党与正式的国家机关存在着直接的人事联系，使得它们成为了这些中介组织最重要的一类。因此，政党的产生和发展并非什么政治领导人或者政治力量主观意志的结果，而是现代民主政治实践过程中客观需要的产物。但是，正如民主制度并非一个完美的政治制度一样，活跃于民主政体中的政党也不是无可指摘的社会组织。不过，政党组织和活动面对的各种指责，有些是公正的，有些则是各国政治文化和传统偏见的产物。例如，在本书中，霍尔特曼教授不仅客观详细地描述了在德国政党的组织与活动中存在的各种问题，如政党看起来似乎越来越远离人民的情况；也讨论了在德国政治传统文化中影响深远的对政党的厌恶情绪，而这种厌恶情绪更多地表现为非理性的文化偏见。然而，无论政党的组织与活动面对的各种批评是否公正，政党在现代民主政体中的重要地位却是无法改变的。在发达的民主政体中，人们与其空想如何取消政党这类不完美的政治组织以建立一个完美的民主政体，还不如脚踏实地地探索如何发挥政党的各种功能和作用来改进现实中不完美的民主政体。

本书得以付梓，首先要感谢毕洪海师兄的提议。德国与国际政党与政党法研究院的马丁·莫洛克（Martin Morlok）教授将译者引荐给了霍尔特曼教授，使译者与霍尔特曼教授在翻译的过程中能够进行很好的沟通。本书能够顺利出版也离不开中国政法大学出版社刘海光主任耐心细致的工作。在此，译者要对他们的帮助表示衷心的感谢。最后，同霍尔特曼教授一样，译者衷心地希望读者能够喜欢本书，并对书中由于译者的才疏学浅而存在的各种问题不吝赐教。

程　迈

2014 年 10 月于南昌

图书在版编目（ＣＩＰ）数据

德国政党国家:解释、发展与表现形式/(德)霍尔特曼著;程迈译. —北京:中国
政法大学出版社,2015.1
ISBN 978-7-5620-5803-8

Ⅰ.①德… Ⅱ.①霍… ②程… Ⅲ.①政党－执政－研究－德国 Ⅳ.①D751.664

中国版本图书馆CIP数据核字(2014)第305802号

出 版 者　　中国政法大学出版社

地　　址　　北京市海淀区西土城路 25 号

邮寄地址　　北京 100088 信箱 8034 分箱　邮编 100088

网　　址　　http://www.cuplpress.com（网络实名：中国政法大学出版社）

电　　话　　010-58908524(编辑部)　58908334(邮购部)

承　　印　　固安华明印业有限公司

开　　本　　650mm×960mm　　1/16

印　　张　　21.75

字　　数　　260 千字

版　　次　　2015 年 1 月第 1 版

印　　次　　2015 年 1 月第 1 次印刷

定　　价　　56.00 元